RONDIKÊN ÇIYAYÊ ŞENGALÊ

RONDIKÊN ÇIYAYÊ ŞENGALÊ

HUMEYRA SOFÎ

Copyright 2025 © Homeyra Sofi

Hemû maf parastî ne. Nabe ku tu beşek ji vê weşanê bêyî destûrek berê ji nivîskar an weşanger were hilberandin, di pergalek vegerandinê de were hilberandin an bi rengekî an bi her awayê elektronîkî, mekanîkî an fotokopî, tomarkirin an wekî din were şandin.

Li Avusturalya ji hêla Weşanxaneya Silverbird ve hatî çap kirin.

Bergê, sêwirandin û tîpkirin ji hêla Luke Harris ve

Ji hêla Dr Euan Mitchell ve hatî verast kirin

Weşana zimanê Kurdî bi edîtoriya Tahir Agûr

ISBN:

978-1-7638888-8-3 (paperback, Kurdish edition)

978-0-6453834-9-2 (English edition)

Dîyarî bo...

Ez vê pirtûkê diyarî xwişk û birayên xwe yên Êzidî dikim ku rojên herî dijwar û tal bi hêz, hevgirtin û hêvî derbas kirine.

HUMEYRA SOUFÎ NAS BIKIN

Humira Soufi li gundekî xweşik û bedew di nav çiyayên Kurdistana Îranê bi navê Xurasb ji dayîk bûye û mezin bûye. Ew keçek bû ku bi çîrok û helbestan dihat nas kirin.

Piştî qedandina xwendina xwe li dewera Mirgeverê, ew bawernameya xwe ya lîsansê di warê Ziman û edeiyata Farisî de li bajarê Urmiyê wergirt.

Bi îlhama hezkirina xwe ya ji bo çîrokbêjiyê, Humira dest bi nivîsandina çîrokên xwe kir û niha çîrokên Kurdistanê bi cîhanê re parve dike.

Îro, ji bilî nivîsandina pirtûkan, ew çîrokên kurdistanê bi Kurdî û Îngilîzî li ser medyaya civakî parve dike. Ew her kesî li her derî vedixwîne ku beşdarî vê civatê bibin û di cîhanên efsûnî yên ku ew diafirîne bigerin û lê binêrin.

Humeyra hêvî dike ku hûn ji çîroka ku niha di destê we day e binêrin û bi serpêhatiya ku li benda we ye kêfxweş bibin!

Dema we xweş û berdewam bimînin.

Hesabên medya civakî yên nivîskar.

TikTok: @homeirasoufikurdistani
Instagram: @homeirasoufi
Facebook: @homeirasoufi
YouTube: @homeirasoufi
Website:www.homeirasoufi.com

NASYARÎ

Ez ji dil û can spasiyên xwe pêşkêşî malbata xwe ya evîndar – hevjînê xwe Muhyettin Ibrahim Doost û zarokên me yên hêja Sam û Sara dikim, ku piştgirî û têgihîştina we ya bênavber di vê rêwîtiyê de bûne ronahiya rêberiya min. Bê teşwîq û hezkirina we ev xewn nedibû rastiyek.

Spasiyek taybetî ji bo edîtorê min Tahir Agûr ku bi azwerî û pisporiya wî ev berhem bi rastî hat jîyan û ev veguherand bi berhemek hunerî ya ronî. Dildarî û têgihîştina we hemî cûdahî çêkir.

Di heman demê de ez spasiya xwe ya herî kûr ji weşangerê xwe, Luke Harris re jî dikim, ku têkil û dîtina wî ya profesyonel bûye alîkar ku vê pirtûkê di forma xweya çêtirîn de çêbike. Pabendbûna we ya ji bo jêhatîbûnê bêqîmet bûye.

Ji hemî heval û malbata min re spas dikim ji bo ku hûn stûnên hêza min in û ji min re bûne alîkar ku ez xewnên xwe bikim rastî.

Humeyra Sofî

Deriyê Perestgeha Êzdiyan
Wêne ji Rêwîtiyek ji London ber Persepolis, 1865

PÈŞGOTIN

Çîroka Rondikên Çiyayê Şengalê ji bûyerên rast îlham hatiye wergirtin. Çîroka Agirînê, jineke ciwan a kurd a êzdî ji herêma Şengalê li bakurê Iraqê ye, ku malbata wê û bi hezaran kesên din di sala 2014'an de ji aliyê DAIŞ'ê (Dewleta Îslamî li Iraq û Sûriyê) ve hatine qetilkirin.

Êzdî bereke Etnîsîteya hindikayî ye, ku hejmara wan nêzîkî mîlyonekê ye, ku baweriya wan bi ola êzdî (ango êzdîtî) heye, ku pergaleke herî kevnar a baweriyên cîhanê ye. Baweriya wan bi xwedayekî bi navê Xweda ango Ezdan heye û zimanê wan kurdî-kurmancî ye. Êzdî ji ber baweriyên xwe yên olî yên taybet, di destpêkê de ji aliyê ereban û piştre jî ji aliyê tirkan ve, bi sedsalan zilm û zordarî kişandine.

Ji tebaxa 2014'an ve, bi sedan malbatên êzdî ji aliyê DAIŞ'ê ve neçar man ku di navbera mirin an jî misilmanbûnê de, yekê hilbijêrin. Gelek kes reviyan Çiyayê Şengalê, lê nêzî 5 hezar mêr û xort bi awayekî hovane hatin qetilkirin û herî kêm deh hezar jin û zarok bi darê zorê bûne kole û hatin firotin.

Rondikên Çiyayê Şengalê romanek e ku ji bo cara yekem hatiye nivîsandin û xwendevanan dibe nava wan rojên pir bi êş û wêranî, rojên ku dagirkeran anîn serê gelekan, weke malbata Agirînê. Çîroka wê û rewşa ku wê û hevalên bi wê re tola xwe ji DAIŞê hilanîn, berî ku ew li Australyayê li penaberî û azadiyê bigere, yek ji çîrokên berbiçav û herî balkêş e.

BEŞA 1

Gundekî biçûk û xweşik di navbera çiyayan de, riya gund di bejahiyê de di çolan re derbas dibû. Mala mirovên dilovan û dilhebîn ên ku bi hev re di nava aramiyê de dijiyan, bû. Li ser eywana wê li nêzî kêleka gund xaniyekî hevgirtî bi kulîlkên sor hebû. Rojeke havînê serê sibehê dema ku roj hilat, Agirîn çû ber paceya xaniyê biçûk, perde da aliyekî û pace vekir da ku bayê hênik hest bike. Bayekî xweş û nerm dihat û bêhna kulîlkan li her derê difûriya, tevlî dengê şahiya çûkan dibû û mûzîka jiyanê di guhên wê de lêdixist.

Agirînê deriyê hewşê vekir û ji bo kulîlkên xwe yên spehî bi kaloneke tijî av derket derve. Li kulîlkan mêze kir û dema ku av dan, destê xwe da pelikên wan û nazandin û ji xwe re got: *"Ax, dive îro hewş were paqijkirin,"* gava ku daket jêrê, bêrik hilda û dest bi şûştin û paqijkirina hewşê kir.

Piştî ku karê Agirînê bi dawî hat, pişta xwe rast kir û li hewşê nihêrî. *"Tişta ku ez jê re dibêjim paqijkirina baş, aha ev e; niha bêhna wê pir teze tê"*. Vegeriya malê û bi selikeke kincan derket derve. Kincên xwe hemû raxistin, heta ku dengê girî ji hindur hat.

Bi lez û bez hilkişiya, kete malê û ji keça xwe re dest bi axaftinê kir.

"Rojbaş Evîn! Keça min a şirîn! Êdî negirî! Diya te li vir e. Tu xweş razayî,

ha? Te çi xewnên xweş dîtin? Ez soz didim ku te xewn dîtine. Tu şeva borî di xewa xwe de dikenyayî delalê!"

Keçika biçûk bi bihîstina dengê diya xwe re dev ji girî berda û dest û piyên xwe yên biçûk ji bo dayîka xwe kutan. Dilopên hêsiran di koşeyên çavên wê yên reş û mezin de asê mabûn. Kenîna keçika wê ya heşt mehî ya Şirîn û dengê wê yê xweş dilê Agirînê şa kir. Evîn hilda û hembêz kir û got: *"Tu birçî yî? Evîn tu şîr dixwazî?"*

Evînê bi destê xwe kincên diya xwe dikişandin û ji ser serê xwe ve dianî ber sînga diya xwe. Agirîn keniya. "Lez neke! Keça min! Ma tu bi rastî ewqas birçî yî, nazdarê?"

Agirîn li kêleka dergûşa darîn a biçûk ku wê û mêrê xwe bi reng û moriyên spehî xemilandibûn, rûnişt û dest bi mêjandina keça xwe kir.

Agirînê baş dizanibû ku kîjan deng û lîstik wê kenê keça wê ya Şirîn bilind bike û malê bi dengê şahiyê bixemilîne. Vê carê Evîn bi devê xwe yê tijî şîr keniya û li ser cil û bergên xwe û diya xwe de rijand.

"Oy na! Ev çi bû? Hey gemarê! Te şîr rijandê ser me! Xwedêyo! Hela li vê tevliheviyê binêre. Lê, bêguman, piraniya wê xetayê diya te bû, ne wisa? Diya te ewqas ji dîtin û bihîstina kenê te hez dike ku nahêle tu bi aramî şîrê xwe vexwî". Agirînê dest bi paqijkirina rûyê keça xwe kir. *"Werin em herin van kincan biguherînin û yên nû û paqij li xwe bikin. Dem hatiye ku bavê te ji kar vegere û em naxwazin pîs bin, ne wisa?"* Li ser rêya odeya xwe Evîn hembêz kir.

Piştî ku kincên Evînê guhertin, Agirînê ew li quncikeke salonê da rûniştandin û hin pêlîstokên wê li kêleka wê danîn". *Şirînê tu li vir ji xwe re bilîze, ez ê karê xwe bikim. Ji me re çêtir e ku vê hewaya xweş* a sibê ji dest nedin. Berî ku hewa germ bibe karên min hene ku bikim". Agirînê keça xwe maç kir, paşê çû karê malê kir.

Mal paqij kir, firaq şûştin û camên pencereyê temîz kirin.

Di dawiyê de Agirîn bi taseke tijî dan û avê çû hewşê, derê xaniyekî biçûk vekir, paşê bi mirîşkekê re dest bi axaftinê kir". *Silav, rojbaş, mirîşka bedew"*. Bi dengê xwe yê evîndarî got".*Ma min tu şiyar kirî? Bihêle ez hinek av û van danên xweş ji te re derxim"*. Mirîşk rabû çû ber avê, li wir Agirîn bi dîtina çend cûcikên rengîn ên ku nû derketibûn bi kelecan bû. Dest bi jimartina wan kir, *"Yek, du, sê, çar. Car! Ci xweş û delal. Ew jî weke te ne. Li ya reş û sor binêrin. Ew eşkere mîna we dixuye... bi kêmanî ez vê hêvî dikim"*. Agirînê li mirîşka xwe xist û got: *"Pîroz be dayîka ciwan, lê ji bo yên mayî jî karê te heye ku derkevin. Were, vegere ser karê xwe û karê xwe biqedîne. Hinekî dereng e, lê xem neke, hîna hefteyek li pêşiya we maye"*. Agirîn rabû ser xwe. *"Niha divê ez herim hindur, zilamê min dê niha were malê"*.

Mêrê Agirînê, Dilovan, mamosteyê gund bû û ji ber dûrbûn û zehmetiya rêyên herêmê, biryar dabûn ku li gund bijîn. Gundiyan ji bo rûniştina wan xaniyekî biçûk û rehet dabû wan. Demsala xwendinê demeke kurt bû ku qediyabû. Lêbelê Agirîn û Dilovan hîna li gund diman da ku ji nû ve avadankirin û tamîrkirina dibistanê bi dawî bibe û dibistan ji bo sala pêş baştir were amadekirin. Mêrê wê pir ji zarokan hez dikir û wî dixwest ku jîngehek xweş û dostane hebe ku tê de fêr bibin û mezin bibin. Dilovan ji zû de her roj serê sibê heta derengê piştî nîvro dixebitî, û êdî dema vegera wî ji dibistanê bû.

Agirînê sivreyek raxist, tebeqan bi rêz rêz kir, paşê bi mast û hindek rihana teze û dewê vexwarineke teze û xweş çêkir. Kulîlkek ji kulîlkên xwe yên bedew hilda, xiste nava guliyeke bi perçeyên camên şikestî yên rengîn xemilandî û danî nava sifreyê. Berê xwe da qîza xwe û got: *"Baş e, niha sifre amade ye û kar hema hema qediyaye, kanê ez herim serdana mirîşkê û cûcikên wê bikim, berî ku bavê te were malê".*

Agirîn çû hewşê, li tenişta mirîşkê rûnişt, dema ku mêrê wê hat bi mirîşkan re li ser navên çûçikên xwe axivî.

Dilovan Agirîn li ber derî didît, lê ji ber ku bi cûcikan re mijûl bû, haya wê ji hatina Dilovan tinebû. Dilovan bêdeng ber bi wê ve çû. Gava têra xwe nêzîk bû, xwe xwar kir, pişta wê girt û qêriya: *"Tu çi dikî?"*

Agirîn rabû ser xwe, bi qêrîn û got: *"Ohhh, Xwedayê min! Dilovan, te ez be'ecandim! Tu çima wisa dikî? Tu hin carinan gelekî xirab î, dîno".*

Dilovan keniya û got: *"Ma tu dizanî ez ji kengî ve ye li vir im, hinda te rawestiyame û guhdarî dikim? Te qet haya min nekir! Teledînka xwînşirîn".*

Agirînê bersiv da: *"Tu dibînî ku ez mijûl im".*

Dilovan serê xwe hejand. Serê sibê dema min dît ku cûcik derdiketin, min ji xwe re got Eger Agirîn şiyar bibe û wan bibîne, ew ê van xarîban bi tenê nehêle.

Agirînê bi ken got: *"Êê . . . baş e, lê ew ne rast e. Ez ne wisa me".*

"Oh erê, baş e, ji min re bibêje ka tu çend caran hatibûyî serdana wan cûcikan?"

Agirîn keniya û got: *"Nizanim, belkî deh caran, lê binêre ka çiqas delal in!"*

Dilovan keniya û destê Agirînê girt û got: *"Erê . . . erê . . . tu rast dibêjî".*

Agirînê rûyê xwe kişand: *"Bisekine, Dilovan!"*

Wî got: *"Baş e, baş e, bibore. Niha em herin hindur; Ez pir westiyayî me".*

Dema Dilovan kete malê, keça wî ya biçûk. Evînê bavê xwe dît û dest û lingên xwe hejandin, deng derdixist û dikeniya.

Dilovan çentê xwe danî aliyekî, solên xwe derxistin û berê xwe da Evînê. "Silav, prensesa min! Gula bavê xwe! Te bêriya min nekiribû? Min bêriya te kiriye. Tu çi dilîzî, şirînê, ha? Te xwarina xwe xwar? Tu li benda bavê xwe nemayî? He he çiqas şerm e! Keça min li benda min nemaye".

Evîn hilda, hembêz kir, paşê da ser milê xwe ku li ser masê rûne.

Dilovan kevçiyek da destê wê û got: "Va ye, bi vê bilîze, delal".

Li Agirînê zivirî û jê pirsî: "Tu kîngê şiyar bûyî?"

"Min tu ji pencereyê dît ku çûyî..".

"Ci zû? Îcar... te çi kir îro?"

"Weke her car, bi karê malê re mijûl bûm".

Dilovan got: "Hmm, bêhna xwarina te min zêdetir birçî dike. Dê kîngê amade be?" û qedehek dew ji xwe re rijand.

Agirînê dema ku selete amade kir got: "Ez têm, deqekê". Selete xiste taskê û danî ser masê. Dema ku xwarina Dilovan li ser sivrê pêşkêşî wî dikir, jê pirsî: "Dilovan! Heger em saleke din li vir bimînin, tu dikarî ji me re çêlekek an bi kêmanî du bizinan bistînî? Cihê me heye ku em wan xwedî bikin".

Dilovan pirsî: "Cima tu li ser vê yekê fikiriyî?"

Agirînê got: "Qet bi rastî. Xelkê gund ji me re dilnerm in, cîranên me her dem alîkariya me dikin, tiştên ku ji me re lazim in, tînin, lê weke min got, cihê me heye ku em tê de xwedî bikin. Îcar çima na? Ez hez dikim mast û penîrê xwe çêkim. Min rêyek xweş bo çêkirina penîr dît ku ez biceribînim.

Dilovan got: "Xwedayê min! Hema du sal berê, te nizanibû qeyxaneke hêsan jî çêkî, niha jî tu bûyî jina malan".

Wê got: "Belê, wê demê, ez mijûlî xwendinê bûm, diçûm zanîngehê û helbet, ji ber evîna di navbera min û te de, wextê min tinebû ku ez xwe hînî çêkirina xwarinê bikim. Niha ku me biryar da ku ez li malê bimînim û heta ku Evîn biçe dibistanê, ez ê bi xwe lê binêrim, wextê min pir heye ku ez xwe fêrî hemû tiştên ku min dixwestin bikim û biceribînim".

Dilovan got: "Tu ne mîna yên din î. Xwîşka min her roj bi mêrê xwe re şer dike û dibêje ku xwedîkirina çêlek û bizinên wan zehmet e û dixwaze wan bifiroşe, tu jî dibêjî em bikirin. Pir baş e, ez bibînim ka çi dibe. Eger em sala bê li vir bimînin, em ê tiştekî bikirin".

Agirînê got: "Baş e, sipas".

"Piştî ku dibistan qediya, divê em vegerin bajêr, dibe ku hefteyek an du hefteyên din dem bibe. Diya te îro telefonî min kir ku bêriya te û Evînê kiriye; demeke pir dirêj e ku neviya xwe nedîtiye. Diya min jî bêriya me kiriye".

Agirînê got: "Ew rast dibêjin; Ez jî bêriya wan dikim".

Piştî xwarinê Dilovan ku bi Evînê re dilîst, di metbexê de bang li Agirînê kir û got: "Dema hewa sar bibe ez ê te û Evînê bibim û bigerînim. Ez dixwazim nîşanî we bidim ka dibistan çawa guheriye".

Agirînê got: "Temam, ev demeke dirêj e min ew nedîtiye".

Paşê Dilovan bi Evînê re li hewşê bû, li benda Agirînê bû ku ji bo gerê amade bibe.

Piştî demekê Agirîn ji malê derket û ji Dilovan re got: "Ez hazir im, niha em herin". Dema ku ew bi şirîniya li ser rûyê xwe, çirûska çavên xwe yên kêfxweş û bi şahî, bi cil û bergên sor ên spehî û porê xwe yê dirêj ku li ser milên wê ketibû, daket jêr. Agirînê bala Dilovan bi temamî kişand.

Dilovan bi destê wê girt û got: "Dilo, tu bi van cilan xweşik xuya dikî; ev reng ciwaniya te bêtir nîşan dide". Agirînê bi ken bersiv da: "Her gava ku ez li xwe dikim, tu tiştekî xweş dibêjî".

Dilovan got: "Ji ber ku ez her cara ku tu van kincan li xwe dikî jê *hez dikim, ez ji vê çivaniyê têr nabim". Eniya kabaniya xwe ya bedew ramûsand, paşê çîka Evîna biçûk jî maç kir". Baş e, çêtir e ku em herin berî ku dunya tarî bibe".*

Di rê de, dema ku wê li dîmenan mêze dikir, Agirînê got: *"Dilovan, eger em sala bê jî li vir bimînin wê pir baş bibe".*

Dilovan bersiv da: *"Dizanim; ev gund xweş e, ne wisa?"*

"Erê, pir pir. Yanî li dora xwe binêre; li vir mirov xwe zindî hest dike. Mirov xwe weke beşeke van çiyayan dibîne. Oh, hesteke gelekî bihêz e".

Agirînê nefesek kûr kişand û wiha domand: *"Gundî jî hema bi cîranên me re hemî mirovên baş û dost in. Tevî ku ev demeke dirêj e em ne li vir in jî, ez gelekî bi wan ve girêdayî bûme û wan weke malbata xwe dibînim".*

"Erê delalê! Ez jî. Min ji xwe daxwaza xwe ya mayînê kiriye, ji ber vê yekê em bibînin ka berpirsê me dê çi biryarê dide". Gava ku ew bi axaftinê re mijûl bûn, şagirtekî Dilovan tevî bavê xwe hat. Bavê wî got: *"Merheba Dilovan, silav Agirîn xanim. Halê we çawa ye?"*

Dilovan got: *"Merheba kekê Ferman, em tev baş in. Sipas ji bo pirsîna te".* Dilovan li şagirtê xwe nihêrî, destê xwe danî ser milê wî û got: *"Merheba Jiyar, tu çawa yî kurê min. Ez dibînim ku tu alîkariya bavê xwe dikî".* Jiyar bi ken bersiv da: *"Belê mamoste".*

Dilovan got: *"Her bijî kurê min!"*

Ferman ji Dilovan re got: *"Birayê min, em hîna di dibistana xwe re derbas dibûn, me dît ku hemû kar ber bi dawîbûnê ve diçin. We ewqas baş ji nû ve ava kir ku ew bêkêmasî xuya dike. Jiyar dibêje te endezyarî xwendiye".*

Dilovan got: *"Belê birayê min, û di mesela dibistanê de jî, erê, tu rast dibêjî, karê nûavakirinê pir baş dimeşe û hema hema qediya ye".*

Ferman got: *"Her kes dibêje sala bê divê hûn jî li vir bimînin. Em naxwazin hûn derkevin".*

Dilovan wiha got: *"Bi îzna Xwedê min jî heman daxwaz kir ku bila sala bê ez li vir bimînim".*

Ferman li kurê xwe Jiyar nihêrî û milê xwe li milê wî xist û got: *"Erê Dilovan! Tu dikarî ji min re bibêjî, lawê min par xwendekarekî baş bû?"*

"Erê, pir baş e. Jiyar zarokekî jîr û biedeb e. Tê bîra min ku wî di pirtûkeke xwe ya hîndariyê de nivîsandibû ku ew dixwaze di pêşerojê de endezyariyê bixwîne û awata wî ew e ku xaniyên xurt û rehet ji dê û bavê xwe û xelkê gundê xwe re ava bike".

Ferman bi wergirtina vê pesndanê kêfxweş bû û got: *"Ez dibînim ku wî her gav xewnên mezin hene û her tim qala wan dike. Di peywira xwe ya bavekî de, çi ji destê min bê ez ê bikim, da ku ew bikare her tiştê ku jê re lazim be hebe da bibe xwedî pêşerojeke ronîtir, mîna te".* Ferman berê xwe da Agirînê: *"Agirîn xanim! Xwîşka min a delal! Ez ê jî ji hevjîna xwe û keçên xwe daxwaz bikim ku werin serdana we, da bibînin ka we tiştek hewce ye yan hûn dixwazin alîkariyekê bidim we".*

Agirînê sipasiya wî kir û wiha bersiv da: *"Ez ê bi dîtina wan kêfxweş bibim".*

Paşê xatir ji hev xwestin.

Jiyar ku hinekî dûr bû, dîsa jî bi destên xwe çavên xwe digrtin û dilîst û dikeniya.

Agirînê destê Evînê girt û got: *"Keça min ji Jiyar re bêje xatirê te û destê xwe jî bihejîne".*

Agirîn, Dilovan û Evînê rêya xwe ya heta dibistanê berdewam kirin. Dema ku hatin, dibistan gelekî cida û tijî rengên şad bû. Her der paqij û ji bo zarokan amade bû.

Agirîn: *"Wey! Ciqas hatiye guhertin! Bi dîtina vê yekê ez dixwazim dîsa vegerim zarokatiya xwe û li vir bibim xwendekar".* Wê li her derê baş mêze kir û got: *"Dibistan amade ye, çima te got ku hîn du hefteyên din hewce ne ku kar biqedînin?"*

Dilovan got: *"Ji ber hewşa dibistanê ye. Ez dixwazim hin guhertinan bikim û di heman demê de lîstika xwendekaran ewletir bikim".*

Agirînê got: *"Fikreke baş e".*

Gava ku ew vegeriyan malê, tarî bû. Dema ku gihîştin ber derî, wan tasek mast, hinek rûnê nivîşk û satilek şîrê teze li ser pêlekanan dîtin.

Agirînê dema ku ew dibirin hindur got: *"Divê Gulê xanimê ev anîbin, wê duh ji min re behsa wan kir".*

Dilovan got: *"Baş e, wan tiştan bixin sarincê û werin em herin û sipasiya wan bikin".*

Agirînê wiha got: *"Baş e, ez pasteya ku min ji me re çêkiribû bînim û sipasiya wan jî bikim".*

Çûn mala Gulê Xanimê. Gava hatin hewşa mala wan, Dilovan çû li cem Xidirê mêrê Gulê, ku dest û rûyê xwe dişuşt, got: *"Merheba mamê Xidir, tu çawa yî?"*

Xidir pişta xwe rast kir û nihêrî. Dema Dilovan dît, bi milên vekirî ber bi pêş ve çû. *"Ax, binêre ka kî hatiye! Mamosteyê me yê hêja bi malbata xwe ya delal re hatiye. Bi xêr hatî kurê min, ez bi dîtina te çiqas kêfxweş im. Tu çawa yî keça min a delal Agirîn?"*

Agirînê got: *"Sipas mamê Xidir".*

Xidir got: *"Gulê! Derkeve û binêre ka kî li vir e. Mêvanên me hene"* û gazî jina xwe kir.

Gulê bi lez û bez derket derve, bi dîtina mêvanan kêfxweş bû û çû pêşwaziya wan.

Dilovan got: *"Xaltîkê, em nikarin bes sipasiya te bikin. Hûn her dem li me xwedî derdikevin".*

Gulê got: *"Tu bi xêr hatî. Wekî min berê jî got, tu û Agirîn weke zarokên min in".*

Dilovan got: *"Dîsa gelek sipas".*

Gulê dema ku destê Evîna biçûk girtibû ew maç dikir, got: *"Di malên ku zarok tê de hebin, divê her tim mirov xwarina teze hebe. Ji ber ku tu ji diya xwe dûr î, ez cihê wê digirim û li Agirînê dinêrim".*

Agirînê Gulê hembêz kir û sipasiya wê kir.

Hemû çûn li binê dareke mezin li quncika hewşê ku Gulê xalîçeyek mezin û kevn bi çend balgiyên biçûk ên sor û kesk vekiribû, rûniştin. Wê hewş av dabû û şûştibû û her tiştî xweş û paqij xuya dikir.

Dilovan Evîn da Agirînê, paşê çû li cem Xidir rûnişt û dest bi axaftinê kir. Piştî çend deqeyan Gulê bi tepsiya çay û kekê derket derve, paşê li kêleka Agirînê rûnişt. Du neviyên Gulê yên ciwan hatin û li kêleka Agirînê rûniştin û bi Evînê re lîstin. Yekî wan got: *"Xaltîka Agirîn, weke Evînê memikên min jî hene".*

Agirîn keniya".Gelek baş e! Niha bibêje ka tu çend salî yî?"

Gulê got: *"Nazdar nêzî şeş salî ye. Keçikeke mezin ku ji niha ve memikên wê hene".*

Nazdarê bersiv da: *"Lê ez weke Evînê bi kar nayînim! Ez wê didim dolika xwe. Ew hîn piçûk e û pêdiviya wê heye".*

Agirîn keniya û bi evîndarî got: *"Belê, fikreke baş e. Niha here dolîka xwe bîne. Ez dixwazim wê bibînim û ji bo ku eger bigirî, memikê wê jî bîne".*

Xidir berê xwe da Dilovan û got: *"Min bihîst ku vê koma nû çend bajar û gund bi dest xistine".*Axîn kir û wiha berdewam kir: *"Dilovan, kurê min, ev nûçe û bûyerên vê dawiyê ku her roj diqewimin, ne xweş in. Heta niha zêdetirî heftê ferman û komkujî hatine serê gelê me û em xistine* nava rewşên karesatbar. Ez hema heftê salî me. Gelek serpêhatiyên min hene û min ji bav û kalên xwe gelek çîrok li ser dîroka me ya biêş bihîstine û rewşa ku em di van rojan de pê re rû bi rû ne, bi heman rengî ye ku wan di çîrokên xwe de em hişyar kirine. Bêhna xwînê tê".

"Erê mamo! Tu rast dibêjî. Di dîroka gelê me de gelek şerên xerab hatine serê me. Niha jî welatên cîhanê yên weke Amerîka û Ewropa û gelek rêxistinên din ên mezin di cîhaneke ku ji bo mirovahî û ewlehiyê têdikoşin û ji bo van qanûn derxistine. Eger şer hebe wê ne weke berê be, di demeke nêzîk de ew ê alîkariya me bikin. Em ne kesên êrîşkar in. Di derbarê jin û zarokan de cidî ne. Yanî di vê demê de, cîhan niha ji bo wan şerên hovane cihekî çêtir û ewletir e".

"Ez nizanim kurê min; tu çêtir dizanî. Ez tenê fêm dikim ku gelê me têra xwe êş kişandiye. Xwedê neke ku şerekî din çêbe. Gelê me di dawiyê de jiyaneke aram heye û ji bo pêşeroja xwe dest bi xeyal û hêviyên xwe dike".

Xidir piştî sekinîneke kûr ji xemgîniyê dest bi guherandina mijarê kir û ji Dilovan re got: "Lawo, gundî bi te dilgeş in; tu ciwanan teşwîq dikî ku bixwînin. Tewra min bihîst ku te ji zarokan xwestiye ku diya xwe jî fêrî xwendin û nivîsandinê bikin û gelek pirtûkên te yên baş hene û tu ji zilamên ku nikarin bixwînin re dixwînî. Divê tu bizanibî ku em ji tiştê ku tu dikî gelekî kêfxweş û serbilind in. Hînbûn xelata herî dawî ye".

Dilovan got: "Ew rast e mamo! Ji bo jin û keçên me yên ciwan jî girîngtir e. Min li zanîngehê gelek lêkolîn li ser çanda welatên din kir. Min fêm kir ku her welatekî ku jinên zana û azad hebin ji welatên din çêtir û bihêztir e û bi rastî jî aştiyanetir e. Ez jî weke mamoste dixwazim gelê xwe bigihînim zanîn û hişyariyê".

"Di dema me de, zarok nedişandin dibistanê, û dibistanek nêzîkî me tune bû!" Xidir got". Mirov ditirsiyan ku zarokên xwe bişînin dibistanê. Di nava zarokên min de tenê xort hînî xwendin û nivîsandinê bûne, lê keçên min jî weke diya xwe û min tiştekî nizanin. Lê van rojan, ewqas cida ye, û ez pir bextewar im ku dibînim ku mirov hildibijêrin ku perwerde bibin.

Mîna Nazgulê ku li kêleka Agirîn rûniştiye û bi keça te re dilîze, niha jî heşt salî ye û bi xwîşk û birayê xwe re diçe dibistanê. Nazdar jî sala bê wê here".

Dilovan li keçan keniya û got: "Nazgul keçikeke zîrek e. Ew ji fêrbûna stêran û gerdûnê hez dike û ez nikarim li bendê bim ku Nazdar sala bê dest pê bike,"

Xidir got: "Hîn jî, gelek kes û rûspiyên gund hez nakin ku zarok biçin dibistanê. Her wisa Gulê xanimê ku guhdarî bikî, her tim dibêje bila keç neçin dibistanê, bila li malê bimînin, fêrî hunera maldariyê û fêrî mezinkirina zarokan bibin".

Dilovan bi ken, lê rûyê xwe girij kir û got: "Rast e Xaltîka min a bedew? Tu wisa difikirî?

Gulê: Bi rastî min wisa bawer dikir. Cawa ku ez ji dayika xwe hîn bûm, min wisa bawer kir. Lê ji dema ku min Agirîn nas kir û dît ku ew çawa diaxive û wekî malxê malê tevdigere û dît ku ew çawa bi zarokan re reftar dike, ez cidahiyeke mezin dibînim. Niha ez poşman dibim û ji xwe re dibêjim 'Xwezî min ev tişt jî bizaniya, da ku ez zarokên xwe baştir mezin bikim".

Agirînê destê wê girt û got: "Xaltîka min wisa nebêje, te karekî gelekî baş di warê mezinkirina zarokên xwe de kiriye, ez jî ji te gelekî hîn bûm."

Dilovan rabû ser xwe û got: "De, mamê Xidir, xaltîka min, wextê çûyîna malê ye. Êdî dereng e û sibê me hemî yan gelek kar hene ku bikin. Sipas ji bo hebûna me û hemî dilovaniya we; em teqdîr dikin".

Hemûyan xatir xwest, paşê Dilovan û malbata xwe çûn.

Di rê de Dilovan got: "Agirîn, bila ez Evînê hilgirim. Tarî ye, hay jê hebe ku wê şiyar neke".

Agirînê Evîn derbasî Dilovan kir, dema ku li gotinên Xidir ên li ser şer difikirî û got: *"Oh, erê, rast. Vaye…"*.

Dema hatin malê Agirînê Evîn ji hembêza Dilovan girt û li benda vekirina derî ma. Ew ketin hindur û Dilovan dest bi guherandina cil û bergên xwe kir. Agirînê jî Evîn xiste dergûşa wê.

Dema Evîn dîsa ji xew rabû, Agirîn çû cem wê û jê re got: *"Delalê, çi bûye? Cima tu hişyar bûyî? Agirînê Evîn hembêz kir". Niha ku tu xweş razayî, tu dixwazî tevahiya şevê bimînî û nehêlî em razên, ha?"*

Lê gava dît ku Evîn ne baş e û dest bi girînê kir, Agirînê got: *"Ya na? Bihêle ez bibînim ka keça min divê bê guherandin an na"*. Agirînê kincên Evînê yên razanê guherand, ew hembêz kir û got: *"Niha, bila diya te şîr te bide te, paşê bibe keçikeke baş û razê, dê û bavê te jî bêhna xwe bidin, baş e?"*

Dilovan li kêleka Agirîn û Evînê rûniştibû û hin kaxizên dibistana xwe birêkûpêk dikirin. Temaşekirina hevjîn û keça wî ya ku dilîstin û dikeniyan û bi bihîstina gotinên Agirînê ji Evînê re dilê wî şad dikir. Li Agirînê nihêrî û got: *"Tu dizanî çi?"*

Agirînê bersiv da: *"Na, çi?"*

Dilovan destê xwe da ser dilê xwe û got: *"Hûn her du jiyana min in, evîna min in"*.

Agirînê di bersivê de tiştek negot, lê kenê xweşik kete rûyê wê ku ji hemûyan re baştirîn bersiva gotinên Dilovan bû.

Piştî ku Agirînê şîr da Evînê, keça xwe hembêz kir û dest bi lorîna ku ji bo hestên xwe diyar kiribû got:

"Laylayê lay layê

Laylayê lay layê

Laylayê sorgulê tu narîn î

Leylayê çavreşê tu şirîn î"

Û wê dîsa heman beşê stran digot.

Dilovan ku guhdarî dikir, bi şaşî jê pirsî: "*Agirîn! Cima tu tevahiya stranê nabêji? Ez jî guhdarî dikim*".

"*Ez naxwazim*".

Dilovan, ku berê pê hesiyabû ku tiştek Agirînê xemgîn dike, karê xwe da aliyekî û çû cem Agirînê, destê xwe kir nava porê wê û jê pirsî: "*Tu ji gotinên mamê Xidir bifikar î? Tiştekî xerab çênabe; ev nîqaş û axaftinên li ser şer li her derê ne. Ez soz didim we ku her çend tiştek biqewime jî, ez ê bi jiyana xwe malbata xwe biparêzim û tu vê yekê dizanî*".

Agirînê got: "*Ez dizanim, lê heke tiştek were serê te çi? Ez pir xemgîn im, ez nikarim vê ramanê derbas bikim*".

Dilovan:"*Tiştek wê çênebe. Tu zêde difikirî delalê, û eger tiştek biqewime jî, tu yê cihê min bigirî û li xwe û keça me ya hêja xwedî derkevî. Tu yê piştrast bikî ku ew ê jiyana herî baş ku me ji bo wê xeyal kiriye hebe, ji ber ku roja ku ew ji dayîk bû me peyman çêkir*".

"*Ez? Ez dikarim çi bikim? Ma te nebihîst mamê Xidir ku digot şer çiqasî hovane dibe?*"

Dilovan bi dengekî cidî got: "*Min tim ji te re gotiye, eger tu xwe bêçare bibînî, tu dê bêçare bimînî. Ji ber vê yekê ji kerema xwe, bi ewqasî ku tu dikarî hêzdar bibîne. Ev dunya rehmê li xerîb û bêçareyan nake*".

Agirînê ku bi porê Evînê dilîst, guhdarî dikir.

Dilovan got: "*Hey. . . delalê, li min binêre. Heta ku ez nemirim, ez ê ti carî nehêlim tiştek were serê te û Evînê. Yanê, li van masûlkeyên ku min xurt kirine binêre*". Dilovan milê xwe nîşan da û xwe hejand û keniya û got: "*Dema ku tu hevjînê min î, çawa tu şerm nakî û ditirsî kêçe!*"

Agirînê destê wî girt û keniya.

Dilovan wiha berdewam kir û got: "*Niha, bes bi van ramanên xerab, ez dixwazim ku hûn jî ji bo min xurt bibin. Ez dixwazim ku hûn kêfxweş bibin.*"

Dîtina kenê te baştirîn tişt e ku tu dikarî bidî min û bihêle ez rast bibêjim, serê min dêşe dema ku ez dibînim ku jina min li kêleka min xwe bêbawer hest dike. Ez jê hez nakim û ez naxwazim we dîsa bi vî rengî bibînim".

Agirînê li Dilovan nihêrî û got: "Ew… tu rast dibêjî. Bibore, ez ê rawestim. Ev hest ti wateyî nadin. Em li cihekî ewle ne û gelê me ji her nîqaşê dûr e".

"Ew bêtir mîna wê ye, delalê min. Niha em lorîkê bistirên û berî ku xewa wê here Evînê razînin. Wekî din, ew ê me tevahiya şevê hişyar bêhêle. Tu keçika me ya bela nas dikî". Dilovan dest bi stranê kir û Agirîn jî li pey wî çû:

Laylayê lay layê

Laylayê lay layê

Laylayê sorgulê tu narîn î

Leylayê çavreşê tu şirîn î

Binve dayê, xew şirîn e

Binve lawê, xeman nebîne

Bilbilê binalîne, ser daran dilorîne

Dema ahengê axa me dixwîne

Ez ew Bilbila li ser daran im

Ez dermanê derdê evîndaran im

Lankeya hejînem ser demên êvaran

Ahiyan dikşînem ser bextê yaran

Bexteke pir birîn e, yare her çav bixwîn e

Bilbilê nalenalîn e, dubarê eş û jan delorîne

Laylayê laylayê

Laylayê laylayê

Laylayê sorgulê tu narîn î

Leylayê çavreşê şirîn î

Binve dayê, xew şirîn e
Binve lavê, xeman nebîne.

Agirînê Evîna biçûk a razayî xiste dergûşa xwe, ji bo ku nekeve erdê, bendik li dora wê pêça. Toreke kesk a bedew ku dora wê bi moriyên birqok xemilandibû, avêt ser dergûşê, ji bo ku pêşiya ronahiyê bigire û Êvînê ji mêş û pêşûyan biparêze. Paşê Agirîn çû û kincên xewê li xwe kirin.

Dilovan got: "Heta ku ez karê xwe biqedînim, tu dikarî ji min re qedeheke şîrê germ çêkî?"

"Baş e, ez ê niha ji te re amade bikim". Agirîn çû metbexê, şîr keland, paşê rijande nava şûşê. Bi taseke hingiv re, qedeha şîr danî ser tepsiyekê û bir bal Dilovan. Li kêleka wî rûnişt û li bendê ma ku karê wî biqede.

Dilovan got: "Ez ji bêhna şîrê teze hez dikim. Te çima ji xwe re qedehek çênekir?"

Agirînê got: "Na, ez tiştekî naxwazim".

Dilovan kevçiyek hingiv li şîr zêde kir û hejand, hinek vexwar, dû re got: "Xweş e, were hinekî biceribîne, pir xweş e".

Agirînê got: "Ax, dev jê berde. Ciqasî tamxweş dibe? Tenê şîr e". Û keniya.

Dilovan got: "Tu yê poşman bibî". Û paşê hineke din vexwar.

"Tu ewqas xweş dikî. Niha ez hinekan dixwazim". Agirîn keniya û çû cama Dilovan girt:

Dilovan got: "Na, na, ew ê vê carê bi ser nekeve," cam jê stand. "Ez ê bidim te... Ez weke şeva din vexwarina xwe wenda nakim".

Wan dest pê kir behsa jiyana xwe ya hevpar û planên xwe kir. Gelek xewnên şirîn hebûn ku dixwestin wekî malbatekê bigihîjin wan. Axaftina van xeyalan, Dilovan û Agirîn ji bo paşeroja xwe hê bêtir dilgeş kirin.

Herî dawî Agirînê got: "Li demjimêrê binêre. Nîvê şevê ye û divê tu sibê biçî ser kar!"

Dilovan got: "Xwedayê min! Demjimêr ji donzdehan derbas bûye. Berî ku karker werin divê ez hin tiştan amade bikim. ez ê zû biçim; Ez te şiyar nakim". Dilovan bi Agirînê re di nava nivînan de raza, çenga wê ramûsand, dû re di guhê wê de pişitî: "Jinik tu çima ewqas diaxivî? Binêre... te şev qedand".

Agirîn bişirî û got:"Ci! Ez te fêm nakim! Hûn dixwazin ez bipeyivim û paşê hûn dibêjin ku ez bi te re dipeyivim, ez zêde diaxivim".

Dilovan kenî û got: "Ax! Xwedayê min!... lê binêre, ew hîn jî diaxive".

Agirînê bi ken got: "Belê, ez wisa me, tu çi bixwazî û çi nexwazî ev pirsgirêka te ye, ji ber vê yekê heya dawiya jiyana xwe pê re bijîyî, cano".

Dilovan got: "Dîno! Li rûyê wê yê qermiçî binêre. Niha were vir, ji te re hembêzek lazim e". Dilovan jina xwe hembêz kir û dema şevbaşê ew maç kir.

BEŞA 2

Dotira rojê, tîrêja rojê ji pencerê li rûyê Agirîn ket û ew şiyar kir. Dilovan serê sibê zû derketibû û Evîn hê di xew de bû. Agirînê kincên xwe li xwe kirin û derî girt da ku keça wê şiyar nebe. Wê tasek tov hilda û çû hewşê. Yekem, ew çû ser mirîşk û cûcikên xwe seh kir û tov û hinek av da wê, dû re derî ji bo mirîşkên mayî yên di şînê de vekir û tov li erdê reşand, av danî tenişta wan". *Cû, cû, cû,*" gazî wan kir. Mirîşk hatin û dest bi xwarinê kirin". *Pir baş e, naha bihêle ez bibînim ka we îro hêk daniye*". Kete hindur û derket". *Wey Xwedayê min! Pênc hêk!*" Agirînê got. "*Sipas ji we re. Ez ê wan bi destûra we hildim*".

Ew dîsa vegeriya hindurê sînê û dest bi berhevkirina hêkan kir. Ji nişkan ve teqîneke mezin û bixof erd hejand. Ewqas dijwar bû ku ax û toza ji quncikê banî bi ser serê Agirînê de rijand.

Bi lez û bez derket derve, li dora xwe nihêrî, tiştek nedît, paşê berê xwe da kuçeya ku ji çend malên li aliyê din toz û dûman lê bilind dibû. Li her dera gund qêrîn û hawar dihat. Evîna biçûk digiriya, bi lez çû malê.

Agirîn hîn negihîştibû, gava ku bombeyek li pişt xanî teqiya û ket erdê. Rabû ser xwe, paşê di nava tozê de dît ku xaniyê wê hilweşiyaye. Agirîn pêlekanên mayî bezî û dît ku dîwarek li dergûşa Evînê ketiye.

Agirîn ji tirsa keça xwe qêriya. Axîn û kerpîç tev li dergûşê bûn û wê dest bi derxistina wan kir". *Evîn, bigirî! ji bo xatirê Xwedê bigirî! De were... were...*". Ji xwe re got:

"Agirîn, lez bike!". *Goşeyê dergûşê dît û bi hemû hêza xwe derxist.* *"Evîn... tu xwedê, dayê divê dengê te bibihîze. Dest bi girînê bike, jiyana min!"*

Destên Agirînê pir dilerizîn, wê bi zorê karîbû wan kontrol bike, dema ku ax ji dergûşê hejand. Bi lez û bez Evîn vekir, hembêz kir û toza rûyê wê paqij kir. Agirînê bi dengekî lerzok got: *"Evîn? Evîn? Ji bo dayîkê bêhna vede! Bigirî, ez ji te lava dikim! Evîn, nefesê bikişîne!"* Agirînê dît ku destê wê xistibû bin serê Evînê egerm û asê bû. Dema ku wê destê xwe jê kişand, wê pê hesiya ku zeliqiya ku ew pê dihesiya xwîn e ji birîneke mezin a di serê Evînê de. Ecêbmayî li keça xwe û xwîna destên xwe dinêrî.

Tirs û xofê bi ser wê de girt, qêriya û got: *"Xwedayê min! Keça min! Hewar e! Yek, were bigihîje min! Dilovan ... tu li ku yî? Kesek di hawara min de bê, keça xwe rizgar bikim!"*

Agirînê guhê xwe da dilê Evînê lê tiştek nebihîst. Nebza keça xwe kontrol kir, tiştek hest nekir. Zaroka wê çûbû! Xwîn ji quncikê çena wê, li ser rûyê Evînê diherikî. Agirînê li derve qêrînek bihîst. Evîn hembêz kir û biryar da ku hewl bide ku kesek alîkariya wê bike.

Agirînê tenê çend gav avêtin berî ku gêjbûn bi ser wê de biçe, û hest kir ku destên wê qels û sar bûne. Agirîn ku keça wê di destên wê de bû, ji ser hişê xwe çû û ket erdê.

Piştî çend demjimêran Agirînê çavên xwe vekirin, nizanibû çiqasî bêhiş bûye. Evîn hîn di destê wê de bû. Serê xwe zivirand. *"Evîn! Keça min a delal, tu çima çavên xwe ji diya xwe re venakî?"* Agirînê dema ku li der û dora xwe mêze dikir, bi zehmetî serê xwe bilind kir, li bal xwe dihizirî: *"Dilovan, tu li ku yî? Ji kerema xwe vegere".* Serê xwe xiste bin stûyê Evînê û giriya.

Ji nişkan ve Agirînê dengê çend zilaman ji derveyî malê bihîst. Di destpêkê de, fikirî ku ew dengê Dilovan dibihîze, lê her ku deng nêzîktir bûn, wê fêm kir ku ew bi erebî diaxivin.

Dengekî got: *"Xanî wêran bûye bira, ez bawer nakim kes tê de be. Divê em wextê xwe li vir wenda nekin".*

Yekî din got: *"Na, em fermana fermandariyê pêk tînin. Herin hindur û bicîh bikin ku vala ye".*

Agirînê bihîst ku lingên wan dihatin ser pêlekanan. Evîn bi laşê xwe hembêz kir û bêteveger ma.

Zilamek di ser Agirînê re rawestiya. *"Birano! Werin, li vir jinek heye. Ew nagere, ez difikirim ku miriye".*

Zilamekî din got: *"Kontrol bikin û bibînin ka ew sax e".*

Zilamê pêşî destê xwe danî ser milê Agirînê ku wê bizivirîne.

Agirîn ewqas ditirsiya ku bi awayekî li ber xwe bide ku neyê zivirandin.

Zilam qêriya: *"Ew hîn sax e!"*

Zilamên din hatin û li ser serê Agirînê rawestiyan.

Destûr da yekî wan: *"Wê bizivirîne da ku ez rûyê wê bibînim!"*

Zilamê pêşî ji bo ku rûyê Agirînê bibîne, milê Agirînê paşve kişand, Agirînê dîsa xwe civand û rûnişt û li wan nihêrî. Li ser serê wê sê zilamên tirsnak hebûn. Agirîn giriya û keça xwe li wan nîşan da û got:*"Alîkariya min bikin. Keça min birîndar e, ji cihê xwe nalive".*

Yekî ji wan zilaman bi çavekî birçî got: *"Wey! Li afirandêriya Xwedê binêre. Cavên wê reş û mest in. Bê guman, ev jineke herî bedew e ku min heta niha dîtiye".*

Zilamê sêyemîn got: *"Niha werin, bilezînin, kontrol bikin ka pitika wê hîn sax e, ku ne mumkun e".*

Agirînê ku zimanê wan baş fêm dikir, tirsiya û Evîn di hembêza xwe de girt. Yek ji wan kesan çû û destê xwe avêt stûyê Evînê: *"Na bira, zarok miriye".*

"Temam, jê bistînin".

Zilam got: *"Erê bira"*, paşê Evînê girt û xwest ku ji hembêza Agirînê derxe.

Agirînê bi tundî li ber xwe da. *"Na, destê xwe berde! Hûn kî ne?"* Lê gava ku wê dît ku hêza wê li hev nayê û ew ê ku zarokê ji destên wê derxe, dest bi lavahiyan kir: *"Tu bi Xwedê, ji bo Xwedê, milê keça min berde. Bila ew li bal min bimîne. Tu çima zaroka min ji min distînî? Birîndar e, belkî sax be. Hûn nizanin, hûn û Xwedê wisa nekin".*

Lê mêrikê xemsar pitik ji hembêza dayîkê derxist û tenê memika keça wê yê ku ji kincên sor ên Evînê hatibû çirandin, di destê Agirînê de ma.

Zilam laşê Evîna biçûk avête quncika odê û li Agirînê qêriya: *"Hiş be!"* Bi destê Agirînê girt ku wê rake.

Lê Agirînê dema dît ku Evîn avêt pir hêrs bû û bi dengekî bilindtir qêriya: *"Destê xwe nede min! Bicehimin, berazê heram ..."*. Wê perçeyeke kerpîçeke şikestî li kêleka xwe girt, dû re çend caran li rûyê mêrik xist û ew xist xwarê.

Her du zilamên din destên Agirînê girtin, ew bi aliyekî ve hejandin û piştre çend sîle li rûyê wê dan.

Zilamê ku ji aliyê Agirînê ve hatibû lêdan rabû ser xwe. Bi destê xwe rûyê xwe yê xwînmij paqij kir, dû re bazda ser wê. Xencera xwe derxist û qêriya: *"Heywana bêqîmet, ez ê niha jiyana te ya vala bistînim!"*

Zilamekî din got: *"Zubêr, destê xwe bigire, ev yek ji xenîmetên şer e.*

Hûn nikarin wê bikujin. Ew ji Xwedê û şervanên Xwedê ye. Ji hêrsa xwe bi ser keve, Xwedê neke, tu mucahîd î".

Zubêr êrîşa xwe ya li ser Agirîn rawestand. Li wê mêze kir, xencera xwe dîsa xiste kembera xwe, dû re tif kir erdê. Li xwe zivirî û got: "Xwedê min efû bike". Bi destmala xwe bêtir xwîn ji rûyê xwe paqij kir".Em niha herin".

Agirîn bi xwe re kaş kirin.

Giriya û got: *"Na, min berde. Hûn min dibin kuderê? Ez keça xwe tenê nahêlim".*

Dema gihîştin kuçeyê, Agirînê gazî cîranan kir û kir hawar û alîkarî xwest, lê kes li derdorê tinebû. Di rê de, wê çend laş li erdê dirêjkirî dîtin. Gund wêran bûbû. Çend derî vekirî mabûn û hemû pencere hatibûn şikandin.

Mêran Agirîn dibirin navenda gund. Di rê de, wan zilamek dît ku li ser piştê ketibû û dixwest rabe. Yek ji wan sê kesan çeka xwe ber bi wî ve girt û got: *"Zubêr, here bal wî, lê haya te ji xwe hebe".*

Agirînê ew nas kir. Bavê Jiyar û Ferman bû. Guleyek li sînga wî ketibû û kirasê wî yê spî xwînî bû. Agirînê bi tirs bang kir: *"Birayê Ferman."* Wê hewl da ku xwe ji destên zilaman rizgar bike û bi qêrîn got: *"Xwîna wî diherike, ji bo Xwedê alîkariya wî bikin!"*

Zubêr bi milê Ferman ve girt û got: *"Ew nikare bimeşe. Divê em wî bilind bikin?"*

Yekî got: *"Wî temam bike".*

Zubêr xencera xwe derxist û bêyî ku dereng bike, bi porê Ferman ve girt û qirika wî birî.

Agirînê bi vê dîtinê hemû hêza lingên xwe wenda kir û ket erdê û got: *"Na, te çi kir? Te çima ew kuşt? Xwedê alîkarê me be! Ev kî ne?"*

Zubêr xencera xwe ya bixwîn girt ber bi Agirînê ve bi qêrîn got:

"hiş be, dev ji qêrînê berde". Wî ew ji her du zilamên din stand, avêt ser milê xwe û meşiya.

Gihîştin navenda gund û Agirîn birin cihê ku jinên din li cihekî kom bûbûn û nobedar li ber wan bûn.

Gulê dema Agirîn dît, çû cem wê, hembêz kir û got: *"Keça min Agirîn, wan çi bi te kiriye? Keça te li ku ye?"*

"Ew kuştin. Nehiştin ez cenazeyê wê bi xwe re bînim". Agirînê mijmijoka Evînê yê sor nîşanî Gulê da. *"Ji Evînê tenê ev tişt maye".* Agirînê îşaret bi serê îşkencekarê wê kir. *"Wî zilamî Ferman kuşt, xaltîk. Ev kî ne? Cima vê yekê dikin?"*

Gulê li çoka xwe xist û got: *"Nizanim, nizanim qîza min, hatine gund û me dikujin û digirin, tiştekî nabêjin".*

Agirînê serê xwe bilind kir û dît ku li her derê zilamên bi yûnîformên leşkerî, bi rûyên dirêj û bi çek hene. Hinekan rûyê xwe bi destmalên reş pêçandine û alên reş hildane. Zilamên gund bi hev re şivantî kiribûn, hinekan jî li erdê dikolan. Agirîn di nava wan de li Dilovan geriya, lê nedît. Li quncikekî kurikên biçûk rêz kiribûn û li rûyê hev dinêrîn. Leşkeran rû û binçengên xortan kontrol dikirin, hin ji wan dibirin bal mêran û yên din li erdê didane rûniştandin.

Agirînê got: *"Xaltîk, ez Dilovan nabînim! Ma ew reviyaye?"*

Gulê got: *"Na dayê, ew jî girtin".*

"Ew li ku ye? Cima ez nikarim wî bibînim?"

Gulê tevî du jinên din ên ku li kêleka wê rûniştibûn, giriya û îşaret pê kir. *"Dilovan li wir e, keça min,"* jinekê got. *"Wan ew birin û li kêleka wê otomobîlê girtin".*

Agirîn li kêlekê nihêrî û dît ku Dilovan bi rastî jî li wê dinêre, hemû cilên wî xwînî bûn, destên wî jî hişk girêdayî bûn. Agirîn xwest biçe cem wî û dest bi qêrîna navê wî kir.

Gulê devê Agirînê girt û got: *"Hiş be, ji bo Xwedê, tiştekî nebêje"*.

Gulê got: *"Agirîn rûne, ti tiştekî neke, heke tu gazî wî bikî, ew ê bizanin ku tu kî yî, wê hingê Xwedê dizane wê çi were serê te"*.

Agirînê got: *"Ci? Cima?"*

Gulê pirsî: *"Agirîn tu wan laşan li wir dibînî? Dilovan ew kuştin û sê kesên din jî birîndar kirin. Ew zilamê rihsor bi rûyê xwînmij fermandarê wan e. Dilovan bi kêrê êrîşî wî kir. Bextê wî bû, nexwe dê Dilovan ew jî bikuşta. Ev çend saet in li Dilovan dixin û ji xelkê dixwazin ku malbata wî eşkere bikin û li jin, xwîşk û birayê Dilovan bigerin. Lê kesî tiştek negot"*.

Gulê di guhên Agirînê de kir pistepist: *"Niha, bêdeng be. Heger fêm bikin ku tu jina Dilovan î, ji bo ku wî bi ezab bidin, Xwedê dizane li ber çavên wî dê çi bi te bikin"*.

Dilovan serê xwe hejand û îşaret li Agirînê kir ku rûne û tiştekî neke.

Agirînê bi rondikên çavên xwe, dumê Evînê nîşanî wî da.

Dilovan ku di destên xwînmij ên Agirîn de mijmijoka Evînê dît, çavên xwe girtin. Hêsiran ji çavên wî dest pê kirin heta bi çena wî dibarin. Li Agirîn mêze kir. Bi dîtina rûyê jina xwe yê bi xwîn û çavên wê yên bi tirs û hêstir xem û hêrsa wî zêde kir. Wî dixwest ku xwe bigihîne wê, lê wî dizanibû ku ew ê wî bidin sekinandin berî ku ew bigihîje wê. Dizanibû ku eger qelsiyekê nîşan bide, dê Agirîn bêtir êşê bikişîne, ji ber vê yekê hestên xwe hilda, serê xwe dîsa rakir, hişk sekinî û li Agirînê nihêrî, ku di hembêza Gulê de girtibû û li Dilovan dinihêrî.

Fermandar çû ser çala ku mêrên gund lê dikolan û got: *"Êdî bes e! Tepikan ji wan derxin û hemûyan di yek rêzê de li dora çalê rûnin"*.

Leşkeran hemû zilam birin kêleka çalê û çekên xwe kirin hedef. Yek ji leşkeran çûbû Dilovan.

Qumandar qêriya: *"Na! Bila ew bimîne; ew yê min e!"*

Paşê ji zilamên gund re got: *"Niha hûn hemû dîlên DAIŞ'ê ne, divê hûn bizanibin ku cîhada me tenê ji bo Xwedê ye û li vê dinyayê ji bilî ezab û kufrê tiştekî we tune. Divê hûn bi dînê Xwedê bawer bikin da ku hûn bi wan ên ku bi dinyaya herheyî bawer dikin rabin û Xwedê we ji şewata dojehê efû bike".* Fermandar hevokek bi erebî xwend, paşê ji gundiyan xwest ku piştî wî şahidiyekê dubare bikin.

Yekî gundî kir hawara: *"Cima divê em baweriyên xwe biguherînin? Em bi Xwedê bawer dikin; em ji bilî aştiyê tiştekî naxwazin. Eger we êrîşî me nekira, me yê hûn weke heval pêşwazî bikira. Xwedayê te çima xwîna me dixwaze? Me tiştekî xelet nekir".*

Leşkerekî DAIŞ'ê bi qêrîn got: *"Hûn kafir in, hûn şeytan wekî Xwedê dibînin".*

Pîremêr îsrar kir û got: *"Ew derew e, em bi Xwedê bawer dikin û hûn hemî vê yekê dizanin. Em ji we natirsin, hûn hemû diz û derewîn in".*

Mêrik, dema ku kurê xwe yê ciwan ê ku pir tirsiyabû di destên xwe de girtibû: Di bin navê Xwedê de, hûn rûyê jiyana xwe yê tarî vedibêjin. Hûn navê Xwedê bi kar tînin da ku herin tiştê ku aliyê we ya tarî dixwaze."

Fermandar got: *"Tu ne layîq î ku biçî bihuştê, divê tu wekî kafiran, her û her di dojehê de bişewitî"* û gule li zilam û kurê wî reşand heta ku çeka wî ya otomatîk ji guleyan vala bû.

"Niha, ew hişyariya dawî bû ji we hemûyan re, ji ber vê yekê piştî min dubare bikin ...". Wî fêm kir ku dê kes guh nede wî, ji ber vê yekê wî qîr kir, *"Wan zarokan ji min re bînin".*

Hin leşkeran xort danîn ber wî.

Serfermandar wiha dewam kir: *"Heke hûn guh nedin ez ê wan bikujim".*

Mêran dest bi îfadeyê kirin. Xort û zarokan bi teqlîta kal, bav, mam û pismamên xwe şahidî kirin. Leşkeran zilam rêz kirin û bi çekan li ser wan rawestiyan. Malbat, dayîk, jin û zarokên wan, bêhna xwe di sîngê de girtin, li zilamên wan dinêrîn. Kesî ji dîmena li pêş wan bawer nedikir. Serfermandar emir da eskeren xwe ku teqe bikin, hemûyan bi çeken xwe berdan. Qêrîna jinan bilind bû, lê qêrîna tijî êş û nalîna Dilovan ji her kesî bilindtir dihat bihîstin. Fermandar keniya û ber bi cihê Dilovan ê ku li ser çokan bû meşiya û got: *"Bêguman hi nek ji wan zilaman birayên te yan jî bav û xizmên te bûn, ne wisa?"*

Dilovan rabû ser piyan û bi hemû hêza xwe, bi serê xwe li sînga fermandar xist. Fermandar ji aliyê Dilovan ve paşde hat avêtin, Dilovan qêriya: *"Eger tu mêr î, tu yê destên min vekî! Ez ê te bi destên xwe perçe perçe bikim, ey xwinmijê hov!"*

Agirînê destên xwe li erdê dixist û li wan temaşe dikir. Jinan ew girtin û jê xwestin ku xwe kontrol bike. Du zilaman Dilovan girtin û dîsa danî ser çokan.

Fermandar toza xwe hejand, paşê destê xwe danî ser sînga Dilovan û got: *"Tu mirovekî bihêz û wêrek î; tirsa we li hindur tune. Eger tu li aliyê me bûyayî, te yê ji bo Xwedê gelek welat fetih bikirana".* Hingê wî îşaret li du zilamên xwe kir ku Dilovan bibirin.

Her du zilaman ew rakirin û birin ber kêleka çalê.

Gulê Agirîn hişk hembêz kir. Agirînê li Dilovan nihêrî.

Dema ku Dilovan li kêleka çalê serê xwe ber bi çokên xwe ve kir, çavên xwe vekirin û li evîna xwe nihêrî. Fermandar li ser serê Dilovan rawestiya û jê re got ku şahidiya xwe dubare bike Dilovan bêdeng ma.

Fermandar got: "De were, lez bike, bibêje".

Lê Dilovan guh neda wî û bal kişand ser Agirîn ji ber ku ew xema tehdîdên fermandar nedikir.

Fermandar xencera xwe derxist û porê Dilovan bi paş ve kişand û got: *"Eger tu şahidiya xwe nekî, ez ê serê te jêkim û laşê te perçe bikim û her perçekî bavêjim cihekî ku rehmê li kafiran neyê kirin. Lê eger tu şahidiya xwe ji min re bibêjî û bi Xwedayê yekta yê ku serweriya me hemûyan dike bawer bikî, gotina min heye ku ez ê te bi guleyekê bikujim û tu bê êş bimirî".*

Dilovan dilxwaz bû ku perçe perçe bibe, lê nekeve nava lîstikên wan ên bêwate. Lê wî baş dizanibû ku wê çi were serê wî li ber çavê evîna wî ya bedew û nexwest ku Agirîn êşa temaşekirina îşkenceya wî bikişîne, ji ber vê yekê qebûl kir ku şahidiyê bike. Di çavên Agirînê de dinêrî û tiştên ku bi nefretê mecbûrî gotinê bû digot. Fermandar xencera xwe pêça, paşê piştî ku Dilovan îfadeya xwe qedand, çeka xwe derxist û tetika tivingê li serê Dilovan kişand.

Dem di nava êşa dilê her du evîndarên bedew de rawestiya. Agirînê ji çavên xwe bawer nedikir. Dîmena li dora wê hêdî bû û wê ji bilî Dilovan, bihîstina nefesa wî, tiştek nedît, tiştek nebihîst, tiştek hest nekir. Dilopên sor ên xwînê ji serê wî diherikî û çend saniyeyan li ser çengê wî ma, paşê li ser sînga wî gêr bû. Agirînê bêhna xwe girtibû. Tevahiya bala wê li ser çavên delalê wê bû ku Evîn jê re dubare û dubare û dubare dikir; Bihêvî bû ku mûcîzeyek çêbe, bi hêviya ku derfetek bikeve hembêza wî û careke din germahiya wî hest bike. Dengê fîşekekê Agirîn hejand û çavên xwe bi lerz girtin. Piştî bîstekê, çavên xwe vekirin û bi hêsir, Dilovan, hemû dinyaya xwe li erdê dît. Wê qet bawer nedikir ku çiyayekî bihêz û mezin jî dikare bikeve.

Jinan kir qêrîn û nalîn. Agirînê serê xwe danî erdê û li ser mirina mêrê xwe û keçika wê giriya û giriya, dîsa bi daxwaza mucîzeyekê, lê vê carê ne mûcîzeya jiyanê lê mirina wê. Jin bi dengekî bilind wisa qîriyan ku leşkerên DAIŞ'ê guhên xwe girtin û bihêrs bûn û tirsiyan.

Du zilamên çekdar nêzîkî wan bûn ku wan bêdeng bikin, lê jin û keçên xemgîn dest bi avêtina kevir û mayînan kirin.

Yek ji wan jinan bi her du destan bi qêrîn û îşaretan bang kir: *"Xwedê tu li ku yî? Cima tu alîkariya me nakî? Xwedêyo tu çawa dikarî şahidiya êşa me bikî û tiştek nekî? Zilamên me, birayên me, kurên me, ciwanên me xwîna xwe bê guneh rijandin. Ya Xwedê, tu çima me nabihîzî? Hûn çawa dikarin bibînin û ...".*

Du mêr ji bo ku jinikê bêdeng bikin çûn pêş û bi tivingên xwe dest bi lêdana wê û yên din kirin. Jinekê êrîşî leşkerekî kir, rîha wî girt û tiliyên xwe xist nava çavên wî û bi qêrîn got: *"Ez ê te bikujim, ez ji te natirsim. Bicehime!"*

Leşker ew ji xwe dûr xist û bi xencerê li rû û stûyê jina belengaz xist. Jina birîndar ket erdê.

Leşker li erdê rûnişt û çavên xwe yên bi xwîn bi her du destên xwe veşartin, bi qêrîn got: *"Cavên min, ez nabînim!"* Rûyê xwe yê ku ji êrîşa jinikê qij û xwîn bûbû paqij kir.

Hevalên wî çûne cem wî û ew siwar kirine û birin.

Jinan cesedê jina belengaz ê nîvrihî ku wî bi kêran lêxistibû rakirin û birin nava xwe. Agirînê serê jinikê girt ser çoka xwe û xwest xwîna wê rawestîne, lê dema ku jinikê li çavên Agirînê mêze kir û piştî çend çirkeyan jiyana xwe ji dest da.

Fermandar gelek gule berdan hewayê. Di bêdengiya kurt de, navê xwe Eyûb Reşîd eşkere kir. Paşê ew xortên ciwan, yên ku ji tirsa xwe li hev girtin û digiriyan, kir armanc.

Zivirî ser jinan û got: *"Bêdeng bin, an na ez ê her yek ji wan li ber çavên we gulebaran bikim".*

Jin ji tirsan bêdeng man.

Fermandar ji nava esîran çend jinên navsere hilbijart û got rabin. Ew birin aliyekî û erebeyek nîşanî hin zilamên xwe da ku bi jinan re li wesayîtê siwar bibin. Çend saniye bi şofêr re peyivî û dû re hîşt ku birevin.

Agirîn di nava jinên mayî de rûniştibû, serê jina mirî hîn li ser çokên wê bû. Agirîn bi destê wê girtibû, dema ku li fermandar û tiliyên wî yên xwînmij dinihêrî, ew kêliya ku wî gule li Dilovan reşand, hat bîra wê. Dilovan piştî gulebaranê ketibû çalê û Agirînê êdî tenê beşeke cil û bergên wî didît.

Piştî demekê Agirînê serê xwe rakir û dît ku erebe vedigere. Wê li otomobîla ku ber bi çalê ve diçû, temaşe kir, bi du zilaman re li ser pişta wesayitê sekinîn û çekan kişandibûn. Xwe avêtin xwarê û cenazeyên ku li gund kom kiribûn rakirin. Serfermandar ew şandibû ku cenazeyan ji gund bigirin.

Agirînê dît ku cenazeyê Evînê li gel jineke gund e. Bi dîtina destê Evînê ya biçûk a bi toz, bi zengilê mirwarê kesk li ser pinçang wê yê nazik, bi laş û rûyê wê yê biçûk, Agirîn bi dengekî bilind giriya. Serê jina mirî ji çokê xwe rakir û daxist xwarê. Agirîn bi hesreta pitika xwe rabû ser xwe. Bi hemû hêza xwe gazî navê keça xwe kir û ber bi wê ve bezî.

Agirîn tenê çend gavan avêtibû ku serfermandar ew dît û emir da leşkerekî ku wê bigire. Zilamekî bi destê wê yê rastê girt û rûnişt ser erdê.

Gulê qêriya: "Ji bo xatira Xwedê rûne!"

Zilamê ku bi porê Agirînê girtibû, nehişt ku ew ber bi keça xwe ve bimeşe. Agirîn her tim li mêr û keça xwe dinêrî, bi êş digiriya.

Jina ku Evîn girtibû dema Agirîn dît hêsir tijî bû. Wê baş dizanibû ku Agirîn çiqas bêhêvî bû ku zaroka xwe cara dawî hembêz bike. Dixwest zarokê bigihîne Agirînê lê dizanibû ku ew ê tu carî nehêlin.

Wê hêviyû axî yên Agirîn dît û zanî ku ew bi bêhêvî çi dixwaze, lewra bi destê xwe serê Evînê rast kir, destê wê yê biçûk ramûsand û danî ser sînge wê. Jinikê serê xwe nêzî serê Evînê kir û bi hezkirin hembêz kir. Çawa ku dayk bi lûleyekê zaroka xwe rehet dike, wê keçika pitik weke dayikek hejand, ku dilê Agirînê kêmek aram bibe.

Agirîn bi dîtina wê, her du destên xwe yên vala danîn ser sînga xwe û xwe hembêz kir û bi jinikê re dest bi rokê kir.

Rêvebirê wesayitê qîr kir û got: *"Zû bikin û cesedan bavêjin çalê!"*

Zilamekî bi çek li milê jinikê xist û got: *"Tu li ser çi disekine? Zû be, pitikê bavêje çalê, bilezîne."*

Jinik bê navber çû çalê. Agirînê ku piçekî xwe nêzî çalê kir, dît ku jinik bêyî ku balê bikişîne, Evîn xiste hembêza Dilovan, milê wî danî ser laşê Evînê û rûyê Evînê xiste bin stûyê Dilovan û zû berê xwe da cenazeyên din.

Agirînê nedikarî çavê xwe ji porê mêrê xwe yê qehweyî û milên birîndar, destên wî yên girêdayî, rûyê keça wê yê bêguneh û toz û porê wê yê xwînmij, lingên wê yên biçûk bi çend gerdaniyên rengîn ên ku ji bo wê çêkiribûn, bibire. Herî dawî hezkiriyên Agirîn di bin barana axê ya ji kep û baweriyên êrîşkar de dibariyan de man.

BEŞA 3

Xemgîniya Agirînê ya eşkere ji bo keça xwe, bala fermandar kişand. Serfermandar piştî ku karê xwe qedand, hat aliyê wê û ji zilamê ku porê Agirînê girtibû re talîmat da û got: *"Porê wê berde û rake"*. Li ber Agirînê sekinî û destê xwe da porê wê, li çavên wê nihêrî, destê xwe da rihên xwe û keniya. *«Wê bibin cem girtiyên mayî, lê bi wê re nerm û hêmin bin; ev jinik pir nazike"*.

Gulê Agirîn hembêz kir û pirsî: *"Ev ezab ji ku hat. Heta duh tu dilşad bû, mêrê te û keça te li cem te bûn, îro her du jî li ber çavên te defin kirin. Cima em hemû nekuştin? Ez nikarim van hemû êşan tehemul bikim"*.

Piştî demjimêrekê leşkeran hemû jin bi rêz kirin. Agirîn li kêleka Gulê di rêzê de rawesta, destê wê girt û hemû bala xwe da ser fermandar Eyûb Reşîd. Bi çavên xwe li pey wî diçû, lê her ku fermandar li wê dinêrî, Agirînê serê xwe berjêr dikir û xwe li pişt Gulê vedişart.

Dû re êvarê erebeyeke sipî û otobusek çend metre dûrî jinan rawestiyan. Leşker bezîn ku deriyê maşînê vekin. Zilamekî ji hindurê otomobîlê got: *"Ah, zilamo, were kanê... bêkar li wir nesekine. Alîkariya min bike ku ez derkevim"*.

"Temam ezbenî". Leşker xwe xwar kir û destê zilam girt. Dema ku ji wesayîtê daket, hemû aliyê çepê yê maşînê hejiya.

Eyûb Reşîd ber bi wî ve bazda". *Ey birayê Ebû Muslim, birayê min ê pir û pir mezin. Bi xêr hatî, bi xêr hatî, tu çawa yî?"*

Ebû Muslim got: *"Him, sipas bira. Îro germ bû û rêwîtiyek dirêj û ne rehet bû. Bihêle ez rûnim û bêhna xwe bistînim".* Li ser kursiyeke ku jê re anîne rûnişt, dû re wiha berdewam kir: *"Navê te dê di pirtûkan de derbas bibe, fermandar Eyûb Reşîd. Ez hesûd im ku hûn di eniya pêş de ji bo Xwedê şer dikin. Ez dikarim te li bihuştê di nava wan kesên ku di Kitêba Pîroz de navên wan hene bibînim".*

Eyûb Reşîd got: "Ax, bila Xwedê te razî bibe, bira. Niha ez dibînim ku te defter amade kirine û em vê carê dereng man!"

"Erê, erê, ez neçar bûm ku dermanê xwe bistînim. Niha berçavkên min bigire û em bikevin nava karsaziyê. Ji min re bibêje fermandar, me çend kes girtine?"

"Cil û heft jin û her weha bîst kurikên ku hemû di bin nehan de ne".

Ebû Muslim got: *"Baş e"*. Berê xwe da jinên ku demeke dirêj li wir sekinîbûn, paşê pênûsek derxist da ku di defterên xwe de binivîsîne. Ji jinekê re wiha destûr da: *"Navê xwe tam bibêje û piştî min şahidiya xwe dubare bike".*

Piraniya jinan nexwest ku emrê Ebû Muslim bi cih bînin, ji ber vê yekê çend leşkeran dest bi lêdana wan kirin da ku bersivê bidin wan. Hinekan dîsa jî red kirin ku bersivê bidin, ne xema wan jinan bû ku bêne kuştin.

Lê jinên din ên ku dayîk û xwîşkên wan bûn, ji ber hemû lêdanê nikarîbûn êşa van ragirin, ji ber vê yekê xwe avêtin ber lingên êrîşkaran, bi girî lava dikirin: *"Ji bo Xwedê dev ji lêdanê berdin. Werin em bi wan re biaxivin û wan razî bikin ku bersiva we bidin".*

Dema ku dor hate Agirînê, bi pêş ve hat avêtin.

Ebû Muslim: *"Navê xwe ji min re bibêje".*

"Agirîn Şeref".

Ebû Muslim dema ku navê wê dinivîsand dubare kir, jê pirsî: *"Tu çend salî yî?"*

Agirîn bersiv da: *"Bîst û neh"*.

Ebû Muslim: *"Porê xwe veke"*.

Agirîn sekinî û li fermandarê ku li tenişta Ebû Muslim rawestiyabû û li wê dinihêrî, mêze kir. Bi bêdilî porê xwe vekir.

Ebû Muslim got: *"Pir baş, pir baş. Niha piştî min şahidiya xwe dubare bike"*.

Agirînê bala xwe da ser fermandar ku bi tevahî bala wî bikişîne. Bêyî ku li ber xwe bide, şahidiya xwe bi dengekî aram lê tijî şîn got:

Ebû Muslim: *"Wê bi yên din re bibin"*.

Piştî ku hemû jin hatin qeydkirin, Ebû Muslim berê xwe da Eyûb Reşîd û got: *"Ji van jinên bedew yekê ji xwe re weke xelat hilbijêrin. Bi taybetî ku niha çend şehîdên te hene, rûyê te birîndar bûye, mafê te heye ku xelateke baş bistînî Eyûb Reşîd"*.

Eyûb Reşîd ku li benda vê derfetê bû, bi lez û bez çû aliyê Agirînê û bi destê wê girt". *Ez vê dixwazim"*.

"Temam. Niha, bibêje tu wê tenê ji bo îşev dixwazî yan zêdetir?"

Fermandar çenga Agirînê girt û rakir, dû re bi ken got: *"Na, ez wê weke talanê dixwazim, vê yekê bi navê min binivîse"*.

Zilamekî got: *"Fermandar, çima tu yeke ciwan û keç hilnabijêrî? Dema ku me ev yek dît, zarokek bi wê re bû"*.

Ebû Muslim li Agirînê nihêrî, got: *"Eyûb Reşîd dizane çi hilbijêre. Bira, her gava ku tu ji wê bêzar bûyî û te xwest bifiroşî, bîne bîra xwe ku ez kiriyarê wê yê yekem im"*.

Hemûyan dest bi kenê kirin.

Agirînê dema gotinên wan ên heqaretê bihîstin, bêzar û hêrs bû, lê bertek nîşan neda û bêdeng ma.

Ebû Muslim li jinên din mêze kir û sêzdeh ji hev cuda kirin, di nava wan de çend keçên ji deh heta dozdehsalî hebûn. Gulê li cem Agirînê mabû. Leşkeran jin yek bi yek muayene kirin û eger zer û zêrên wan hebûna, ji stû û destên wan derdixistin, paşê bi zorê ew dixistin otobusan.

Leşkeran kurên biçûk ku ji tirsan dilerizîn, kom kirin, qeyd kirin û li erebeyê xistin û ew jî birin. Agirîn û jinên mayî birin nava odeyeke maleke ku hê li ber xwe didan û nehatibûn hilweşandin.

Jin û keçên ciwan di oda girtî de ji bo xwîşk, dayîk û keçên xwe yên ku ji wan hatine veqetandin û bi otobusê birin, dest bi qêrînê kirin.

Agirînê li der û dîwaran û li pencereyan mêze kir, lê ode vala kiribûn.

Ji jineke ciwan pirsî: *"Ma ew ne jina Dilovan e, mamosteyê gundê me ye?"*

Gulê got: *"Erê keça min, jina feqîr e".*

"Ew çi dike? Wisa dixuye ku li tiştekî digere".

Gulê li Agirînê nihêrî û bi hizir ber bi wê ve çû". Keça min, tu çi dikî? Tu li çi digerî? Were li cem min rûne. Were, delal, bigirî û vê êşê di hindurê xwe de nehêle. Qêrîna vê êşê tenê merhemek e ku em niha dikarin bistînin, keça min bigirî bigirî da ku agirê vê êşê piçekî hênik bibe û canê te neşewite".

Agirînê got: "Ez li tiştekî digerim Xaltîk," xwe kişand bi wir û wê de û lêgerîna xwe domand.

Gulê destê Agirînê girt û pirsî: *"Ew çi ye? Tu li çi digerî bêbexta min? Cav bi xwîn, ay dayîkkor, birîna te li ser sînga min".*

Agirînê milê xwe ji destê Gulê derxist û got: *"Ez nizanim xaltîk, lê tu bi Xwedê bihêle ez lê binêrim".*

Jinekê bi dengekî bilind got: *"Ma wê hişê xwe wenda kiriye? Ma dîn bûye?"*

Jineke din got: *"Mafê wê heye ku dîn bibe. Berî çend demjimêran mêrê wê ji aliyê wî zilamê gemar ve hat kuştin û niha kujerê Evîna wê dixwaze wê weke xelat bibe û destdirêjiyê lê bike".* Jinikê wiha got û bihêrs tif kir erdê.

Gulê bêtir xemgîn bû û ji Agirînê xwest ku rûne. Bi dengê vekirina derî re her kesî li hev girt û bi tirs ber bi quncika odê ve bazda. Zilamekî çekdar li ber derî rawesta, du kesên din, yekî av û yê din bi kîsekî xurme re, ketin odê.

Zilamê ku li tenişt derî rawestiyabû qêriya: *"Her yek were pêş, qedeheke av û hinek xurme bistîne. Eger hûn li ber xwe bidin, dê cezayên giran bidin we".*

Her kesî bi dorê av vedixwar û hinek xurme hildigirt. Dema ku dor hat Agirînê, wê qedeheke av hilda, vexwar û çû xurmeyan hilbijêre.

Zilamê bi avê Agirîn girt û got: *"Ev pir xweş e, ev yek ji bo min e".* Û hewl da ku dest bavêje stûyê wê.

Cerdevanê çekdar qêriya: *"Ev jinik ji bo fermandar e!"*

"Baş e, lê piştî ku fermandar bi wê re qediya, dora min tê".

Cerdevan qîriya: *"Ez ji we re dibêjim ku fermandar ew ji bo xwe weke xenîmet hilgirtiye. Heya ku ew wê nefiroşe, destûr nayê dayîn ku kes nêzîkê wê bibe, lewra vegere ser karê xwe, wekî din ez ê ji te re ragihînim".* Mêrik piştî bihîstina van gotinan dev ji Agirînê berda.

Hevalê wî bi ken jê re got: *"Ka were mêriko, sebir bike û bisekine. Di nava çend demjimêran de wê fermandar û endamên din ên mucahidîn* wê ji operasyonê vegerin. Wê demê hûn ê razîbûna xwe jî bistînin". Li dora jinan mêze kir, keniya û got: "Jin têra hemû mucahidan hene".

Leşkeran piştî ku xwarin û av belav kirin, derketin û dîsa derî girtin.

Gulê ji Agirînê re got: "Keça min a delal, were bi min re rûne. Xwedê mezin e, yê alîkarê me be".

Agirînê axînek kişand û bi xemgînî got: "Xwedêyo? Alîkarî? Oh... kî alîkariyê dixwaze? Alîkariyê bike ku çi bibe? Ji bo alîkariyê pir dereng e; Êdî hewcedariya min bi ti kesî tine. Tenê eger Xwedê bikarîba demê bizivirîne û dîsa min li duh vegerîne".

Gulê got: "Wisa nebêje keça min, hêvî û baweriya xwe wenda neke. Xwedê wê alîkariya me bike; ew li me temaşe dike".

Agirînê bi hêsir li Gulê mêze kir, serê xwe hejand û axînek kişand: "Baş e xaltîk bila dilê te bi vê yekê xweş bimîne, baş e, ez êdî nabêjim".

Agirînê serê xwe xiste navbera çokên xwe û dîsa ji bêhêvîtiyê kûr naliya.

Yek ji wan jinan ku rûyekî wê yê birîndar û çavên wê yên westayî yên ku ji giriyê sor bûbûn, çû li kêleka Agirînê rûnişt û hêdî got: "Hey Agirîn, ez naxwazim tu xwe bikujî, lê...". Bîstekê sekinî û dû re berdewam kir: "Nizanim çi bibêjim. Li vir binêre...". Piçek cama şikestî derxist û xiste nava destên Agirînê. Jinikê bi destê Agirînê girt û got: "Dibe ku ji min zêdetir hewcedariya te bi vê perçeya camê hebe".

Agirînê cam girt û sipasiya wê kir. Jinik rabû çû li aliyê din ê odê rûnişt. Agirînê li perçeya cama di destê wê de mêze kir û dest bi kaşkirina wê li ser qata çîmentoyê kir da ku hê bêtir tûj bibe.

Gulê pê hesiya ku Agirîn tiştekî dike û çû cem wê. Dema Gulê cama di destê Agirînê de dît got: "Şûşê bide min. Ma tu dixwazî xwe bikujî? Tu nikarî vê yekê bikî. Agirîn kanê bide min".

Agirînê got: "Bisekine, xaltîka Gulê, raweste. Destê min berde. Ez xwe nakujim; mirin tişta dawî ye ku ez niha dixwazim, ez soz didim te".

Gulê pirsî: "Wê demê tu dixwazî çi bikî?"

Agirînê got: "Ez ê wî bikujim".

Gulê bi destên wê girt û got: "Tu nikarî keça min, şansê te tine".

"Ez ê derfetê çê bikim. Ez ê nehêlim ku ew bijî heya ku Dilovanê min di bin tonan axa sar de be".

Gulê bêdeng çû, fêm kir ku Agirîn çi dibêje. Piştî çend kêliyan Gulê got: "Lê keça min, tola wan dikare canê te bistîne.

"Ma we nedît ku ew çiqas tirsnak in? Xeter e".

"Xeter? Xetera çi? Ew ê çi bikin? Ji bo wendakirina çi, xaltîka min? Ku zarokê min bikujin, erê? Ji bo canê mêrê xwe yê li binê axa sar bitirsim? Tiştekî min nemaye ku ez ji dest bidim?" Êdî hêsirên Agirînê li ser perçeya camê diherikîn.

Gulê israr kir: "Tu yê jiyana xwe têxî xeterê. Rehma wan tine. Tu nikarî bi ser bikevî delala min. Ew cinawir wê te bikuje".

Agirînê bi tundî got: "Ez hema mirime xaltîk, tenê wan ji bîr kir ku min defin bikin".

Gulê li kêleka wê rûnişt û got: "Baş e, keça min, baş e, ez ji te lava dikim ku bi aqilane tevbigerî".

Piştî çend demjimêran li derveyî odeyê deng hat. Agirîn û jinên din çûn ber pencereyê û dîtin ku çirayên otomobîlan tên. Agirînê perçeya camê di nava cilên xwe de veşart. Tirs û panîkê dîsa her kes girt. Jinek giriya û got: "Niha wê çi bibe? Ew dixwazin çi li me bikin?"

Keçikeke biçûk cilikê Agirîn girt û got: "Agirîn xanim, Agirîn xanim, ez pir ditirsim".

Agirînê berê xwe da wê û got: "Negirî, delalê, her tişt wê baş bibe. Dayîka te li ku ye?"

Wê bersiv da: *"Wan ew bi xwîşka min re di otobusê de birin".*

Agirînê got: *"Aram be şirîn, negirî berxa min. Tu dikarî li bal min bimînî, heta ku diya te vegere, baş e?"*

Keçikê xwe avêt hembêza Agirînê: *"Tu bi Xwedê Agirîn xanim, nehêle te jî bigirin".*

"Ez ê bimînim, delalê. Ez soz didim ku heta diya te vegere ez ê te xwedî bikim. Baş e, êdî negirî". Agirînê fêm kir ku her kêlî dibe ku leşker wan ji hev veqetînin û wê nikaribe tiştekî bike. Ew ê bibe sozek şikestî û dê zirarê bide wê û keça biçûk bêtir bitirsîne.

Agirînê rondikên keçikê paqij kirin û rûyê wê maç kir û got: *"Guhdarî bike ez ji te re çi dibêjim. Dibe ku ew me ji hev veqetînin. Heger wan tu birî, ewqasî negirî ku tu wan aciz û dîn û har bikî ku te bêşînin. Guh bide wan, hay ji xwe hebe.*

Li rêyeke dizî bigere yan cihekî baş ji bo veşartinê bibîne û eger tu yekî bibînî, biçî wir û li wir bimînî heya ku alîkarî were, baş e? Heke na, hevalekî bibîne yan jî li ku derê ku diçî hevaltiyekê çêkin. Ew ê li we şiyar bin. Soz bide min ku tu yê hay ji xwe hebî, ew dê te diparêze, baş e?"

"Baş e, Agirîn xanim," keçikê wisa got û Agirîn hişk hembêz kir.

"Belê, êdî negirî, navê xwe ji min re bibêje".

"Navê min Melek Serbest e".

"Ci navekî xweş e! Ji ber vê yekê, tu milyaket î, ne wisa? Ya ku navê te ji min re dibêje ev e! Bêtir ji min re bibêje, tu şagirta Dilovan bûyî?"

Keçikê got: *"Belê, min pir jê hez dikir; ew mamosteyê herî baş bû. Min her tim jê re gul dianîn. Dema ku ev mirovên xerab hatin, ez bi bavê xwe re li dibistanê bi birêz Dilovan re bûm. Wî ez û hevalê min birin kursê û derî girt û bi bavê min re çû şerê wan. Min li pencereyê dinêrî û min dît ku wan ew girtin û bavê min kuştin. Ez bêriya wî dikim û ez pir bêriya bavê xwe jî dikim".*

Agirînê êdî ew nas kir: "Carinan Dilovan bi desteguleke biçûk di destê wî de dihat malê û digot ku şagirteke wî jê re çêkiriye. Carekê, wî ji sûkê pêlîstokekê biçûk kirî da ku ji bo dilovaniya wê sipasiya wê bike. Cavên Agirînê tijî hêsir bûn, Melekê bişid hembêz kir û got Xwedêyo! Keça min, min jî pir bêriya wî kiriye. Divê tu bizanibî ku Dilovan her tim kulîlkên gulên te dianîn malê, min jî dixist nava guldanka li kêleka maseya karê Dilovan. Te destegulên delal çêdikirin".

BEŞA 4

Agirînê dengê vebûna derî bihîst û got: *"Temam, delalê"*. Rûyê Melekê di destê xwe de girt û li çavên wê nihêrî: *"Li cem xaltîka Gulê bimîne û gotina min bîne bîra xwe: Tu herî ku derê ji xwe re hevalan bibîne, baş e?"* Agirînê keçika biçûk hembêz kir û ramûsand, paşê berê xwe da Gulê: *"Xaltîk, ji kerema xwe rêyekê bibîne ku wê bi xwe re bihêlî"*. Agirînê Melek xiste hembêza Gulê.

Derî vebû û du zilamên çekdar, her yek li aliyekî derî û fermandar di navbera wan de bi unîforma xwe ya leşkerî ku dest li ser çeka xwe vedikir. Fermandar ket hindur û li Agirînê geriya. Destê wê girt û ew ji nava jinan derxist.

Gulê pirsî: *"Tu wê bi ku ve dikî? Ji kerema xwe wê bi tenê bihêle"*.

Çend jinên din dest bi girî û zariyan kirin.

Nobedar qêriya û çeka xwe li wan nîşan kir: *"Bêdeng bibin û bi paş de herin"*.

Agirîn ji malê derxistin û çend gavan jê dûr ketin. Ew li ber mala din hat sekinandin û li bendê ma ku du zilam ji hindurê malê derketin. Derî vekirî ma û leşkerek çû cem fermandarê xwe.

Dema ku serfermandar nêzîk bû, leşkerê li ber derî rawestiyabû got: *"Fermandar Eyûb Reşîd, mal û xwarin ji te re hatiye amadekirin"*.

Fermandar got: *"Gelek baş e, tu niha dikarî biçî"* û paşê berê xwe da

Agirîn û got: *"Pêş bikeve zû"*. Bi milekî wê girt û xist hindur. Fermandar rûyê xwe şuşt, xwîna xencera xwe şuşt, ziha kir û dîsa xist hindurê kembera xwe". *Rûyê xwe bişo û xwîna stûyê xwe paqij bike"*. Fermandar zihakirina destên xwe qedand, paşê destmal jî da destê Agirînê. Agirînê destmala ji destê wî girt, xist bin avê û dest bi paqijkirina rû û stûyê xwe kir. Fermandar got: *"Dîsa porê xwe veke,"* serê xwe ber bi serê Agirînê ve xwar kir û destê xwe di nava porê Agirînê re derbas kir dema ku wî dest bi bêhnkirinê kir". *Tu bêhnxweş î; li pey min were"*.

Eyûb Reşîd Agirîn bir odeyeke din. Îşaret bi quncikekî kir û got: *"Here li wir rûne"*. Xwe li ser sifreya ku jê re hatibû danîn rûnişt û dest bi xwarinê kir.

Telefona fermandar dest pê kir; *"Silav bira, erê, serketina vê operasyonê li te jî pîroz be birako. Xwedê ji me re bibe alîkar ji bo serketinên mezintir ku li pêş me ne. Ez ê te di şer de bibînim, Xwedê ji me razî be û weke şehîdan bibe bihuştê bira"*. Telefona xwe daxist.

Piştî ku xwarina wî xilas bû, fermandar bi kembera xwe girt û Agirîn bir odeyeke din. Odeya razanê tarî bû û ronahiyeke biçûk ji salonê dihat. Kembera xwe avêt erdê û perde kişand. Got: *"Kanê nêzîk bibe"*. Û destê xwe da porê Agirînê. Dema ku li çavên wê dinihêrî, heyranê bedewiya wê bûbû. Wî destê xwe dirêj kir ku kincên wê bixîne.

Agirînê got: *"Na, raweste, dest nede min!"* û ew bi paş ve kişand.

"Heke tu dixwazî bêfermaniyê bikî, bila ez te hişyar bikim, ez nefret dikim ku bibînim jinek axayê xwe red dike".

"Ji kerema xwe, ez nikarim. Ez ji te lava dikim ku bihêlî ez biçim".

Wî got: *"Ji ber vê yekê, tu dixwazî bi vî rengî werî dermankirin,"* pêsîra Agirînê girt û kirasê wê çirand.

*"Na, na... ji kerema xwe, min bibore, ez tirsiyam. Ji kerema xwe bila

ez kincên xwe derxim. Ez ê bi xwe bikim ... ji kerema xwe". Agirîn wiha lava kirin û destê wî girt. Fermandar destên xwe berdan û hinekî rehet bû, paşde gav avêt. Wî unîforma xwe vekir û ew avêt erdê li kêleka kembera xwe ya şer, hişt ku kêfa xwe ji dîmena bedewiya ku niha heye bike. Destên Agirînê dihejiyan. Wê gavek paşde avêt, bi hêsirên çavên wê, li zilamê ku nepêkan bû têk biçe, mêze kir.

Destê xwe da qayîşa kincê xwe û vekir. Kinc hilda ser serê xwe û ji ber ku nizane wê çi bike, li ber lingên xwe avêt erdê.

Fermandar bi kêfxweşî got: *"Ma hûn ê li vê laşê bêqisûr û vê porê binêrin! Bêguman Xwedê dizane ku çawa mucahidên xwe xelat bike".* Êdî tehemûl nekir û çû aliyê Agirînê.

Agirînê ew bi paş ve defand û li ber xwe da, lê fermandar şanên xwe hejandin. Agirîn girt û avêt erdê. Agirîn ber bi paş ve dizivire, lê wî lingên wê girt û bi rûniştina li ser lingên wê sekinî. Wî pêsîra Agirîn çirand, paşê ket ser laşê wê da ku rojeke xwe ya herî xweş di şer de bi xelata Xwedayê xwe bi dawî bike.

Hêza Agirînê nemabû ku li ber xwe bide. Tevî qêrînên Agirînê jî, fermandar ketibû şahiyê û tiştekî din nedidît û nedibihîst. Serê xwe ber bi pêsîra Agirînê ve zivirand.

Agirînê xwe dirêjî perçê cama tûj kir ku hîn di kincê wê de li erdê veşartibû. Agirîn bi hemû hêza xwe û nefreta ku pê dihesiya, perçeya cama tûj xiste nava çavê fermandar ê çepê. Bi qêrîneke mezin, wî hewl da ku wê dûr bixe.

Agirîn jî qêriya û cam bihêztir xiste nava çavê wî.

Fermandar Eyûb Reşîd qêriya: *"Aaahhh ... ji min dûr bike!".* Dema ku fermandar bi destên xwe çavê xwe girtibû û ber bi paş ve dizivirî, hewl da ku Agirîn dûr bixe.

Agirîn ji bo xencera di kembera fermandar de baz da û bi hemû hêza xwe derb li dilê fermandar xist.

Ew bi paş ve kişiya, li wê nihêrî. Xwîn ji goşeyê lêvên wî diherikî û piştî çend çirkeyan, fermandar ket erdê.

Agirînê xencer berda û li ser çokên xwe rûnişt, li cama çavê wî, birîna rûyê wî ya ku Dilovan bi kêra xwe lêxistibû û çavê wî yê din ê şoqkirî yê vekirî mêze kir. Her wiha li xencera ku li dilê wî asê kiribû nihêrî.

Piştî çend çirkeyan lerizîna destên wê kêm bû, bêhna wê hate, cil û bergên xwe hildan, hê jî li fermandarê dinêrî.

Cilên xwe li xwe kirin û cihê çiryayî li ser sînga xwe girt û bi hev re girêda. Dest da gustîla daweta xwe ya ku di kincê xwe de li kêleka perçeya camê veşartibû. Derxist û dîsa kir tiliya xwe û porê xwe girêda. Li hindurê kembera fermandar nihêrî û çekek, du bombe û kêra Dilovan a biçûk û destçêkirî dît. Kembera wî li pişta xwe girêda û ji odeyê derket.

Agirîn bîstekê li ber derî sekinî û li bedena fermandar û destên wî nihêrî; di heman demê de bîranîna wê kêliya ku gule li serê Dilovan ketibû ji nû ve zindî dikir. Rûyê Dilovan ê bixwîn li ber çavên wê bû. Vegeriya ser laşê fermandar, xwe xwar kir û xencer li dilê wî derxist, paşê ew xiste kembera xwe û ji odeyê derket.

Agirînê çiraya kolanê vemirand, paşê derbasî odeyên din ên malê bû û li pencereyan mêze kir. Pencereyek ber bi hewşa paşîn ve diçû û bêdeng û tarî bû. Çû mitbaxê, sarinc vekir, xwarin hilda, şûşeya avê ji kemberê anî derê û tijî av kir û dîsa xist cihê wê.

Ji pencereyê derket û di tarîtiyê de xwe veşart. Ji bo ku wenda nebe, ji ser rêya sereke derçû û bezî çiyê. Piştî ku bi têra xwe dûr ket, rawestiya û nefeseke kûr kişand û av vexwar. Çirayên gund hîn ji dûr ve xuya dibûn. Rawestiya û demekê li gund mêze kir, paşê, bi axîneke kûr, meşiya.

Agirîn piştî çend demjimêran ku li gundekî tarî geriya, şaş bû û sekinî. Nizanîbû bi ku de biçe û lingên wê westiyayî û qels bûn. Li kêleka zinarekî rûnişt û bêtir av vexwar, bi nermî dest da serê xwe yê şikestî. Xwîna wê ziha bûbû, lê dîsa jî pir dêşiya û ew gêj dikir. Meş ji wê bêtir ne mumkun bû ji ber ku nidikarî rêya li pêş xwe bibîne, çend xulekan rûnişt ku bêhna xwe vede. Lêbelê, laş û giyanê wê ji wê bêtir westiya bûn, û çavên wê giran bûn û hêdî hêdî, xew pê ket.

BEŞA 5

Agirînê çavên xwe li hilatina rojê vekir. Ji ya ku dixwest dirêjtir raza û bi lez rabû ser piyan. Wê li her derê mêze kir da ku pê ewle bibe ku kes li dora wê tine û derkeve û rêya xwe bidomîne. Nêzîkî nîvro Agirîn li pişt çend girên biçûk rastî çiyayekî bilind hat. Ber bi çiyayê herî bilind ve meşiya da ku ji derdora xwe baştir binêre. Gava gihîşt serê çiyê, dengê gule û çend fîşekan bihîst. Bêyî ku li paş xwe binêre, bezî û xwe li pişt kevirekî veşart. Li paş xwe nihêrî û dît ku sê mêr ber bi wê ve tên.

Agirîn tirsiya û ber bi aliyê din ê çiyê ve bazda, lê dît ku aliyê din ê çiyê berjêr bûye û heta lûtkeya din rêyeke jî dûr û dirêj maye. Di navbera wê û êrîşkarên wê de çend girên biçûk hebûn, ku ji guleyên wan parastin nedikirin. Dîsa berê xwe da çiyê û di nava zinaran de li cihekî digeriya ku xwe veşêre, dengê yekî ji wan bihîst:

"Divê ew nêzîk be. De were, lez bike!"

Agirînê xwe di bin zinarekî mezin de veşart. Dibihîst ku ew diçin aliyê din ê çiyê.

Zilamekî din bi helehel got: *"Ez nikarim wê bibînim; ew ne li vî alî ye".*

"Yasir, tenê li wir nesekine, birevin binê çiyê! Dibe ku li cihekî li ser erdê razabe ku neyê dîtin. Divê em wê bibînin, heya em wê negirin ez nikarim vegerim, lewma bigerin".

Dengekî sêyem pirsî: *"Cima tu ewqasî bêhêvî yî ku wê keçikê bibînî, Zubêr? Diviyabû ku em heta vê derê nehatibûna, wan ferman da me ku em dûr neçin. Ew jineke xeternak e. Wê Eyûb Reşîd kuşt, ji bo xatirê Xwedê. Em jî ditirsiyan ku li çavên wî yên bi xwîn binêrin. Jixwe wê rûyê te bi perçeyeke kerpîç birîndar kiriye. Niha çeka wê heye. Hûn dizanin eger em bi destê wê bêne kuştin, dibe ku em qet neçin bihuştê".*

Zubêr bi dengekî bilind got: *"Ebû Ubeyde, bêdeng be. Ew jinek e. Tenê jinek, baş e? Dê here û dîsa li dora çiyê binêre. Û dîl bigirin û bînin, wê nekujin; Ez wê sax dixwazim".*

Agirîn ji cihê xwe yê veşartî, dibihîst ku lingên wan ber bi aliyên cuda ve diçin.

Piştî demekê deng vegeriyan". *Min nekarî wê bibînim,"* dengê Yasir qelibî, dema ku bêhna xwe girt".*Tu nîşanek wê li wir tine".*

Zubêr got: *"Wê li cihekî xwe veşartiye".*

Dengê Zubêr ewqas nêzîk bû ku Agirînê fêm kir ku ew li ser zinarekî mezin ku wê xwe di bin de veşartibû rawestiyaye. Xweşbextane, wextê wê têra wê hebû ku axa nerm a li binê zinar bide aliyekî, hê bêtir xwe di binê kevir de veşêre, û dûv re axê paşde bikişîne ser xwe. Agirînê ji kembera fermandar du bobmbe derxistibûn. Wê yek li kêleka rûyê xwe û ya din jî bi tiliyeke xwe amade kiribû ku pînê bikişîne. Bombeyên wê bûn temînata wê.

Zubêr got: *"Ez diçim pey Ebû Ubeyde. Tu jî bigere, lê hişyar bimîne".*

Yasir got: *"Baş e, bila ez bêhna xwe bistînim".* Çû bi çend metreyan li binê kevirê ku Agirînê di bin de xwe veşartibû rûnişt. Wê karîbû temaşe bike ku ew termosekê ji kembera xwe derdixe û vedixwe.

Agirîn ji bombeya di destê xwe de pîne derxist û lûtkeya wê li cihê xwe girt. Destê xwe dirêj kir, pêşiyê xwe eşkere kir, paşê li benda dengê Yasir bû ku dengê avêtina bombeyê nebihîze.

Piştî kurtedemekê Yasir lingên xwe dirêj kirin û raza.

Agirîn bombeya destî ber bi jêr ve ber bi wî ve avêt.

Nêzîkî Yasir xwe gêr kir, lê çîçekeke hişk û biçûk bombe rawestand. Ji bo parastinê, bêtir ax li xwe çikand.

Yasir dengê li pişt xwe ferq kir, rabû ser xwe û li dora xwe nihêrî. Lê teqîna bombeyê tu derfeteke din neda wî ku Agirînê bibîne. Şaranpel xwîn rijand bedena wî dema ku li erdê ket.

Parçeyên bombeyê li ber Agirînê ketin, lê ew di binê zinaran de bêdeng û bêdeng ma. Wê dibihîst ku zilamên din ber bi ciyê wê yê veşarî ve direvin. Her du zilamên din bi xencerên xwe ve li binê zinar derketin.

Zubêr tivinga xwe bi kar anî da ku laşê Yasir ê bixwîn û reşkirî bitewîne". *Ax, mirovê bêaqil!*" Zubêr got: "*Min jê re got ku hay ji xwe hebe. Were zû be, divê em wê sêhrbazê bibînin*".

"*Zubêr, dîn nebe. Were em vegerin,*" Ebû Ubeyde red kir, dema ku li dora xwe nihêrî got: "*Ez naxwazim bi destê jinekê bêm kuştin*".

Qêriya û got: "*Ti rê tine, divê ez wê bibînim. Ez ê ti carî nehêlim jinek wiha bi min bilîze û xwîna me bi destên wê birije. Êdî dev ji "Şermê berdin û lê bigerin, lez bikin.*"

Zubêr pêşî li çiyê wenda bû. Lê Agirînê dibihîst ku wî digot: "*Tu li ku yî, sêrbaz? Xwe nîşan bide!*"

Agirîn bê livîn û bê deng ma. Demekê şûnda, wê du dengên çekan bihîstin û dûv re qêrînek bieş. Dengê bazdanê nêzîktir bû. Wê bihîst ku Zubêr nifir li Ebû Ubeyde kir.

Demek derbas nebû ku Zubêr ji nû ve li binê cihê veşartina Agirînê xuya bû.

Zubêr bi tirs li dora xwe dinêrî, paşê hema hema li her kevirê nêzîkî Agirînê dest bi gulebaranê kir. Bê guman wî texmîn kiribû ku dibe ku ew di nava wan de xwe veşartiye. Qêriya: *"Hey, derkeve, xwe nîşan bide! Diviyabû min tu weke pitika te ya ehmeq bavêta quncikekê! Were, tu ditirsî? Heywana bêqîmet..."* Agirîn dengê lingên Zubêr dema ku dîsa hilkişiya ser kevirê wê bihîst. Wî dev ji heqaretan berdabû, lê nefesa wî ya giran dihate bihîstin. Agirînê çavên xwe girtin û heta ku ji destê wê hat bêhna xwe girt. Dengên lingên Zubêr dibihîst ku dûr diçûn.

Agirînê çavên xwe vekirin û bêhna xwe berda. Ji nişkan ve, destekî lingê wê girt. *"Aha...! Min tu girtî, sêrbaz! Dibe ku hûn ji şeytan alîkariyê bistînin, lê alîkariya min ji Xwedê tê. De derkeve..."* Zubêr dest bi kaşkirina Agirînê kir.

Bombeya duyemîn ji destê Agirîn ket, berî ku ew pînê xwe bikişîne. Wê hewl da ku wê bigire lê nekarî bigihîje. Dest bi qêrînê kir û bi lingê xwe yê din li destên Zubêr xist û xwe bi zinaran ve girt. Hewl da ku xencera xwe derxe, lê asê bû. Destê xwe da kevirekî û li sînga Zubêr xist. *"Bihêle ez biçim! Bicehime!"*

Zubêr lingê wê berda û destê xwe da çeka xwe. Agirînê karî xencera xwe bikişîne.

Zubêr çeka xwe arasteyî wê kir û got: *"Qet nelive! Xencerê bavêje! Ez tu carî ji aliyê jineke bêqîmet ve nayêm kuştin"*.

Agirîn li ser çokan ma û tiştek negot.

Zubêr got: *"Ez naxwazim te bikujim, heta ku ez wî cilê ji te neçirînim û bibihîzim ku tu ji êşê qîr dikî ku kêfa min zêde bike"*.

Agirîn li wî dinêrî, xencera di destê wê de ma.

Zubêr got: *"Lê ez ê wê rîskê nekim"*.

"Bê guman dê laşê te yê mirî bi heman şahiyê ji min re xizmetê bike". Zubêr wiha got û serê çeka xwe di rûyê wê de hejand. *"Niha tu ji min re bibêje ka ez ku derê bikim armanc û guleyan li te bixim, da ku tiştek ji

bedewiya te kêm nebe, ha? Navbera çavên te? An jî dibe ku dilê te". Tivinga xwe nîşanî serê wê kir û Agirînê çavên xwe girtin.

Dengê çekan Agirîn hejand. Çavên xwe vekirin û dît ku Zubêr li ser çokên xwe qermiçiye û çeka wî ketiye erdê. Şaş ma ku ka kî ew gulebaran kiriye û gule ji ku hatiye. Dest da sînga wî ya bixwîn, li destê xwe yê bixwîn nihêrî û dû re li Agirînê nihêrî.

Agirînê firsend dît û xencer hîn hişktir girt, paşê berê xwe da Zubêr û xencer xiste dilê wî û bi qasî ku ji destê wê dihat tê de bada. Zubêr ket erdê. Agirînê xencera xwe derxist û xwîna li ser wê bi giyayan paqij kir.

Agirînê dema ku xencer dixist kembera xwe, rabû ser xwe. Dît ku zilamek bi çeka xwe ve ber bi wê ve tê.

Wî kir qêrîn: *"Neqîre! Bêdeng bimîne, heta ku ez nêzî te bibim, an ez ê te gulebaran bikim".*

Agirînê destên xwe hildan, fêm kir ku mêrik bi kurdî diaxive. Dîsa gazî kir: *"Alîkariya min bike, ji Xwedê re bi hewara min da were …".*

Dema ku mêrik gihîşte Agirînê, wî bi lez cesedê Zubêr kontrol kir da ku piştrast bibe ku ew miriye, paşê vegeriya bal wê. *"Tu baş î? Saxlem î? Tu li vir bi tenê çi dikî? Wan zerar da te? Wan çi dixwest?"*

"Ew li dû min hatin. Êrişî gundê me kirin, mêr hemû kuştin. Hemû jin û zarok girtine. Ez reviyam ji bo alîkariyê bibînim. De were, em lez bikin, gundê me ne dûr e".

Mêrik got: *"Em nikarin".* Ew vegeriya aliyê Zubêr da ku ji bo paydakirina çek an tiştekî kêrhatî li ser laşê wî bigere.

Agirîn matmayî ma: *"Lê ew wan ji hev vediqetînin û dikujin. Divê em lez bikin. Zû bike rabe em herin".*

Mêrik qêriya: *"Dizanim".*

"Dizanî? Cima hûn nehatin alîkariya me? Cima kes ji bo hewara me nehat?"

Mêrik pêşî bersiv neda. Wî kember ji laşê Zubêr vekir û danî erdê û dest bi lêgerînê kir. *"Zû bike, alîkariya min bike.*
Divê em tiştên kêrhatî berhev bikin. Berî hatina wan divê em herin".
Agirîn matmayî ma û jê pirsî: *"Bi ku de? Ma tu nayêyî alîkariya gundê min bikî?"*

Mêrik demekê rawestiya, paşê ji Agirînê re got: *"Binêre, êrişî her derê kirine; êrişî gundê me jî kirine. Ez niha nikarim tiştekî bikim. Dibe ku ew aniha li ser rêya vir bin, dibe ku ew me peyda bikin. Ji ber vê yekê bilezîne, alîkariya min bike!"*

"Ev mirov kî ne? Cima êrişî me dikin? Cima ti kesî pêşiya wan negirt?"
Got: *"Ez nizanim, keçê. Dev ji girî berde û alîkariya min bike, ev ne ew dem e. De were. Zû!"*

Agirînê dest bi alîkariya wî kir ku her tiştê ku ew hewce bike hilbijêrin.

Wî cihekî dûr nîşan da û got: *"Em ê herin wan çiyayan. Ew gir ewletir e. Lê ew ji vir dikarin me bibînin ku rê vekirî ye û xeternak e, ji ber vê yekê divê tu baldar û ser hişê xwe bî. Her gava ku ez bibêjim li erdê razê, divê tu tavilê wiaa bikî, baş e?"*

Agirînê got: *"Baş e".*

"Baş e, em herin. Dema min diqede".

Bi rê ketin. Zilam got: *"Li vir bisekine, ka ez rê kontrol bikim"*. Piştî ku ew piştrast bû ku ew ti otomobîlan nabîne û dengên din jî nabihîze, dîsa dest bi meşê kirin.

Çend metreyan zêdetir neçûbûn, dema ku li ser rê dengê maşînekê hat bihîstin. Mêrik bi pistepist got: *"Li erdê radizê. Nelive, bila toz ranebe, an na ew ê bi me bihesin".*

Agirîn bêtevger li kêleka wî li ser erdê ma.

Sê otomobîl bi hev re ji rê derbas bûn. Ew li bendê man, dema ku êdî dengê otomobîlan nehat, Agirînê xwest rabe, lê mêrik destê xwe danî ser pişta Agirînê û ew li erdê xist. *"Bisekine, lez neke".*

Zû zû, wan dengê çend otomobîlên din ku nêzîk dibûn jî bihîstin.

Dema ku otomobîla dawî ji rê derbas bû, ew di cihê xwe de man ku êdî metirsî nemabû û dem têra wan hebû ku xwe bigihînin aliyê din ê rê û ji ber çavê rê derkevin.

Di dawiyê de mêrik destê xwe ji ser pişta Agirînê hilda û got: *"De were em herin".*

BEŞA 6

Agirîn û mirovê biyanî gihîştin binê çiyê. Mêrik got: *"Baş e, tarî dibe û em nêzîk in, lê ji rêwîtiyê re hîn dora nîvdemjimêrê maye".*

Agirînê serê xwe hejand; *"baş e"* û bêhna xwe girt. Mêrik çû ser hin zinaran û ew da aliyekî.

Wî ax bi lingên xwe dûr xist heta ku di bin axê de deriyekî xelek hate dîtin. Wî derî hilda ku çaleke û kûr eşkere bû. Li Agirînê zivirî: *"Min ev çal kolaye. Ew yekane cihê ewle ye ku tu dikarî xwe lê veşêrî. Gundê min li pişt vî çiyayî ye. Divê ez biçim wir. Heta ez vegerim tu di vê çalê de bimîne".*

Agirînê got: *"Ci? Ez ê neçim wir. Ez ê bi te re bêm gund".* Û ji çalê bi paş ve vekişiya.

"Na, xeter e. Vê sibehê gund tijî leşkerên dijmin bû; dibe ku ew hîn jî li wir bin".

"Wê demê tu çima diçî? Qe nebe li bendê bimîne heya ku tarî bibe, paşê here".

Wî got: *"Ez nikarim ewqas dirêj bisekinim. Tu wext wenda dikî. Ji bo xatirê Xwedê here hindur".*

Agirînê bi tundî got: *"Na, ez naçim wir. Ez ê xwe li cihekî li vir veşêrim".*

Mêrik bi milê wê girt û Agirîn daxist xwarê. *"Dakeve hindur. Eger ew min bigirin, yekem tiştê ku ew ê bikin ev e li hemû ciyan bigerin".* Ew li ser qulikê rawesta, li bendê bû ku bibîne Agirîn li cihê cwe bimîne. Agirîn tirsiya û xwest xwe ji çalê derxîne.

Mêrik qêriya û destê xwe avêt ser milê Agirînê û got: *"Rûne xwarê... min naçar neke.... Ez ê te bikujim lê nahêlim tu bikevî destê dijmin".* Agirîn bi bêdilî rûnişt.

Mêrik got: *"Han, vê çekê bigire,"* û pisûleyek da Agirînê. Wî bişkoka ewlehiyê ya li ser çekê berda. *"Binêre ... bi vî rengî, ew ê gulebaran bike".* Dûv re wî guhestina ewlehiyê dîsa da ser. Paşê nîşanî kembera Agirînê da û got: *"Xencera te û bombeya te heye. Vê avê jî bigire".* kantîna avê ya biçûk da destê wê. *"Ez ê di demeke nêzîk de vegerim".*

Piştî van gotinan, Agirîn dilniya bû ku niyeta mêrik tine ku wê biêşîne. Diviyabû ku wê bi wî bawer bikira û li qulikê bisekine, çawa ku wî gotibû.

"Li min guhdarî bike. Eger, bi her sedemê ez venegeriyam, tu li bendê bimîne heya ku dinya tarî bibe. Paşê derkeve vî çiyayî. Tu yê dareke hişk a mezin û hin çîçekên li dora wî çiyayî bibînî. Mezintirîn dara hişk ziwa bikişîne aliyekî û tu yê bibînî ku li piştê deriyek heye, tu yê herî hindur, baş e?"

Agirînê pirsî: *"Cima? Ci tê de heye?"*

Zilam bîstekê sekinî, dû re berdewam kir: *"Soz bide min ku tu yê wî karî bikî, ji kerema xwe".*

Agirînê got: *"Baş e, ez soz didim".*

Mêrik derî da paş û bi axê pêça. Berî ku ew rabe û jê pirsî: *"Navê te çi ye?"*

"Agirîn".

Li aliyekî qapaxê xist. *"Agirîn, dema tu dixwazî derkevî, vî aliyê derî ber bi jor ve bikişîne. Min kevir li vî alî nedaye, baş e?"*

"Temam".

Wî got: *"Navê min Mêvan e. Ez ê di demeke nêzîk de vegerim".*

Agirînê bihîst ku lingên wî direvin.

Wê xwe bi ramanên keça xwe ya biçûk û mêrê xwe li hev kom kir û kenê wan anî bîra xwe. Demên bextewar ewqas zelal bûn ku wê hema bawer kir ku ew li cem wê ne. Lê ji nedîtî ve, kêliyên tal ên mirina wan û laşên wan ên bê can bi lez û bez vegeriyan û hemû ronahiyên hindurê wê tarî kirin. Dinyaya sar a kevirî ruhê jiyana wê girtibû û ji wê re jiyaneke mirî û bêwate bi bîranînên hovane hiştibû.

"Ahhh, heke ez çavên xwe vekim û bibînim ku her tişt ji xewn e û zêdetir tiştek nebûye?" wê bi dengekî bilind pirsî û paşê xwe bieş hembêz kir, xwest ku di hembêza mêrê xwe de razê, û bi dengê keça xwe ku dikene û dilîze, bi ronahiya rojê li ser rûyê xwe, ji xewê şiyar bibe. Her ku dikola, taliya rastiyê bêtir ew diêşand, ji ber ku wê fêm kir ku ew ê careke din wan rojan nebîne. Wê heskirina xwe ya ji bo malbata xwe û yên din ên ku çûbûn... di nav de yên dûr, mîna dê û bavê xwe, fikrên xemgîn yeko yeko di hişê wê de diçûn, nefesa wê giran dikirin û ruyê wê perîşan û canê wê ditirsandin.

Ji xwe re got: *"Dibe ku wan êrişî bajêr kiribe. Ez meraq dikim gelo wan ew girtine yan jî kuştine. Diya min, bavê min, birayên min..., renge tiştek hatibe serê wan, dena ew ê ji bo xatirê min bihatana. Dê û bavê Dilovan çawa?*

Xwîşkên wî, birayê wî? Heke ew hemû miribin? Ax, Xwedê hewar e hewar e ... na, na ...ji kerema xwe re Xwedê, na...".

Serê xwe girt û giriya, mijmijoka Evînê ji nava cilên xwe derxist û maç kir, danî ser çena xwe û bi êş û jan naliya.

Demekê şûnda, Agirînê bihîst ku dengê gavan ber bi ciyê wê ve tên. Ew bi qasî ku ji destê wê dihat bêdeng bû.

Dengê lingan her ku diçû nêzîktir dibû, ew bêtir û bêtir şiyar dibû, paşê li serê çalê sekinî. Agirînê qirma xwe ji bo parastinê amade kir.

"Agirîn, ez im, Mêvan. Netirse". Mêvan ax û kevir dan aliyekî û derê çalê vekir da ku alîkariya wê bike.

Agirînê Mêvan di tariyê de bi zelalî nedidît, lê dikaribû fêhm bike ku kaloneke biçûk di destê wî de ye. Wê nizanibû ku ew çiqasî di nava çalê de mabû.

Mêvan got: "De were, lez bike, em te rakin ser çiyê".

Bi hev re bi qasî ku dikarîn bi bêdengî li çiyê bezîn. Gava gihîştin qurmê dara mezin a hişkbûyî, Mêvan kalon û çente danî erdê. Di binê darê de stirî hebûn. Çîçeka herî mezin da aliyekî da ku deriyekî biçûk li ser valahiyekê di binê qurmê darê de diyar bike. Di hindur de tunêleke teng hebû ku xuya bû ku di binê erdê de kûr bû.

Mêvan li Agirînê zivirî û got: "Here hindur".

Agirîn bîstekê sekinî.

Wî got: "Zû bike".

Agirînê pir bi baldarî rêya xwe girt û çû. Mêvan bi hemû tiştên ku berhev kiribûn li pey wê çû. Deriyê ku wî çîçeka hişk pê ve girêdabû kişand, da ku derî ji nû ve bê mohrkirin, paşê derî ji hindur ve bi bendekê girêda.

Agirîn li ser dest û çokên xwe zivirî da ku xwe bigihîne dawiya tunêlê, ya ku vedibû odeyeke biçûk a ku bi çirayeke biçûk a bi betriyê ve girêdayî, bi tîrêjan ronahî dibû. Bêhnek bi hêz hebû ku ew nexweş dixist. Wê qêrîna lawaz a zarokekê bihîst. Li dora xwe nihêrî lê tiştek nedît.

Mêvan hat kêleka wê û Agirînê xwe da aliyekî. Mêvan pitikek ji bin betaniyê derxist û hembêz kir. Bi dengekî lerzok got: "Bêhnê bigire kurê *min, min ji te re şîr anî".* Zarok danî ser çokên xwe û satil vekir, rijand şûşeya zarokê û da zarokê. Got: *"Kurê min vexwe. Şîr vexwe, delal".* Agirîn ku matmayî mabû, li Mêvan nihêrî. Bêyî ku tiştekê bibêje, gav bi gav bi paş ve meşiya, heta ku xwe gihande dîwêr û li erdê rûnişt. Li Mêvan mêze dikir, yê ku hewl dida ku şîr bide zarokê.

Mêvan çiqas hewl da, lawê wî şûşeya şîr negirt. Di şûna wê de, pitikê şûşê dûr dikir û digiriya.

Mêvan got: *"Tu çima venaxwî? Şîr vexwe".*

Zarok dîsa jî şîr venexwar û digiriya.

Mêvan bi qasî ku ji destê wî dihat li odeya biçûk rawesta, paşê şûşe xiste devê zarokê û ew di hembêza xwe de hejand. Li Agirînê mêze kir û çavên wî jê lava kirin ku alîkariya wê bike, lê Agirînê bi hêsiran li pişt xwe nihêrî.

Mêvan bi nermî got: *"Tu dikarî wî aram biki? Egîd, kurê min e, sê mehî ye. Demeke dirêj e ku wî çi nexwariye û ez nizanim çawa xwarinê bidim wî".*

Agirînê serê xwe hejand. *"Na.* Destên wê dilerzîn û digiriya.

Mêvan derbasî aliyê din ê odê bû, bi meş û hejandina zarokê hewl da ku wî hênik bike. Wî xwe bêhêvî û bêçare hest kir. Berê xwe da cihê ku betaniyek li erdê bû, betanî kişande aliyekî da ku laşê jineke ciwan eşkere bike.

Agirînê nizanîbû çi diqewime. Ew jin kî bû û çawa mirî ye? Li ser çokên xwe rûnişt ku çêtir bibîne.

Mêvan porê jinikê yê bedew ji rûyê wê rakir û Egîd danî ser sînga wê. *"Were kurê min, tu niha bi diya xwe re yî.*

Ji kerema xwe hinek şîr di hembêza diya xwe vexwe. Ez naxwazim tu jî ji dest min herî, lawê bavê xwe". Mêvan hewl da ku xwarinê bide wî, lê dîsa bi ser neket,

Wî zarok danî ser sînga dayîkê, berê xwe daxist û serê wî bi destên xwe girt.

Dema Agirînê dît ku zarokê serê xwe hildaye û li sîngên diya xwe digere, hest kir ku dilopên şîr di nava cilên wê yên çiryayî de diherikin. Li teniştа serê jinikê rûnişt, li rû û destên wê yên bixwîn nihêrî. Zarok hilda û danî ser milên xwe. Cilên xwe vekirin û ji nava pêsîra xwe mijmijoka Evînê derxist û da ber devê zarokê ku wî bo sîngê xwe bikişîne. Zarokê devê xwe li dû mijmijoka Evînê re bir. Herî dawî zarokê bi destên xwe yên biçûk sînga Agirînê girt û dest bi vexwarinê kir. Gava ku destê zarokê yê biçûk li ser sîngên xwe û neynûkên wî yên tûj ên biçûk di çermê wê de hest kir, keça wê hat bîra wê. Destê xwe li ser porê zarokê gerand, tiliya xwe li ser gepên wî yên nerm û sar bir û hêdî hêdî zarok hembêz kir.

Gava Mêvan dengê vexwarinê bihîst, serê xwe rakir û berê xwe da Agirîn: *"Wî şûşe qebûl kir?"* Çû mêze bike, lê dît ku Agirîn şîrê xwe didê, Mêvan bi paş ve gav avêt û bêdeng rûnişt.

Wî meraq kir ku çi tişta hovane bi serê Agirînê de hatiye, lê nekarî jê bipirse. Wî dizanibû ku ew cesaret nake ku bersivê ji dayîkeke ku bêyî zaroka xwe ku di nava hêsiran de kurê wî şîr dide bipirse kanê zaroka te? Pitika wî di hembêza wê de bû û ew ji bo bextê kurê wî sipasdar bû. Mêvan di quncikê de betaniyeke biçûk hilda û da ser milên Agirînê da ku wê rehet û germ bibe. Wî bi nermî got: *"Ez ti carî nikarim bes sipasiya te bikim"*.

Agirînê hêsirên xwe paqij kirin û serê xwe berda xwarê.

Piştî ku zarok têr bû, Agirînê cil û bergên xwe dîsa bi hev ve girêdan, paşê zarok danî ser milên xwe û hêdî hêdî li pişta wî xist ku bikuxe. Dûre zarok danî ser betaniyê û dest bi derxistina cil û bergên wî kir ku binihêre ka hewce ye ku wî biguherîne yan na.

Agirînê gerdeniyeke mirwarî ya bi destçêkirî ya xweşik li ser zikê zarokê dît. Mêvan ferq kir û berê xwe zivirand. Agirînê dît ku çavên Mêvan tijî hêsir bûn û gerdenî xiste destên wî.

Mêvan dema ku gerdenî xiste berîka xwe, got: *"Sipas Agirîn, bihêle ez ji te re çenteyê kurê xwe bînim"*. Çenteyeke şîn jê re anî. *"Li vir, ew hemû tiştên wî ne. Ez ne bawer im ku ew hemû hewcedariya wî ye"*. Agirîn li çenteyê nihêrî. *"Hê, bes e"*. Zarok paqij kir, çend kincên paqij lê kirin, paşê zarok hilda û hembêz kir û dest bi hejandina wî kir. Mêvan mêze kir heta ku kurê wî piştî hemû zehmetiyên ku laşê wî yê biçûk derbas kiribû, çavên xwe girtin.

Wî got: *"Agirîn, serê milê te birîndar e û ez dibînim ku hê jî perçeyek kevir tê de ye"*.

Agirînê li milê xwe nihêrî. Wê fêm kir ku ew diêşe, lê guh neda êşê, nizanibû ku çiqas xirab bû. Agirînê dema ku hewl dida sermilê xwe veşêre, got: *"Kengî wiha bû? Nayê bîra min"*.

Mêvan got: *"Ez difikirim ku ji dema ku wî bêşerefî îro tu kaş kirî û li ser erdê dikişandî. Dema min dît wisa bû, min ew gulebaran kir, bêyî ku te bixe xeterê"*.

Agirînê bi nermî got: *"Sipas"*.

Mêvan got: *"Li vir hin tiştên min hene. Ka ez lê binêrim berî ku xirab bibe, wê dîsa xwîn were"*. Rahişt çenteya xwe ya biçûk, li tenişta Agirînê rûnişt û wiha domand: *"Bihêle ez cihekî çêkim ku Egîd lê dayînim"*. Mêvan bi lez û bez wisa kir, paşê ji çenteyê xwe hindek malzemeyên xwe derxistin û derdora birîna Agirînê paqij kir.

Agirîn bêdeng bû, lê ewqasî jî nerehet bû û ditirsiya.

Wî dikaribû vê tirsê bibîne, got: *"Xem neke, ez dizanim çawa lê binêrim. Niha ez dikarim kevir bibînim. Ne ewqas kûr e; Ez ê hewl bidim ku derxim. Eger êş pir zêde be, min agahdar bike, ez ê rawestim"*.

Agirînê got: *"Baş e"*. Û serê xwe hejand.

"Baş e, em dest pê bikin". Mêvan dest bi derxistina perçeyê kevir kir. *"Kevir hema hema derketiye... çirkeyeke din... li vir, derket"*. Mêvan perçê kevir li ber Agirînê danî erdê. Wî herikîna xwînê rawestand û bi qumaşeke Egîd a biçûk birîna Agirînê baş pêça. Dema ku wî xwîna destên xwe paqij kir, got: *"Êdî qediya"*.

Agirînê got: *"Sipas"*.

Mêvan pirsî: *"Tu niha baştir î?"*

Agirîn: *"Erê"*.

Mêvan dîsa çû ser termê jina xwe ya bedew û bi xemgînî li wê mêze kir. Bêreke biçûk hilda û axîn kişand. Paşê çend cih kolan heta ku cihekî hema nerm dît. Wî dest bi kolanê kir, piştî ku baş kola, vegeriya cem jina xwe rûnişt û bi girî lê mêze kir.

Agirînê got: *"Xwedê sebrê bide te"*.

Mêvan di bersivê de nikaribû tiştekî bibêje, serê xwe hejand û hêsirên wî hatin xwarê. Agirînê pitik hilda û çû aliyê din ê şikeftê, da ku Mêvan wextê xwe bi şînê bigire. Mêvan li tenişta jina xwe rûnişt, lê mêze kir, destê xwe da porê wê yê dirêj û bedew. Dest pê kir kincê wê jê xist û da aliyekî.

Agirînê çavê xwe li jina mirî ya belengaz û birîndar, laşê wê yê birîndar û birînkûr û destên wê yên bixwîn nedigirt. Mêvan destmalek hilda, dû re firaxeke biçûk vekir û tasek tijî av kir. Destmal şil kir û rûyê jina xwe ya bedew paqij kir, bi dilekî şikestî û hêsiran, rûyê Mêvan xemgîn û wêran bu. Wî dîsa destmal xiste nava avê, sîng û milên wê paqij kir, her di wê demê de xuya bû ku wî xeyal dikir ku wê çiqas êş kişandiye. Destên wê bi avê şuştin. Çarşef hilda û li erdê belav kir, jina xwe hembêz kir û danî ser çarşefê. Porê wê rêz kir û kire du beşan, danî ser sînga wê. Destên wê ramûsandin û maç kirin, çarşef li dora laşê wê pêça lê rûyê wê li derve hîşt. Ew hembêz kir û bir ser gorê.

Nêzîkî gorê, lingên Mêvan qels bûn dema ku li rûyê jina xwe nihêrî û nekarî têxe gorê, dîsa li ser gorê rûnişt û jina xwe hembêz kir, serê xwe xiste bin stûyê wê û hêsirên wî biêş û hêrs rijiyan.

Agirîn digiriya û êşa wî temaşe dikir, wê dizanibû ku ev êş çiqas kûr dil dişewitîne.

Piştî demekê Mêvan jina xwe xist gorê û rûyê wê yê bedew pêça. Wisa dixuya ku di dawiyê de piştî ewqas zehmetiyên dijwar ketiye xeweke kûr. Gava ku di gorê de kulmek tijî ax rijand ser evîna xwe, çavên Mêvan ên dibiriqîn weke ku çîroka bi serê wî û malbata wî de dubare hatiye bibîranîn.

BEŞA 7

Wê rojê ew ji bo bazirganiyê li bajarekî din bû û gava ku xebera êrişê bihîst, xwe avêt otomobîla xwe û ber bi malê ve ajot. Di rê de, gel hewl da ku wî bi qêrînan vegerînin: *"Neçe, ew li her derê ne! Ew ê te bikujin! Wan nîvê bajêr girtiye û her kesî dikujin!"* Li ser van hemû bîranînan difikirî. Mêvan dizanibû ku ew ê bi otomobîlê negihîje ti cîhekî. Eger wî rîskek bikira û bajota, şansê wî yê serketinê kêm bû. Wî pilana xwe guhert û li şûna wê, bi bazdana li çiyayan dest bi rêya gundê xwe kir.

Piştî demeke dirêj ku li çiyayan bazda û daket, Mêvan westiyabû. Lê her cara ku ew li jina xwe, kur û malbata xwe dihizirî, meraq dikir ku ew niha çi dikin, ji nû ve bihêz dibû ku bi lez û bez bimeşe.

Bi şev gihîşte gundê xwe. Wî erebe û leşkerên çekdar dîtin. Ji ber ku bêçek bû, Mêvan bi bez vegeriya devereke ku ji ber sedemên din li çiyayekî nêzîk çêkiribû. Çend çekên ku li wir veşartibûn hildan. Çeka xwe bi pişta xwe ve girêda, kêra xwe girt û xiste nava kembera xwe, paşê ji cihê xwe yê veşartî derket û ber bi gundê xwe ve çû.

Mêvan xwe li pişt xaniyekî ku ji yên din hinekî dûrtir bû veşart. Piştî ku seh kir ku kes li derdorê tine, hilkişiya ser ban û xwe dirêj kir û li rê û derdora xwe nihêrî.

Dît ku hejmarek êrîşkar li otomobîlan siwar bûn û ji gund derketin. Ji gundiyan jî jin û zarok nîşana ti kesî tinebû. Demekê li bendê ma û hema bibêje hemû êrîşkar ji gund derketin. Lê çend erebeyên wan hê mabûn.

Mêvan ji banî daket xwarê, dû re dest bi bazdanê kir û ber bi mala dê û bavê xwe ve di rêyên tarî yên li pişt çirayên xaniyan de çû. Li pişt mala cîranekî xwe derbas bû û dema dengê çend zilaman bihîst, rawestiya.

Mêvan xwe di tariyê de veşartibû û qêrîna jinan dibihîst. Li dora dîwarê malê nihêrî û dît ku du mêr bi zorê du jinan dixine hindur. Yekê li ber xwe da û li zilamekî xist, bi kulm li sînga wî da û bi qêrîn got: *"Bihêle ez herim, mel'ûn! Ez naçim hindur!"*

Mêrik qêriya: *"Hiş be! Mexlûqa bêqîmet! Hûn niha di xizmeta me de ne, xudamên me ne. Eger tu careke din guh nedî min, ez ê serê te jêkim".*

Sîle li jinikê xist û ew avêt malê, li pey wê kete hindur. Zilamê din jî jina duyemîn xist hindur û derî di ser wan de girt.

Mêvan tijî hêrs bû û ji xwe re got: *"Ez ê we perçe perçe bikim, ey bêşerefên mel'ûn".* Gava ku ber bi malê ve diçû, dengê çend zilamên din bihîst ku ber bi wî ve dihatin. Ji bo ku xwe veşêre dîsa ket nava tarîtiyê.

Şeş mêrên din jî sê jinên din li hewşa mala cînar li hev kom kiribûn. Sê ji wan bi jinan re ketin hindur, yên din jî li hewşê man.

Dema ku Mêvan bihîst ku ew jin ji bo alîkariyê diqîrin, xwest ku bikeve hindurê malê û êrîşî êrîşkaran bike, ne xema wî bû ku wê paşê çi bibe. Lê wî xwe rawestand û ji bo ku hestên xwe bi ser bikeve gelek xebitî. Wî dizanibû ku bi rastî şensê wî tine ku wan jinan xilas bike. Wî dizanibû ku ew çêtir e ku bi mentiqî tevbigere, lê ew ewqas tijî nefret bû ku hêsir ji çavên wî diherikîn. Çend nefes hildan, gavek ber bi mala xwe ve avêt. Lê gelekî bihêrs bû, dema li wan jinan difikirî ku nikaribû bi pêş de biçe. Neçar ma çend çirkeyan bisekine da ku rehetiya xwe bi dest bixe.

Mêvan her ku diçû û xema malbata wî zêdetir dibû, berê xwe da mala xwe bi lez û bez çû. Gihîşt mala bavê xwe û ji pencereyan li hindur mêze kir. Kesek li hindur tinebû. Ji bo ku bikeve hewşa xwe çû quncikekî li pişt malê. Ji wir, wî dît ku çirayek di hindurê xanî de vêketî ye.

Mêvan veşart û li bendê ma. Demek şûnda, dît ku zilamek ji malê derket û kincên xwe ji nû ve çêkirin. Zilam li ser milê xwe qêriya: "Ebû Talê, ez diçim bal yên din, heke gava ku tu xilas bî û kesekî din jê re nehat, jinikê bi xwe re vegerîne, baş e?" Çeka xwe da pişt xwe û meşiya.

Mêvan çeka xwe kire serê mêrik, tiliya xwe danî ser tetikê û diçû gulebaran bikira, dema ku bihîst kurê wî digirî û jina wî di hindur de diqîre. Tiliya xwe li ser tetikê rakir, ji bo ku teşebûsa gulebaranê ji holê rake, bêtevger ma heta ku mêrik dûr ket. Mêvan li dora malê geriya û li derveyî pencereyê rawesta. Dît ku kurê wî bi tenê li erdê digirî.

Mêvan qêrîna jina xwe bihîst, bi lez û bez çû pişt malê, pencereya metbexê vekir û hilkişiya hindur. Xencereke mezin ji selika firaxê derxist û di rêgehê re derbasî razana xwe bû. Derî nîvvekirî bû, li pişt derî sekinî û ji alîkî ve li hindur mêze kir.

Dîmena li ber çavên wî Mêvan bihêrs kir. Li ser êrîşkar hejand û bi hemû hêza xwe li stûyê wî xist. Derbeyekê bi tenê bi têra kuştina zilam dikir. Mêvan cesedê wî ji nava nivînan avêt, paşê ew avêt dîwar. Kete ser laşê êrîşkar û bi hemû hêza xwe li wî xist, heta ku bêhna wî çikiya, lê da, û li cesedê li ser erdê tenê pariyek goştê parçeparçekirî hîşt.

Mêvan vegeriya aliyê jina xwe û destên wê vekirin, dema ku bêhna xwe girt.

Jina wî giriya, hevdem ku hêsir ji çengên wê dibariyan, got: *"Tu li ku bûyî Mêvan, li ku bûyî...?"*

Wî got: *" Hiş, negirî, Henan"*. Alîkariya wê kir ku rabe: *"Qediya, ez niha li vir im"*.

Henan giriya: *"Me her tişt ji dest da, Mêvan, her tişt"*.

"Hiş be, aram be, min got:" Çû salonê, ronahiyê vemirand û ji pencereyê nihêrî ku kesek neyê. Gava ku Egîd hilda û vegeriya Henan, bi pistepist got: *"Niha lez bike"*.

Henanê nedikarî bimeşe. Mêvan çarşefek hilda û li jina xwe pêça. Egîd di hembêza wî de bû, Mêvan çenteyê kurê xwe dît û hin tiştên bingehîn û cil û bergên Henanê daxistin. Çû ser laşê zilam, paşê çeka wî û tiştên din ên hewce hildan.

Mêvan vegeriya bal Henanê û bi destê wê girt û got: *"Em herin. Em dikarin ji pencereya metbexê derkevin"*. Çûn metbexê. *"Divê tu Egîd aram bikî"*. Mêvan got: *"Eger dijminên me bibihîzin. Dema ew digirî em nikarin ji malê derkevin"*.

Henanê bi pistepist got: *"Ez ê wî bimêjînim"*. Dema ku Henan ew mêjand, zarok hêmin bû.

Mêvan ji pencerê derket û li derdorê mêze kir. Dema ku kesek nedît, di pencerê re alîkariya Henan û Egîd kir, paşê pencere girt.

Henanê pirsî: *"Em diçin ku derê?"*

"Em diçin cihê veşartina me". *"Temam"*. Henanê da pey wî.

Berî ku Henan raweste ew dûr neçûbûn. Mêvan li xwe zivirî û pirsî: *"Ci bûye? Cima tu rawestiya yî?"*

Henan bersiv da: *"Ez nikarim bimeşim"*.

Mêvan got: *"Baş e, tu li vir rûne. Ez ê Egîd bibim wir û ez ê li te vegerim"*.

Kurê xwe girt û beziya çiyê.

Piştî demeke kurt Mêvan vegeriya û li ber Henanê rûnişt û got: *"Temam, niha, delalê, dema ku xwe xwar kir, li ser pişta min were û min baş bigire"*. Henan hilkişiya ser pişta Mêvan û destên xwe danîn stûyê Mêvan ê û bihêz girt û ber bi çiyê ve çûn.

Mêvan ew li binê dara mezin danî û alîkariya wê kir ku bikeve cihê veşartina ku Egîd berê lê veşartibû. Mêvan vegeriya ber deriyê tunêlê û li wir nihêrî ku kesî ew nedîtine.

Wî axa li dora binê darê firçe kir da ku şopên wan veşêre, dûv re çîçeka hişk û derî paşve kişand cihê xwe.

Henan li oda biçûk a li dawiya tunêlê rûniştibû. Kurê xwe hembêz dikir û kurê xwe dimêjand.

Mêvan çente avêt erdê, dû re bi hemû hêza xwe qêrîneke ku ji tundiya kîn û hêrsa xwe gur dibû derxist. Çeka xwe avêt der û dora xwe, Egîd tirsand, êdî sînga diya xwe negirt û giriya. Henan jî bi dîtina Mêvan bi vî awayî tirsiya. Wê newêribû li çavên wî binêre.

Mêvan wêran bû. Lê gava dît ku kurê wî digirî û pê hesiya ku wî jina xwe tirsandiye, hêrsa xwe vemirand û bêdeng bû. Li erdê rûnişt û serê xwe daxist.

Demeke dirêj bê gotin û awir di navbera wan de derbas bû. Di dawiyê de Mêvan berê xwe da jina xwe, bi hemû êşên xwe rûniştibû û li Egîdê ku di hembêza wê de radiza, nihêrî.

Çû û li kêleka wê rûnişt, paşê Egîd bi nermî ji destên wê girt û li quncikekê li ser betaniyeke biçûk danî. Vegeriya Henan û bi nermî hewl da ku çarşefa ku li dora wê pêçabû bikişîne ku birînên wê kontrol bike.

Henanê lihêf hişktir girt û jê lava kir: *"Bide xatirê Xwedê vê yekê neke. Ez naxwazim ku tu min bibînî, ez ji te lava dikim".*

Lê Mêvan guh neda û çarşef jê kişand û dît ku ji ber lêdan û tecawizê hemû laşê wê reş û şîn bûye. Devê wê bixwîn bûbû û goşeyê çavekî wê werimî bû. Li ser destikên wê yên qels û zirav ji kelepçe û bengê birîn û şopên sor hebûn. Dema ku Mêvan dît ku çi bi jina wî hatiye, bêhna wî ji hêrsan teng bû û hêsir li ser çavên wî herikîn, destên xwe ji kerban bi şid mist kiribûn.

Henan dema ku li mêrê xwe dinêrî bi tirs û fikar bû, ji ber ku nizanibû wî yê lê bixista yan bikuşta, yan dê bi xemgînî û dilekî şikestî ew hembêz bikira. Wê ti carî ew bi vî rengî nedîtibû.

Dema ku destên Henanê yên biêş û birîndar ji tirs û sermayê dihejiyan, Mêvan dîsa çarşef hilda û li dora Henanê pêça.

Gava Mêvan pê hesiya ku Henan çiqasî ditirse, hat ser hişê xwe û li çavên jina xwe nihêrî û hêsirên wê paqij kirin û bi aramî got: *"Kanê alîkariya te bikim û cilên te li ber te bikim"*.

Henanê got: *"Na, tu here Egîd, ez dikarim cilên xwe li xwe bikim"*.

Mêvan tiştek negot û çû kincên Henanê hildan.

Henanê got: *"Ji kerema xwe, Mêvan, bihêle ez bi xwe cilan li xwe bikim, ez ricayê ji te dikim,"* û hewl da ku cilan ji destê Mêvan derxe.

Mêvan bihêrs bû: *"Henan, tu bi Xwedê dev jê berde. Cima tu xwe ji min vedişêrî? Tu bi vî karî zêdetir min diêşînî. De raweste û cilên xwe berde êdî"*.

Henanê got: *"Baş e,"* destê xwe paş ve kişand.

Mêvan hêsirên wê paqij kirin û got: *"Na, na, gula min negirî, netirse. Min nedixwest dengê xwe bilind bikim"*. Çû destmalek girt û şûşt. Li tenişta Henanê rûnişt, rû û destên wê paqij kirin, paşê li pişt wê rûnişt ku porê jina xwe ya xweşik berhev bike û weke ku her sibe ji wê re dikir, li hev kir.

Mêvan paşê li ber jina xwe rûnişt û kirasê xwe jê kir.

Wî ew da wê û got: «Were, vê pêşda li xwe bike. Sar e". Henan kiras li xwe kir, paşê Mêvan cilê wê li ber kir, cihekî rehet çêkir û bir wir". Sipas," Henan bi bêdengî got:

"Va ye, av vexwe," Mêvan got û tasek pêşkêşî wê kir.

"Na, ez ne tî me".

Mêvan got: "Hinek vexwe. Ji te re hewce ye; lêvên te ziha bûne".

"Baş e, ez ê vexwim, lê pêşî tu hinekê vexwe".

"Bigre Henan, ji kerema xwe bi min re nîqaş neke û hinek av vexwe".

Lê Henanê dîsa qebûl nekir û qedeh negirt, ji ber ku hêsir ji ser rûyê wê rijiyan.

Mêvan hinek vexwar, dû re got: "De were, niha bigire".

Henanê wergirt û av vexwar.

Mêvan xwarinek danî kêleka wê û got: "Xwarinê bixwe û bêhna xwe bide; Ez ê piştî yên din vegerim gund".

Henan bi tirs got: "Na, neçe. Li wir pir xeternak e".

Mêvan guh neda îtîraza wê û jê pirsî: "Tu dizanî ew zilam birin ku derê, an jî di mala kê de hatine ragirtin? Eger ez biçim pêşî rêyekê ji bo azadkirina wan bibînim, wê demê em bi hev re dikarin bi hêsanî li dijmin xwedî derkevin".

Henanê tiştek negot.

Dema ku wî xwe amade dikir ku here, Mêvan jê lava kir: "Henan, her tiştê ku te dît ji min re bibêje. Tiştê ku tê hişê we dikare ji min re bibe alîkar ku ez zilaman bibînim".

Henan giriya: "Li gund tu mêr nema, wan hemû kuştin".

Mêvan got: "Ci? Te çi got? Ji bo xatirê Xwedê, ji kerema xwe dev ji girînê berde û ji min re bibêje ka çi bûye".

Henanê çarşef dîsa kişand ser serê xwe û giriya: "Piştî ku gund bombebaran kirin, gel ji malên xwe derketin û revîn, leşkeran gund dorpêç kirin û her kes girtin. Rihspiyan hewl dan bi wan re bipeyivin û gotin ku me ti carî zirar nedaye kesî. Ji leşkeran re digotin bila her tiştê gund bigirin, her tiştê me bigirin, tenê nekujin. Lê leşkeran guh nedan wan; hemû mêr kuştin, heta kurên biçûk".

Mêvan şaş ma. Kete ser çokan û bêdeng ma.

Piştî bêdengiyeke dirêj, Egîd dest bi girînê kir û Henanê çarşef ji serê xwe hilda. Kurê xwe hilda û dest bi mêjandinê kir û li Mêvan mêze kir.

Mêvan pirsî: "Tiştek ji te re lazim e, Henan?"

Henan li Egîd nihêrî.

Mêvan got: "Were, ji min re bibêje, çi lazim e? Tu avê dixwazî yan xwarinê?"

"Na".

"Hingê, tu çi dixwazî?"

Henanê got: "Ez dixwazim tu min bikujî".

"Te bikujim?" Mêvan saş ma, li kêleka wê ket ser çokan. "Cima? Tu çi dibêjî?"

Wê bersiv da: "Ez gelekî pîrêş im, nikarim vê janê bikişînim, ez naxwazim bijîm û nefesê bikişînim. Ez ji xwe nefretê dikim, ez li xwe dinêrim û dixwazim vereşim, ez dixwazim çermê xwe jê bikim da ku ez êdî hest nekim".

"Na na, wisa nepeyive Henan. Dev ji xişandina çermê xwe berde". Mêvan destên wê di destên xwe de girt.

"Ez ê careke din nebim Henana berê, Mêvan. Ez wêran im. Ez nikarim li çavên te jî binêrim ez pir şerm dikim. Eger tu hinekî ji min hez bikî, wê demê nehêle ez cefayê bikişînim. Ji kerema xwe, Mêvan".

"Henaaaaaan - neke! Bes". Mêvan destê wê berda û rûyê xwe zivirand.

"Ji kerema xwe re, kanê vê bigire û êş û janê min biqedîne, paşê Egîd ji *vir derxe. Bêyî min, tu dikarî ji bo wî tiştek bikî û wî xilas bikî".*

"Tu çawa dikarî vê tiştê ji min bixwazî? Tu çawa dikarî bifikirî ku bi vî rengî dev ji me berdî? Ez naxwazim niha li te binêrim". Mêvan rûyê xwe ku hêsir ji çavên wî dibariyan lê girt.

"Tu mirovekî xweperest î. Tu çawa dikarî min bi vî rengî bibînî û tiştek nekî? Ez pîs im, xerab im, ez nikarim vê jiyana şermokî bijîm. Ji xwe ez di hindur de mirime. Ez qediyame, şewitîme, ez ji te lava dikim, Mêvan!" Wî hewl da ku guh nede jina xwe û xwest ku jê dûr here.

Wê destê xwe da çeka wî ya di kembera wî de û got: *"Mêvan, Mêvan... Ez bi te re dipeyivim. Li min binêre".*

Mêvan giriya: *"Na, raweste, raweste, Henan".* Gava ku wî destê Henanê dûr xist, got: *"Keçê, were ser hişê xwe. Ez nefret dikim ku te qels bibînim. Dev ji vê dîntiyê berde û demekê bêdeng be".* Mêvan li teniştа wê vegeriya. Nefeseke kûr kişand û li jina xwe nihêrî. Destê xwe da çek û kêra xwe, paşê ew baş ji wê dûr xist û got: *"Egîd bide min, ji kerema xwe".*

Henan bi bêdilî Egîd da destê wî.

Mêvan Egîd danî ser betaniya li kêleka Henan, paşê rûyê wê di destên xwe de girt û got: *"Guhdar be, delalê, eger şerm û heqaretek hebe, ew li ser min e, ne li ser te. Yê ku bi ser neket û nikarîbû li te xwedî derkeve ez im. Ez bi Xwedê sond dixwim ku ez ji te ne bihêrs im. Eger tu dest bi nefreta min bikî, ez fêm dikim û ez dixwazim ku bibihîzim. Ez heq dikim, lê tu xwe aciz neke".* Hêsirên jina xwe paqij kirin û berdewam kir: *"Ti yek ji van ne sûcê te ye. Hemû sûcê min e û ew bêtir min kûr diêşîne ku tu ji min ditirsî û ji min dûr diçî evîna min".*

Henanê li çavên mêrê xwe dinêrî û bi girî guhdarî dikir.

Mêvan betaniyek hilda û danî ser lingên Henanê û got: *"Va ye, Egîd bigire û bimêjîne".* Li teniştа wê rûnişt û jina xwe di destên xwe de girt.

Henanê serê xwe danî ser sînga Mêvan û axîneke kûr kişand. *"Êdî negirî, delal. Ez soz didim we, ez ê me ji vir derxim û tiştan rast bikim. Ji min bawer bike û her tiştî li hêviya min bihêle".* Mêvan dest da ser çena wê û serê wê maç kir.

Piştî demekê Mêvan dît ku Henan aram bûye. Destê xwe da çenteyê Egîd û xist bin serê Henan. *"Gula min, tu jî hewl bide razêyî, dema Egîd di xew de ye, ez ê li vir li kêleka te rûnim. Divê ez rêyekê bibînim ku em bi ewle ji vir derkevin".*

Henanê got: *"Baş e".* Wê li hemû laşê xwe êşeke giran hest kir. Li lingên xwe nihêrî û dît ku xwîn jê tê xwarê. Ji bo ku xwe veşêre betaniyek kişand ser xwe. Wê nedixwest ku Mêvan bizane.

Serê xwe dîsa danî ser çenteyê li tenişta serê Egîd û hewl da ku bêhna xwe vede, lê her cara ku çavên xwe digirt, tenê destên wan ên bixwîn, rûyên wan ên pir nefret, awirên wan ên nefsek, bêhna wan a ter û nexweş û genî… rûyê wî, çavên wî yên beloq û destên zilamê ku tecawizî wê dike didît. Her tişt jê re dubare divû û jê re ewqas rast û biêş bû ku neçar ma çavên xwe veke û dixwest ku çi cara çavên xwe negire da wan dîmenên hovane nebîne. Hewl dida ku bala xwe bide kurê xwe û bi tiliyên xwe bi sivikî li ser milên wî bide û li rûyê wî mêze bike.

Çend demjimêr derbas bûn. Mêvan ber bi Henan ve çû, yê ku hîn di nava ramanê de bû. Li kêleka wê rûnişt û destê xwe danî ser eniya wê.

Henanê serê xwe hinekî rakir û got: *"Ci bûye?"*

Mêvan got: *"Êşa di bêdengiyê de ne baş e gula min. Laşê te ewqas sar e û rûyê te ewqas zer e, divê tu xwîn birijî. Halê te gelekî nexweş e".*

Henan rûnişt û li lingên xwe nihêrî. Di binê betaniyê de xwîn diherikî. *"Xem neke, ez baş im".* Ji bo ku bêtir xwînê li ser kincên xwe veşêre, betaniyek hişke kişand.

Mêvan got: *"Ez nikarim li vir bi vî rengî bisekinim. Hîn jî tarî ye. Ez ê bi dizî ve herim gund.* Dibe ku ez bikarim tiştekî bibînim ku ji min re bibe alîkar ku ez te û pitikê hilgirim. An jî dibe ku telefonekê jî bibînim".

"Ya te li ku ye?"

Mêvan got: *"Ez nizanim. Renge min ew di rê de wenda kiribe. Ez nikarim li ti derê bibînim".* Kembera xwe girt û li pişta xwe girêda. Du çek xistin nava xwe û yek jî li pişta xwe. Çenteyê piştê ya ku bi dîwêr ve daliqandibû daxist xwarê û pê daxist, amade bû ku here. *"Ji vir dernekevin. Bi rojan av û xwarin têra we heye. Dibe ku ez demeke dirêj neyêm, lê ez ê vegerim. Em ê ji vir herin û ez ê we bibim nexweşxaneyê. Baş e delal?"*

Henanê got: *"Baş e, lê bide xartirê Xwedê û te hay ji xwe hebe".*

"Başe, delal, xem neke". Gava ku wî dixwest ji tunêlê derkeve, Mêvan li paş xwe nihêrî û di rûyê Henanê de xuyangek wisa ecêb û kûr dît ku dilê wî şikand û gava ku ew ber bi pêş ve çû çokên wî lerizandin.

Çek û çentê xwe berda û berê xwe da wê. Rûyê jina xwe di nava destên xwe de girt û bi tiliya xwe hêsirên germ ên li ser çena wê paqij kirin. *"Tu û Egîd li vir ewle ne. Ti kes te nabîne, ez soz didim. Û gava ez te bi silametî ji vir derxim, em ê herin nexweşxaneyê, baş e?"*

Wê serê xwe hejand. *"Temam".*

"Baş. Tu bêhna xwe vede, xwarin û ava xwe bixwe û hay ji xwe û kûr ê me hebe".

Henanê destê xwe danî ser çena mêrê xwe û tiliyên xwe di nava porê wî yê nerm de derbas kir. Destê xwe bi ser dilê wî û hejand û bi çavên xwe demeke dirêj lê mêze kir berî ku wî hembêz bike, got: *"Ji bo her tiştî sipas, Mêvan,"* û ew maç kir. *"Ez gelekî ji te hez dikim".*

"Ez jî ji te hez dikim gula Mêvanê xwe. Negirî, ji kerema xwe. Berî ku tu pê bizanî, ez ê bo alîkariyê vegerim".

"Ez bawer im ku tu yê vegerî û tiştek wê neyê serê te. Xem neke, em ê vir bmînin û halê me baş e".

Mêvan betanî li dora Henanê girêda û kûr li çavên wê nihêrî. Rûyê wê maç kir, paşê serê kurê xwe maç kir. *"Baş e delalê, vê gavê bi xatirê te".* Hilkişiya tunêlê û bi baldarî deriyê biçûk vekir. Piştî ku piştrast bû ku ti kes li dora wî tine, hilkişiya derve, paşê derî ji nû ve mohr kir û bezî çiyê.

Mêvan nêzî gundê xwe bû, dengê çend zilaman bihîst ku bi hev re dipeyivîn. Xwe veşart û bêliv ma û guhdariya wan kir.

Zilamekî got: *"Me li her derê mêze kir û ti nîşaneke wê tine. Em wextê xwe wenda dikin".*

Yekî din got: *"Erê, rast dibêje, birayê mezin. Eger li derdora wê bûya, me yê bi giriya pitika wê bibihîsta".*

"Ez hîn jî bawer nakim ku wê karibe zilamekî weke Ebû Taleh şehîd bike".

Yekî din got: *"Ez dizanim, zilam perçe perçe bû".*

"Şehîdê çi? Hûn li ser hişê xwe ne? Jinekê ew di nava nivînan de kuştiye, ew ne şehîd e. Ez biguman ku ew here bihuştê".

Serokê wan qêriya: *"Bêdeng bin! Li şûna axaftinê, lê bigerin. Biçe aliyê gund ê din û li wir jî binêre. Ne xema min e ku çiqasî bidome, divê ew jina hov bê girtin û serê wê were jêkirin. Ma te nedît ku jinên din piştî ku cesedê Ebû Taleh dîtin, çiqasî bi hêrs û cesaret bûn? Divê ew jin li ber çavên wan were cezakirin ku ji wan re bibe ders. Nexwe ew ê li ser şopa wê bimeşin".*

"Erê bira, tirsa wan tine û ew jî weke mirovên xwe xeternak in. Ma hûn bi me re nebûn dema ku me guhdariya axaftinên fermandar dikir?"

"Na, wî çi got?"

"Wî got ku em pir bextewar in ku çekên van kesan tinene û ji bo şer nehatin perwerdekirin. Wekî din, ez bawer nakim ku serkeftina me di demeke nêzîk de çêbiba".

"Ci? Wî got ku. Ax na, na! Ew bêaqil e! Min bi xwe dikaribû bi sedan kesê weke wê bikujim".

Zilamekî din got: "Erê, erê. Soz didim ku Ebû Taleh heman tişt got berî ku jineke bi navê Henanê bibe kabûsa wê".

"Hey, min destê te bes kişand, lo! Tu li kîjan alî yî? Ha ...? Ma hûn li dijminên Xwedê rehmê dikin? Wan kafiran? De were û bibêje, rastiyê tif bike!"

"Hey, bira, aram be. Ew panzdeh salî ye, pir ciwan e ku rewşê mîna we fêm bike. Divê em bi hev re dilnizm û bisebir bin".

Zilamekî din got: " Êzdiyan bi me re şer nekir ji ber ku ew mirovên aştîxwaz bûn û wan aştî dixwest, lê me ew neçar kirin ku bibin bawermend û wisa jî kirin bo rizgarkirina zarok û jinên xwe. Piştî vê yekê ew yek ji me bûn, lê belê me ew kuştin. Min dînê me bi vî rengî fêm nekiribû".

"Berî ku ez serê te jê bikim, bêdeng bimîne! Hûn difikirin ku hûn kî ne, ku pirsa pirtûka me ya pîroz û fermana rêberê me dikin? Niha poşman bibe û wekî mucahîdekî rasteqîn qet pirs neke, ew îtaet dike. Tu min dibihîzî? Bawermendekî rastîn tenê li îtaetê dike".

"Erê bira. Ew rast e, ew şeytan e ku we pirs dike nava mêjiyê te. Cêtir e tu herî tobe bikî".

Her ku diçûn dipeyivîn.

Mêvan li cihê ku lê bû, ma, guhdarî kir û li bendê bû ku ew biewle be û hereket bike. Gava ku hemû çend demkurtan bêdeng bûn, li pişt rêzeke xaniyan ket ku xwe bigihîne banê xaniyekî ku baştirîn dîmenê gund li ser wî hebû.

Tenê çend kêliyan piştî ku Mêvan hilkişiya ser ban, otomobîlek hat û li ber xaniyekî nêzîk, ku ayîdî mamekî Mêvan bû, rawestiya. Sê mêr ji malê derketin û silav dan kesên di erebeyê de bûn. Zilamek û çend jin û keçên ciwan ên girtî, ku ji gundê wî nebûn, ji otomobîlê peya bûn. Ji aliyê hersê kesan ve bi germî hatin pêşwazîkirin û birin hindurê malê.

Mêvan di hindur de dengan dibihîstin, hevdu pîroz dikirin. Lê pir neçû ku wan dest bi gotina şeva xweş kirin û behsa wê yekê kirin ku her kes çiqas westiyayî ye.

Mêvan ji ban daket xwarê. Zêde dem nemabû ku roj hilat. Diviyabû zû vegere bal Henanê. Wî di pencereya xaniyê ku li ser de bû nihêrî. Hindur tarî û bêdeng bû. Wî pencere sivik kir, dû re sekinî da ku pê ewle bibe ku ew êdî deng nabihîze. Cih vala xuya bû, ji ber vê yekê ew di pencerê re hilkişiya.

Cil û berg û balîf li ser erdê raxistîbûn. Hinek camên aliyê din ê malê şikestin. Mêvan çû metbexê û deriyê sarincê vekir. Hin hep û derman di hindur de hebûn, ku ew xiste çenteyê xwe yê piştê, berî ku bi qasî ku ji destê wî tê xwarinê têxe hindur. Wî sarinc girt û çû ku li tiştekî kêrhatî mîna telefonê bigere. Li her derê malê, ode bi ode, li binê betaniyê û balîf û dolaban geriya, lê li ti derê telefon tinebûn.

Mêvan bi hêviya dîtina firxûnekê derkete derve û çû pagê, lê tinebû. Nêzîkî hilatina rojê bû û neçar ma ku vegere veşargeha xwe. Wî bêrîkên xwe tijî tiştên pîçuk kirin ku dibe ku bi kêrî wan bên, paşê di nava tarîtiyê de wendabû û reviya çiya.

Dema ku gihîşt ber deriyê veşartî, Mêvan li dora xwe nihêrî, paşê xwe xwar kir ku deriyê tunêla xwe veke. Çenteyê pişta xwe derxist û danî ber devê derî, hilkişiya hindur, dûv re bi destên xwe şopên lingên di nava axê de sivik kirin. Wî çîçek stirî û derî paşve kişandin cihê xwe da ku her şopeke wî li wir rake.

Dibihîst ku Egîd digirî. Bi qasî ku ji destê wî hat, ji tunêlê daket oda biçûk. Henan li erdê razayîbû. Mêvan bi dengekî geş ji Henanê re got: *"Ez çûm mala apê Koçer, ji sarinca wan ji te re derman û antîbiyotîk anîn. Va ye, ez ji te re avekê bînim ku vexwî. Û dema ku dîsa tarî bibe, em ê herin.*

Ez ê te bidim pişta xwe û em li vir biçîn".

Henan bersiv neda.

Mêvan, gava ku bêtir nêzîkî wê bû jê pirsî: *"Henan... Henan, te bihîst?"* Egîd di hembêza wê de bû, di nava desmala xwe de pêçabû. Mêvan li kêleka wê çok veda û got: *"Henan? Tu razayî?"* Bi nermî *Egîd hilda û got: "were bal min, kurê min, bila diya te hinekî din razê... raweste... negirî Egîdê min".*

Dema ku wî dest bi hejandina zaroka xwe kir, Mêvan xwîn li ser lihêva Egîd dît. Li kurê xwe nihêrî û got: *"Ev xwîna çi ye? Tu birîndar î? Henan, rabe! Cilên Egîd hemû xwînî ne. Henan, were, rabe, delalê! Tiştek bi zarokê re heye. "* Wî Henan hejand, lê Henan di bin destên wî de sist û bêcan bû. Mêvan zivirî û lihêf ku di ser de bû hilda. Dûv re wî destê wê yê bixwîn dît, wê damarên destê xwe birîbûn. Henan zivirande ser milê xwe, dît ku wê damarên destê xwe yê din jî biriye. Ew çûbû...

Mêvan matmayî mabû, ji xwe nelivî. Li ser çokan ma, li rûyê Henanê mêze kir, nekarî bi tiştên ku dibîne bawer bike. Destên wî jî mîna yên Henanê sar bûbûn. Yek bi yek rondikên wî li ser rûyê Henanê yê zer hatin xwarê. Bi zehmet hate ser halê xwe, dengê xwe bilind kir: *"Na, na, na, Henan, rabe, ji bo xatirê Xwedê, çavên xwe veke!*

Henan, rabe, ez ji te lava dikim, delalê, min nehêle". Ne hewce bû ku ew êdî bihêz bûya; kes tinebû ku jê re bihêz be. Serê xwe danî ser eniya wê û destên wê bi şid girt. Demjimêr derbas bûn dema ku ew li ser çokan ma, evîna xwe di destên xwe de girt. "Henan, delalê min, Henan, ma min soz neda te ku ezê li te xwedî derkevim? Ax Henan, tu min bi tenê nehêlî. Te çawa wisa anî serê min? Ez çawa dikarim bêyî te bijîm?" Giriya, dema ku porê wê naz dikir, hêsir dibarand ser evîna xwe ya ku heta hetayê ketiye xewê.

Mêvan hay jê bû ku Egîd li kêleka wî digirî. Henan berda û kurê xwe hembêz kir û xwest wî aram bike. "Niha, tu ji min re bibêje, ha, ez çi bikim Henan? Ez çi li zaroka xwe bikim? Ew digirî, hewcedariya wî bi te heye". Mêvan Egîd di hembêza xwe de hejand. "Henan, destê min diqelişe, birçî ye, ma ez rûyê xwe bikim kuderê?" qîriya û paşê tevî kurê xwe dest bi girînê kir.

Piştî demekê hat bîra Mêvan ku di sarinca mamê wî de konteynek şîr heye. Egîd danî û çû ber deriyê tunêlê. Roj derketibû, lê ji bo rizgarkirina Egîd ji xeynî ku jiyana xwe bixe xetereyê, ti çareyeke wî tinebû.

Mêvan dîsa ji tunêlê daket jêr da ku dîsa kurê xwe hembêz bike. Wî Egîd hilda û li kêleka cenazeyê Henanê danî.

Mêvan li ser çokan rûnişt, li kurê xwe nihêrî. "Baba, delalo, li vir bi diya xwe re bimîne. Ez ê herim şîr bînim, baş e? Ez ê zû vegerrim". Bi rondikên çavan re, Mêvan li Henanê nihêrî û ji Egîd re got: "Kuro lawo, weke diya xwe nebe. Min bi tenê nehêle. Baş e baba?" Wî zaroka ku digiriya danî hembêza diya xwe, paşê betaniyek avêt ser her duyan. Mêvan vegeriya ber deriyê tunêlê. Li derve nihêrî lê nizanibû demjimêr çi ye, diviyabû ku hişyar be.

Deriyê tunêlê li pişt xwe girt û ji çiyê ber bi gund ve bezî. Gava ku nêzîk bû, wî dît ku toz ji navenda gund bilind dibe. Wî li her derê xwe veşart, heta ku ew têra xwe nêzîk bû ku bibîne çi diqewime. Li gund ji dehan zêdetir erebe hebûn û girse li navendê kom bûbû. Ne diyar bû ku ew tên an diçin, lê Mêvan nedikarî li wir bisekine û bizane, kurê wî li benda wî bû. Derfetek hindik lê rast hebû ku ew di nava çiyayan re ber bi gundekî din ve biçe û alîkariyê bibîne. Têra xwe ji gund bêhêvî bû û kete rê.

Mêvan nizim ma, bi baldarî ji gundê xwe dûr ket. Gava pê bawer bû ku ti kesî ew nedîtiye, di nava çiyayan re ber bi gundê din ve bazda.

Nêzîkî nîvê rê, dengê teqînekê bihîst. Paşê dengê çekan hat. Wî hizir kir ku dibe ku ew hêzên kurd in ku bi dijmin re şer dikin. Ber bi dengan ve bezî û rastî jineke bi navê **Agirînê** hat.

BEŞA 8

Mêvan li ser hişê xwe vegeriya û Agirînê lê temaşe dikir, Mêvan definkirina jina xwe qedandibû, lê ewqas di nava bîranînên wê de mabû ku demeke dirêj bêdeng rûnişt. Bi zehmet bawer dikir ku ew ê êdî nikaribe evîna xwe bibîne. Di dawiyê de rabû ser xwe û şalê Henanê yê spî danî ser gora wê.

Demekê şûnda cilê Henanê yê reş hilda, da Agirînê û got: *"Were vî cilî li xwe bike, yê te êdî nayê bikaranîn".*

Agirînê cil hilda û got: *"Sipas. Ji kerema xwe zarokê bide min".* Bê deng Egîd da wî.

Mêvan Egîd hembêz kir. Çû quncikekê û li ber dîwêr rûnişt.

Agirîn çend xulekan sekinî, paşê kincên xwe xistin û cilên Henanê li xwe kirin. Got: *"Ez xilas bim".*

Mêvan li dor xwe zivirî, av û xwarin anî û danî ber Agirînê û got: *"Were, avê vexwe. Tu birçî yî jî".*

Agirînê av vexwar û got: *"Sipas",* û dest bi xwarinê kir. Dît ku Mêvan naxwe. *"Cima tu tiştekî naxwî?"*

"Ez baş im".

Piştî hinek xwarinê, pariyek ji bo Mêvan çêkir û got: *"Bigire".*

"Ez ne birçî me; Ji bo te û zarokê ye".

Agirînê îsrar kir.

Mêvan xwarin qebûl kir û got: *"Temam, sipas".* Piştî ku hinek xwar, pirsî: *"Telefon bi te re heye?"*

"Na, tine. Ez di nava cil û bergên çekdaran de jî geriyam, lê min nedît".

Mêvan serê xwe hejand û got: *"Ev ne baş e; em wextê xwe wenda dikin. Bihêle ez derve kontrol bikim".* Çû ber deriyê tunêlê û derê hinekî rakir û ronahiya rojê dît. Dîsa derî girt û vegeriya odê. *"Em niha nikarin derkevin derve, pir xeternak e. Duh danê sibê dema ez çûm gund, her der tijî leşkerên dijmin bû, belkî ew jî li vir mabin".*

Agirînê pirsî: *"Tu dizanî ev kes kî ne û çima ewqas ji me nefret dikin?".* Bêhêvî li çavên wî mêze kir, li hêviya bersivê bû.

Mêvan got: *"Ez nizanim, lê em ê bizanin",* bi dengekî giran û tijî hêrs got: *"Divê ew berdêla vê zilmê bi giranî bidin".*

Mêvan li bendê ma ku dinya tarî bibe, got: *"Niha dema rast e",* paşê xwe amade kir ku here; *"Ez ê herim û binêrim ka ez dikarim herim hindurê gund ku av û tiştên din peyda bikim. Eger na, ez ê vegerim û em ê herin".*

"Eger te bigrin, yê te bikujin. Karê te çi ye?"

Wiha bersivand: *"Divê ez biçim. Em nikarin zêde li vir bimînin".*

"Eger tiştek bê serê te em ê çi bikin? Ez nikarim kurê te bigirim, ez vê berpirsiyariyê qebûl nakim".

"Divê em ji vir derkevin, lê ji ber ku ez nizanim em ê li çiyayan rastî çi bên û em ê zêdetir av û xwarinê hewce bikin. Divê ez bextê xwe biceribînim". Kurê xwe ramûsand, pişt re da destê Agirînê û got: *"Ji kerema xwe heta ku ez vegerim, li wî xwedî derkeve".*

Agirînê got: *"Na, ez red dikim. Heke tu werî girtin çi? Rehma wan tine. Eger tu biçî ez ê jî herim, li cem kurê te namînim".*

Mêvan zarok danî ser betaniyê. Dengê xwe bilind kir û got: *"Wê demê vî li vir bihêle bila ew jî bimire. Bi min re dev ji nîqaşê berde. Em di* şerekî nexwestî de ne, bi destê kesên ku rehma wan tine, ne ji bo zarokeke sê mehî jî. Însaf û wîjdana wan tine Agirîn û gelê me di destê wan de ye. Ji ber vê yekê ji kerema xwe...".

Agirînê bi bêdilî Egîd hilda. Mêvan bîstekê sekinî. Wî nexwest wê bitirsîne. Li kurê xwe yê ku di hembêza Agirînê de digiriya nihêrî. Dîmena dawî ya dilşikestî ya xatirxwestina ji jina xwe hat ber çavên wî. Ji nû ve bal kişande ser Agirînê û got: *"Ez soz didim ku ez ê ji bo we her duyan vegerim. Xwedê neke, tiştekî xelet nekî. Soz bide min".*

Agirînê got: *"Baş e, ez soz didim. Ez ê li vir bisekinim heta ku tu vegerî, lê ji kerema xwe ji bo kurê xwe vegere".*

"Ez ê vegerim, soz".

Wî berê xwe da û bi baldarî veşartgeha wan derket.

Dema ku Mêvan di nîvê rêya gund de bû, ji dûr ve ronahiya du erebeyên ku ji gund derketin, dît. Bi dizî ve ber bi gund ve çû, lê gava hat gund vala xuya bû.

Di nava gund de dest bi meşê kir, lê dema ku dengê jinekê bihîst, sekinî. Ber bi deng ve çû û dema ku nêzîk bû, dît ku çend zilam dikenin û dipeyîvin. Di nava tarîtiyê de xwe di navbera du malan de veşart, paşê cesaret kir ku çavekî li dora quncikê bigerîne.

Li ber mala mamê wî ya mezin du erebe rawestiyabûn û ti kes li hewşê tinebû.

Ber bi mala ku li ber mala mamê wî bû ve çû. Li hindur nihêrî ku kesek lê tinebe, paşê penceyerek vekir û ket hindurê malê.

Çira nedihat, lê Mêvan dikaribû baş bidîta ji ber ku ronahî ji hewşa pêşiya mala mamê wî tê. Çû ber pencereya oda rûniştinê ya ku ber bi hewşa mala mamê wî ve bû, piştre qulpeke pencereyê vekir ku çêtir bibihîze . Wî dît ku du zilam bi çanteyeke mezin ji malê derketin.

Zilamek ji hunderê malê qêriya: *"Hûn pêş de bi rê bikevin, em ê şîva xwe bixwin û hinekî bêhna xwe bidin!"*

Zilamekî din li ber deriyê malê xuyabû, di destê wî de çente hebû: *"Hey, te van ji bîr kir!"*

Zilamek vegeriya ber derî û çente girt. *"Ehhh"*, paşê hewl da ku tiştên xwe ji nû ve destnîşan bike. *"Hesen, dema ku hûn paşê li pey me ketin, hişyar bin ku bombeyên xwe li ser rêya gund a sereke bi cih bikin. Wan îsraf nekin, baş e? Her wiha, bisekinin ku ew jin nikarin birevin. Divê sibê em wan teslîmî berpirsê xenîmetan bikin".*

Her du kes bi çenteyên mezin û çekên xwe ve di tarîtiya şevê de çû. Hesen, ku li ber derî li benda wan rawestiyabû, paşê çû hindur û derî girt.

Mêvan texmîn kir ku zilam teqemenî hilgirtine, belkî jî mayin. Xwe avêt ber pencereyeke din da ku bikare li wan temaşe bike. Ji nişka ve dengê qêrîn û hewarê bilind bû. Bi lez berê xwe da pencereyeke din û dît ku di deriyê xanê de tiştek diqewime.

Keçeke ciwan qêriya: *"Min berde, here, ez nayêm! Destê min berde. Heram, ez ji te nefret dikim!"*

Mêvan, dilşikestî, ew nas kir. Biraziya wî, Kanî bû. Zilamekî destê wê kişand û got: *"Keçika ehmeq, dev ji derî berde û were! Nexwe ez ê destê te bişkênim. Bi min re were, ez dibêjim!"*

Kanî qîriya: *"Bişkêne, min bikuje jî! Ez ji te nefret dikim, heywanê gemar!"*

Mêvan çeka xwe hejand û nîşan da serê mêrik, amade bû ku biteqîne.

Hesen piştî bihîstina qêrîna Kanî dîsa derket ber deriyê xwe. Gazî zilamê dêw kir: «*Cima tu xudameke din nagirî? Jinekê ji min lava kir ku ez vê keçikê vegerînim. Dibêje keçik birîndar e û eger cezayên din jî wergire dê bimire".* Di cih de ti bersivek nehat, Hesen wiha domand:

"Jinik rast dibêje, li rû û laşê wê yê birîndar binêre, berî demjimêrekê li cem Şueyb de bû. Here yekî din hilgire Zahir, vê rebenê rehet bihêle".

Zahir keniya û got: *"Ev ne karê te ye, dev ji min berde Hesen, ez vê şervanê dixwazim. Mirina wê ne xema min e".* Kanî hilda û di bin çengên xwe de girt.

Hesen pirsî: *"Tu niha wê bi ku ve dibî?"*

Keniya û got: *"Ez diçim wê malê da ku hin dersan bidim vê qêrînera biçûk".*

Hesen naliya û serê xwe hejand: *"Baş e, çi dibe bila bibe…. Zû biqede, divê em bi mayînan alîkariya kesên din bikin".*

Mêvan ji cihê xwe çû û xencera xwe derxist. Dema ku Zahir Kanî dianî mala ku Mêvan tê de bû, Mêvan cihekî tarî yê minasib dît ku xwe veşêre. Gava ku ew ber bi deriyê pêşiyê ve diçûn, dengê wan dibihîst.

Kaniyê lava kir: *"Bihêle ez biçim, ez biçim!"*

Mêvan xwe ji bo fersendek rast amade kir ku şer bike û Kanî azad bike.

Deriyê pêşiyê bi piyê xwe vekir. Zahir ket hindur, Kanî avêt ser milê xwe, paşê li derî da. Bi ken li wê kir û got: *"Divê tu bi ya min bikî û peywirên xwe bikî, li şûna ku tu min bêtir bihêrs û dîn bikî. Ez te hişyar dikim, keçê".* Kanî avêt erdê, dû re kembera xwe vekir û keniya: *"Ji bo vî mucahîdê Xwedê bibe xelateke baş. Ma tu nebûyî misilmana Xwedê? Ma tu çawa dikarî fermanên dînê xwe pêk neyînî?"*

Kanî qêriya: *"Bicehime û wenda bibe! Tişta yekem ku te got derew bû. We soz dabû ku hûn eger me bibin ser baweriya xwe wê me nekujin, lê we tevahiya malbata min kuşt. Te bi rûyê xwe yê nefret û bi destê xwe serê birayê min ê ciwan jê kir"*. Kanî ber bi baş ve li ser erdê xijikî, hewl da ku xwe ji Zahir dûr bixe.

Wî hewar kir: *"Bêdeng be, hay ji hêrsa Xwedê hebe. Rehmê li kafiran nake. Xwedê wê îşev te bi destê min bişîne dojehê".* Zahir xwe xwar kir ku wê bigire.

Kanî qêriya: *"Kîjan Xwedê, yê ku hûn afirandine? Ez ê ti carî ji wî Xwedêyî netirsim, ne ji we û ne jî ji mirinê".* Zahir qêriya dest bi tevgera xwe kir: *"Bêdeng be, min got: Dojeh ji bo jinên weke te hatiye çêkirin".* Bi destên Kanî girt û ew bi paş ve li erdê da.

Kanî zû rabû ser xwe û dîsa bi paş ve gav avêt, li tiştekî geriya ku bavêje ser wî. *"Nêzîk nebe! Min berde!"* Hewl da ku guldankekê bigire, lê pir giran bû û nikaribû hilde.

Zahir dest bi rûyê xwe yê dirêj û sor kişand û keniya, serê xwe hejand û got: *"Hêza te tine ku guldankeke biçûk jî rakî. Îcar niha tu li ber min zimanê xwe dirêj dikî. Tu bêaqil bûyî û guh nadî min. Jin ewqas bêaqil in. Eger yên din nikaribûne rast hînî te bikin, wê demê ez ê derseke baş bidime te. Ji bo ku tevahiya jiyana xwe ya bêqîmet bibî xizmetkareke baş".*

Lê gava ku Zahir xwe çemand da ku wê bigire, Kanî ji hindurê guldankê kulmek ax hilgirt û avêt rûyê wî.

Zahir dema ku bihêrs hewl dida axa li ser çavên xwe paqij bike, qêriya: *"Guhhh!"*.

Vê yekê derfet da Kaniyê da ku ji wî bireve nava odeya herî nêzîk. Dema ku wî Mêvan di odeyê de dît, bi şok bû, rûyê kanî geş û şad bû.

Mêvan bi lez û bez îşaret da wê ku li wî nenêre û qêrîn û hawara xwe bidomîne.

Kanî serê xwe hejand û bêtir heqaret li Zahir kir: *"Tu mirovekî cehnemî yî! Tu gemar î, mirovekî zikmezin î û bêhna cehnemê ji te tê! Ez ji te natirsim, tu dizekî derewîn î! Xwedê ji we nefret dike!"*

Bi bihîstina gotinên Kaniyê re, Zahir tijî hêrs bû û li pey wê ket hindurê odê, dema ku ax ji çavên xwe paqij kir, qêriya: *"Tu yê heta dawiya jiyana xwe êşa van axaftinan bikişînî".*

Hema ku Zahir gava xwe ya yekem avête odeyê, Mêvan ji ber dîwara derî bazî û bi hemû hêza xwe xencer xiste nava sîngê mêrik. Zahir ket ser çokan.

Kanî li erdê rûnişt û giriya. Wê rûyê xwe nixumand û qîriya: *"Wî bikuje mamo, wî bikuje! Yê ku birayê min kuşt û serê bavê te jêkir ew bû ku her du jî kuştin".*

Bi bihîstina van gotinan re Mêvan bi stûyê Zahir girt, şûrê xwe kişand û çend caran xiste nava laşê mucahid. Mêrik di nava xwînê de ma kete erdê.

Mêvan çû cem birazayê xwe û bi cil û bergên wê yên çiryayî û bi laşê wê yê nîvtazî, li destên wê yên birîn û lerzok, eniya wê ya birîndar û rûyê wê yê bitirs dinêrî. Li kêleka wê çok da û got: *"Ew çû. Negirî, qediya, ez niha li vir im canê mamê xwe"*

Kaniyê hêsirên xwe paqij kirin û got: *"Mamê Mêvan, ew tirsnak in, zilamên nebaş in".* Destê xwe dirêjî wî kir.

Kaniyê hembêz kir: *"Ez dizanim, delalê, keça min a belengaz, ez van cinawiran nas dikim".* Li bendê ma dema ku

Kanî hinekî din giriya. *"Bes e berxa min, aram be... tu niha ewle yî. Tu dikarî xwe aram bikî û êdî negrî gula mamê xwe".*

Kaniyê serê xwe hejand û got *"erê..."* û xwest rabe ser piyan.

Mêvan alîkariya wê kir ku rabe. Bişkoka kirasê xwe vekir, paşê ew danî ser milên Kaniyê û jê pirsî: *"Tu dizanî çend ji wan li gund in?"*

"Car ji wan û sê ji me. Şirîn û Barîn di hindurê malê de ne".

"Cend mêr bi wan re ne?"

"Yek ji wan di hindurê wê malê de bi keçan re ye, du kesên din jî çûn gund."

"Te got sê mane?"

"Erê mamo".

Mêvan serê xwe hejand û dîsa pirsî: *"Te got du jin bi hetmî di hindurê wê malê de ne?"*

Bi girî got: *"Belê, yên mayî bi otobusê birin. Xwîşka te Narîn û xwîşka min û diya min. Hemû birin bajêr. Henan jî bi me re li gund bû. Wê yekî kuşt û reviya. Lê geriyan, lê nekarîn wê bibînin".*

Mêvan dema navê Henanê bihîst, di ber xwe de û got: *"Wextê me tine, dibe ku her kêlî li we vegerin".* Derî kilît kir û perde girtin, paşê Kanî hilda û di destên xwe de bir ber pencereya paşîn.

Nikaribû derkeve derve, ji ber vê yekê Mêvan neçar ma ku alîkariya wê bike û dîsa wê hilgire.

Gihîştin xaniyekî din û Mêvan pencere vekir û alîkariya Kaniyê kir ku tîkeve hindur. Mêvan bi lez û bez li malê mêze kir ku kesek lê tinebe. Vegeriya bal Kaniyê û li tenişta wê xwe xwar kir. *"Niha, tu here cihekî ewle û xwe veşêre û çi dibe bila bibe, heta ku ez gazî te nekim dernekeve".*

Mêvan vegeriya malê û bi cesedê Zahir ve zivirî. Cil û bergên wî lê xistin, telefon ji bêrîka wî derxist, vemirand û xiste bêrîka pantorê xwe. Ji pencereyê derket û berê xwe da mala mamê xwe.

Mêvan sekinî da ku kontrol bike ku ti kes li kuçeyê tine, paşê xwe xwar kir û berê xwe da hewşa mala mamê xwe ya ronîkirî. Bi dizîka rabû û li pişt deriyê pêşiyê yê nîvvekirî xwe xwar kir. Di destpêkê de nedibihîst ku di hindur de tiştek diqewime, lê ji nişka ve Mêvan bihîst ku zilamek mîna ku bi telefonê diaxive û dibêje: *"Erê, erê... em ê îşev tevahiya gund bombebaran bikin, paşê sibê biçin gundên din".*

Mêvan li dor derî nihêrî, ti kes nedît, paşê xwe avêt hindur û hêdîka derî girt. Kilît hîn di derî de mabû, lewre derî kilît kir. Bi qasî ku ji destê wî dihat bê deng di korîdorekê re ber bi oda ku zilamê telefonê lê bû ve gav avêt. Mêvan li dor derî mêze kir û dît ku Hesen bi telefonê mijûl e û çek di destê wî de tine.

Şirîn û Barîn li quncika odê bi destên xwe ve girêdayî rûniştibûn. Mêvan xencera xwe girt destê xwe û li benda fersenda guncav ma.

Hesen zû telefon bir, çû cem jinan, li ser serê wan rawesta û got: *"Hûn çend salî ne, ha? Bi zorê tu bîst salî yî, ji min re wisa xuya dike. Lê, tu belkî bîst û tiştek î. Texmîna min baş e, ha?"*

Jinan tiştek negot û ji çavên wî nenihêrîn.

Keniya û got: *"Erê, erê, bersiva min nede. Bisekine bila yên din heya demjimêrek an du demjimêran vegerin. Karê we yê sereke wê dîsa dest pê bike. Û hûn dizanin ew çi ye?*

Bibêjin... ew hêsan e, xizmetkirina mêran û anîna zarokan".

Mêvan ji paş derî ve êrişî Hesen kir û xencer lê xist. Xwîn ji milê Hesen herikî, lê vê yekê nehişt ku Hesen Mêvan bi paş ve bikişîne û xençerê ji destê wî derxe. Wî derfetê da Hesen ku xwe bigihîne çekeke nêzîk. Hema ku Hesen çek girt, Mêvan karî bi çengê xwe lêxe û çek ji destê Hesen bixîne. Lê Hesen lêxist û şer berdewam kir.

Mêvan li Hesen xist û bi destên xwe stûyê wî girt. Ew bi zorê çewisand, xwest Hesen bifetisîne. Lê Hesen kulmek li rû û stûyê Mêvan xist, paşê ew hejand aliyekî.

Şirîn ji nişka ve bi kulmên xwe yên girêdayî li Hesen xist. Vê yekê Hesen matmayî hîşt û hîşt ku Barîn bigihîje xencera Mêvan a li erdê. Barînê bi destên xwe yên girêdayî jî karîbû xençerê li kêleka Hesen bide. Hesen tavilê dev ji şer berda û kete helehelê.

Dema Şirînê çeka Hesen ji erdê rakir, Mêvan dev ji Hesen berda.

Ew xiste serê Hesen. Mêvan destê wê hilda û got: " *Gule neke, ew ê me bibihîzin!*"

Mêvan xencera xwe ji kêleka Hesen kişand û xiste nava dilê wî. Hesen di cih de mir. Mêvan xencera xwe derxist, paqij kir, dûv re bendê li dora destikên jinan birî û got: *"Divê em bilezînin, ew her duyên din dikarin her dem werin".*

Barînê got: *"Biraziya te Kanî jî li vir e".* *"Ez dizanim, ew ewle ye. Zû bike, divê em herin".*

Jinên ciwan serî hildan. Dema ku ew ji malê derdiketin, Mêvan çend çekên ku li der û dorê hatibûn danîn û telefona Hesen hildan. Wî jin birin mala ku Kanî lê veşartibû û pencere vekir.

Got: *"Here hindur û gazî Kaniyê bike. Ew li wir e".*

Her du jin ketin hindurê malê. Mêvan çekek da destê. Şirînê û bi lez û bez nîşanî wê da ku çawa bi kar bîne û got: *"Dema hewce bike vê bi kar bîne, baş e? Divê ez biçim".*

Şirînê bersiv da: *"Baş e, lê tu diçî ku derê?"*

"Ez ê li ser banê xaniyekî xwe veşêrim û li benda vegera wan her duyan bisekinim".

Barînê pirsî: *"Ma em nikarin derkevin? Em dikarin berê xwe bidin çiyayan berî ku ew vegerin. Em dixwazin heta ku ji destê me tê dûr bikevin".*

Şirînê got: *"Heke tiştekî tirsnak were serê te? Du ji wan hene, bi tevahî çekdar in".*

Gava Kaniyê dengê wan bihîst, hat ber pencerê û got: *"Mamê Mêvan, ji kerema xwe em herin çiyê, em ê li wir ewle bin. Eger te jî bikujin wê çi bibe?"*

Mêvan bersivand: *"Ji kerema xwe ji mamê xwe bawer bike, Kanî. Dibe ku niha li ser rêya vegerê bin û eger ku zanibin hevalê wan hatiye* kuştin, kesên din agahdar bikin. Em nikarin wê rîskê bikin. Têkeve hindur û xwe veşêre. Ci dibe bila bibe, li pey min dernekevin. Eger tiştek li min bê, hûn dîsa jî dikarin li pişt malan birevin û Şirîn û Barînê bibe cihê veşartina min. Baş e, keça min?"

Kaniyê got: "Erê, Mamê Mêvan, ez ê bikim, lê ji bo xatirê Xwedê hişyar be".

Mêvan pencere girt û vegeriya mala ku termê Hesen tê de bû. Çû ser banê ku hewş û rê baş lê xuya bûn.

Piştî demekê, Mêvan dengê piyan bihîst. Piştî çend kêliyan, wî her du zilamên din li ser xaçerêya nîvê gund dîtin. Dengê wan bi zelalî dihate wî.

Yekî got: "Em li vir çend mayînan biçînin, ji vî aliyê rê heta aliyê din". Yê din got: "Erê, fikreke baş e. Were em zû wisa bikin. Ev lotika dawî ye, baş e? Ez birçî me".

Zilamê pêşîn ku çente hilgirtibû, vekir û got: "Temam, baş".

Mêvan tivinga xwe nîşan danî serê yê pêşîn, tiliya xwe danî ser tetikê, bêhna xwe girt û gule teqand.

Gule rast li serê mêrik ket û ket erdê. Hevalê wî yê ku nizanibû gule ji ku hatiye, lez kir ku xwe veşêre. Mêvan nehîşt ew dûr bikeve û gule berda lingê mêrik û ew ji ber êşê qîriya. Mêrik çi ji destê wî dihat kir ku xwe veşêre û ber bi dîwarekî ve here, lê guleya din li sînga wî ket. Mêrik xwe berda ser çokan û li ser devê xwe ket erdê.

Mêvan ji ser ban daket xwarê û ber bi her du cenazeyan ve meşiya. Li zilamê duyemîn zivirî û li ser serê wî rawesta. Hîn sax bû. Wî dîsa li Mêvan mêze kir, nefes dikişand.

Gava ku Mêvan rûyê wî dît, ew dema ku ji mala wî derdiket bi bîr anî û nas kir. Wêneyê rûyê mêrik ê bi êş û jan ku bi Kaniyê re cilên xwe çê dikir hate bîra Mêvan. Bêyî ku Mêvan tiştekî bibêje, li çavên wî mêze kir, çeka xwe derxist û guleyek li serê mêrik da.

Mêvan li cil û bergên kuştiyan geriya, telefona wî û her tiştê ku jê re bikêrhatî biba hilda, dûv re tev xiste çenteyê mayînan. Wî eşya û kemberên wan ji pişta wan vekir, telefona miriyên din girt, paşê hemû xiste çente. Vegeriya mala ku jinên ciwan li bendê bûn, pencere vekir: *"Niha her tişt baş e, hûn dikarin derkevin".*

Gava ku ew ber bi wî ve hatin, Mêvan got: *"Barîn, here ji Kaniyî re cil û bergan bibîne. Tiştên weke xwarinê ku ji me re hewce dike bînin. Av... û xwê... û her wiha derman û xwarinên ku hûn dikarin bibînin ji bîr nekin".*

Piştî lêgerîneke bilez, hemû vegeriyan cem Mêvan. Şirînê hinek xwarin di boxçikekê de pêça û bi pişta xwe ve girêda. Barînê cotek pantorên kurdî yên mêran dîtibû û alîkariya Kaniyê kir ku li xwe bike. Paşê amade bûn ku biçin.

Kanî çû ber pencereyê. Mêvan alîkariya wê kir, paşê ew hilda û hembêz kir. Mêvan bi hemû malzemeyên xwe alîkariya Şirîn û Barînê kir ku ji pencereyê derkevin.

Derketin kolana li ber xênî, hê jî bi baldarî li dora xwe dinêrin. Mêvan ji wan re got: *"Zû bikin, bidin pey min, divê em hilkişin serê çiyan".*

Hemûyan dest bi meşê kir, lê Kanî zû sekinî. Mêvan berê xwe da wê û jê pirsî: *"Ci bû mamo? Tu baş î?"*

Kaniyê bi girî got: *"Na, lingên min diêşin. Ez nikarim bimeşim".*

Mêvan hinekî fikirî, dû re got: *"Baş e, tu li vir bimîne û xwe veşêre, paşê ez ê li te vegerim, baş e?"*

Kaniyê serê xwe hejand: *"Baş e".*

Mêvan alîkariya wê kir ku derbasî hewşekê bibe ku tê de quncekî tarî li nik dîwarekî hebû ku Kanî li pişt wê xwe veşêre.

Demeke dirêj derbas nebû ku Mêvan, Şirîn û Barîn hatin ber tunêlê. Mêvan derî vekir û gazî kir: "*Agirîn, Agirîn, ez vegeriyam! Tu dikarî min dibihîzî? Ji kerema xwe bersiv bide!*"

Agirînê bersiv da: "*Erê!*"

Mêvan keçik şandin tunêlê û derî girt. Bi lez û bez ji çiyê ber bi gund ve çû, bi hêviya ku di tariyê de lingê xwe wenda neke. Dema ku ew vegeriya gund, Mêvan ji bîr nekiribû ku wî Kanî li ber kîjan dîwarî hîştiye. Gazî kir: "*Kanî? Li ku yî? Kanî!*"

Kanî vegeriya û gazî kir: "*Li vir im, ez li vî alî me, mamo*".

Mêvan çû cem wê û dît ku ew di tarîtiyê de digirî. Dengê xwe nizim kir û jê pirsî: "*Tu baş î?*"

Wê got: "*Ez ji tarîtiyê hez nakim. Cima te ez tenê hiştim mamo?*"

"*Tu rast dibêjî keça min. Divê min pêşî tu hilgirtabayî. Dê careke din dubare nebe, ez soz didim*". Bi vê yekê re, Mêvan Kanî danî ser pişta xwe û bi qasî enerjiya ku jê re mabû ber bi çiyê ve çû.

Mêvan got: "*Negirî, keça min*". Gava ku ew nêzîkî veşartgehê bûn, got: "*ev der e, em gihîştin*".

Ketin tunêlê û derî girtin. Şirîn û Barînê alîkariya Kaniyê kirin ku bikeve oda biçûk û rûniştin. Agirîn li aliyekî rawestiyabû û Egîd girtibû.

Mêvan got: "*Keça min, ez ji te re avê bînim*".

Kaniyê got "*Sipas*" û di hembêza jineke ku ew nas nedikir de li Egîd mêze kir. "*Mamo, te Henan dît?*"

"*Erê*".

"*Ew li ku ye?*"

Mêvan bîstekê sekinî, dû re got: "*Ew mir*".

"*Çi? Mir? Cawa? Ma wan ew kuşt? We çawa Egîd rizgar kir?*"

"*Niha ne dema van gotinan e Kanî. Ez ê paşê ji te re bibêjim*".

Kaniyê dest bi girînê kir û Agirîn pê hesiya ku xwîn jê çûye. Çû li nik Kaniyê û destê xwe danî ser milê wê û bi dilovanî jê re got: *"keça min negirî, tu dixwazî Egîd bigirî?"*

"Erê, min pir bêriya wî kiriye".

Agirînê Egîd da destê Kaniyê. Kaniyê destên Egîd ên biçûk maç kirin.

Agirînê pirsî: *"Kanî, hemû cilên te xwînî ne. Tu birîndar bûyî?"*

"Na, ew e … ji ber ku ..". Kaniyê şerm kir û nekaribû bêtir bibêje.

Agirînê got: *"Temam, min fêm kir, canê min, lê divê ji bo vê yekê em tiştekî bikin, dena dibe ku xirabtir bibe".*

"Ez dizanim, ez hemû birîndar im, lê ez nizanim çi bikim. Min hemû cilên mamê xwe jî xwîn kirin. Ez pir şerm dikim û ditirsim, xwezî diya min li vir bûya".

"Navê min Agirîn e delal, ez ê alîkariya te bikim". Hevdu hembêz kirin.

Agirîn çû ser çenteyê ku Mêvan ji gund anîbû. Çend derman û antîbiyotîk derxistin, paşê got: *"Şirîn … ji kerema xwe ji min re avê bîne".*

Dema Şirîn diçû tasek av rijand, Agirînê cil û bergên Kaniyê jê xistin kir. Laşê Kanî bi şîn û birîndar bû. Agirîn ji bo keçikê pir xemgîn bû û ji wan birîna tirsiya, lê karî hest û rondikên xwe kontrol bike, da ku Kaniyê zêdetir netirsîne.

"Temam, delal, niha her tişt baş e. Ez ê te paqij û ziha bikim, wê demê tu dikarî poşekeke Egîd bi kar bînî ku tu paqij bimînî".

Piştî ku qediya û Kaniyê çend antîbiyotîk daqurtandin, Mêvan ji wan re xwarin anî û li teniştaKaniyê danî erdê. *"Werin, xwarinê bixwin, av jî heye. Li vir resepsiyona telefonê tine, lê ez diçim derve kanê bibînim dikarim bi yekî re telefon bikim û nûçe yan alîkariyê bistînim".*

Şirînê got: *"Hay ji xwe hebe mamo".*

"Baş e berxa min". Wisa bersiv da û Egîd maç kir, paşê da destê Agirînê. Çekên xwe hildan û çû.

Kaniyê pirsî: *"Xaltîka Agirîn, tu ne ji gundê me yî?"*

"Na ez ne ji gundê we me".

Kaniyê pirsî: *"Tu dizanî çi hat serê Henanê û çawa mamê min Egîd dît?"*

"Na, ez nizanim. Piştî ku jiyana min rizgar kir, wî ez anîm vir. Jina wî miribû, laşê wê li wir bû".

Barînê pirsî: *"Ew niha li ku ye?"*

Agirînê îşaret bi gora Henanê kir û got: *"Ew gora wê ye. Min ji Mêvan pirsî ka çi hatiye serê wê, lê bersiv neda".*

Şirînê got: *"Henana belengaz, divê wan ew kuştibe. Ez nizanim Mêvan çawa ew dîtiye. Diyar e Mêvan wêran e. Wan kurê min birin, ew heşt salî bû. Min her tişt kir ku ez wan rawestînim, min nekarî, kurê min jî bi lawikên din ên biçûk re birin. Xwedê dizane ku ew niha li ku ye. Min rûyê wî li pişt pencereya otobusê dît ku navê min diqîriya ku wî rizgar bikim. Ew pir ditirsiyabû. Dema dît bav û hemû zilamên din li ber çavên wî serjê kirin, şaş mabû. Eger ne ew bûya, piştî ku mêrê min û malbata min kuştin, min ê cara duyemîn xwe bikuşta... Lê ji ber kurê xwe, divê ez sax bimînim ku ez wî vegerînim. Divê ez wî vegerînim".*

Barînê dema ku Şirîn hembêz kir got: *"Negirî xwîşka min a belengaz. Tu yê wî bibînî. Ez soz didim te ku bi vî rengî bi dawî nabe. Em ê malbata xwe bibînin û dijmin jî dê berdêla kiriyarên xwe bide".*

Kaniyê got: *"Erê, Şirîn, rast dibêje. Wan malbata me kuştin û revandin. Mamê Mêvan jî ji min re got wî soz da ku em ê wan bibînin".*

Şirînê li Egîd mêze kir û bi nalîn pirsî: *"Cima vê yekê li me dikin? Ev nefret ji bo çi ye? Bi şev kî dihat, keçek bi zorê dibir. Leşkerek hat cem Henana ku zaroka wê di hembêza wê de bû û ji bo ku wê bigire bi milê wê* ve girt. Lê çi kir, çi lêxist, çi jî porê wê kişand, wê dev jê berneda û bi wî re neçû. Wê bi hemû hêza xwe, xwe bi derî ve girtibû, heta ku wî dev jê berda û çû cem Egîd û zarok ji destên wê derxist. Egîd digiriya ku mêrik ew mîna çente girtibû û digot 'Eger tu neyê ez ê zaroka te bibim. Û tu carek din kurê xwe nabînî." Paşê mêrik bi Egîd re çû û Henana reben li dû wî bezî û lava kir". Dema ku Şirînê ev çîrok vedigot, hêsir ji çavên Kaniyê diherikîn, tirsên ku dîtibûn û tê re derbas bûbû bi bîr anîn.

Şirînê nefeseke kûr kişand û wiha dewam kir: "Serê sibê dengê guleyan ji derve hat. Me dît ku ew ceseda zilamekî di ber me re dikişînin û ji ber ku me dizanibû Henanê ew kuştiye em pir kêfxweş bûn. Me navê wê bi dengekî bilind qîr kir, divê wiha bê ser we dagîrkeran, divê em ji we netirsin".

Barînê got: "Wê şevê min jî ji wan bihîst ku dibêjin jinekê ji gundê jorîn tiştekî wiha kiriye. Fermandarekî wan ê mezin kuştiye û bi camên şikestî li çavên wî xistine û reviyaye".

Tam wê demê jinan dengek li pişt xwe bihîst. "Mamê Mêvan!" Kaniyê gazî kir. "Tu ji zû vegeriyayî".

Şirîn çû cem wî û jê pirsî: "Ci bûye? Xebera te heye?"

Barînê dû re wiha li axaftina xwe zêde kir: "Kesek heye ku alîkariya me bike?"

BEŞA 9

Kaniyê pirsî: *"Mamo, çima tu tiştekî nabêjî? Tu kengî vegeriyayî?"* Xemgîn bû ku wî bihîstibû ku ew li ser Henanê dipeyivin. *"Me dengê lingên te nebihîst ku li jor nêzîk dibin".*

Mêvan bi sivikî bêhn dikişand û bi fikar xuya dikir.

"Belê... vê carê min derfet dît ku bi telefoneke ku me ji dijminan stand hevalekî xwe re biaxivim. Wî got ku dijmin li her derê ne û divê em herin çiyayan, tenê şansê me ev e. Gelek gelê me xwe spartine Ciyayê Şengalê. Eger em niha bar bikin, em ê têra xwe ji xetereyê dûr bikevin. Şervanên me li derdora çiyê ne, hewl didin rê li ber gel vekin û gel bigihînin ewlehiyê. Eger telefoneke we hebe, wê hingê vekin bila ku batrî xelas nebe. Ka em niha xwe amade bikin û herin".

Her kesî dest bi berhevkirina xwe kir. Eşkere bû ku ev plan şansa wan a herî baş a rizgarbûnê bû.

Kaniyê dema ku ew hejand got: *"Mamê Mêvan, Egîd dev ji giriyê bernade û ez nikarim wî aş bikim".*

Mêvan got: *"Agirîn tu dikarî Egîd Kaniyê bikî? Ez ê kar bikim. Ji kerema xwe".*

Agirînê çenteyê tiştan da destê Mêvan. Çenteyê Egîd hilda, çû quncikê odê û dest bi mêjandina zarokê kir.

Barînê got: Mamê Mêvan, em amade ne. *"Heya ku*

Agirîn şîr dide zarokê, em ê tiştan û çenteyan bibin derveyî tûnelê".

Mêvan lê vegerand û got: *"Erê keça min, wisa bike".* Çent û tiştên mayî da destê jinên ciwan.

Mêvan got: *"Agirîn kanê ez Egîd derxim û paşê ez ê alîkariya Kaniyê bikim".*

Agirînê got: *"Egîd hîn xelas nebûye".*

Mêvan got: *"Baş e, lez neke, ez ê bisekinim",* û li ber gora jina xwe rûnişt.

Kaniyê got: *"Mamo, xwezî ew hîn sax bûya. Ci hat serê wê?"*

Mêvan ew hembêz kir û hêsirên wê paqij kirin, paşê bi dilşikestî got: *"Negirî keça min. Ew niha çûye. Wê soza xwe şikand û ez bi tenê hiştim".*

Kaniyê got: *"Ez pir bêriya wê dikim".*

Mêvan got: *"Ez jî bêriya wê dikim".*

Çavên Agirînê tijî hêsir bûn dema ku dît çawa êşa nebûna Henanê canê Mêvan dişewitîne û Kaniyê jî pir bi hesret û axîn dike. Dema ku Egîd têr bû, li ser milê Agirînê ket xewê. Çû li kêleka Mêvan û Kaniyê rûnişt, dû re got: *"Rihê wê yê bedew di rehetiyê da be. Ez pir xemgîn im û Xwedê sebrê bide we Mêvan".* Paşê rabû ser xwe û bi Egîd re çû.

Piştî çend deqeyan Kanî û Mêvan jî ji tûnêlê derketin. Mêvan derî girt ku kes nikaribe gora evîna wî bibîne. Got: *"Ew heq dike ku di aramiyê de bimîne, bi qasî çiyayê mezin ku ew di dilê xwe de veşartiye, bi aramî û dûr ji neyaran bêhna xwe vede".*

Mêvan Kanî hilda ser pişta xwe û ji xanimên ku li benda rêbertiya wî bûn re got: *"Em nizanin dijminên me niha li ku ne û em ê di rêya xwe de bi çi re rast werin. Hewl bidin ku heta ku hûn dikarin bêdeng bin û li ser şopa min bimeşin. Berî ku roj derkeve, divê em heta ku ji destê me tê herin".*

Dema ku wan biryara bêhnvedanê da hema serê sibê bû. Ew ji

rêyeke dûr û dirêj hatibûn û her kes westiya bû.

Mêvan got: *"Werin em rûnin û avê vexwin, lê ji vê zêdetir wext tine. Divê em xwe bigihînin serê wî girî"*, û ber bi girekî ku di tariyê de zehmetî dihat dîtin, nîşan da. *"Weke din, dijmin wê bi hêsanî me bibîne".*

Barînê got: *"Erê mamo, û dema ku roj hil tê, wê pir germ û dijwar be ku hilkişin û ava me têr nake".*

Mêvan got: *"Zêde nemaye, lê em dikarin biçin wir. Hingê em ê rehet bibin, baş e?"* Çû bal Agirîna ku bi paş ve mabû û jê pirsî: *"Tu dikarî berdewam bikî? Tu bi paş ve mayî".*

"Erê, ez di rê de şîr didim Egîd".

Mêvan got: *"Temam, wê demê vê carê, em ê hêdîtir bimeşin, da ku tu bigehî me".*

Piştî çend xulek bêhnvedanê, Mêvan Kanî hilda ser pişta xwe û ji Şirînê pirsî: *"Tu dikarî wê çarşefa biçûk hildî û Kaniyê bi pişta min ve girê bidî? Ne bawer im ku ew bikare xwe li min bigire. Ez ditirsim ku ew ê di rê de ji pişta min bikeve".*

Şirînê got *"baş e"* û çarşef li dora wî girêda.

"Min girêda, mamo".

Mêvan got: *"Gelekî çêtir bû, sipas berxa min. Tu rehet î Kanî?"*

"Erê mamo," bi dengekî qels Kanî bersivand.

Mêvan got: *"Baş e, em herin".*

Derengiya sibê bû dema gihîştin cihê ku Mêvan diyar kiribû, Mêvan got: *"Ka em xwe di bin wî zinarî de veşêrin. Em ê li wir bêhna xwe vedin".*

Mêvan çarşef vekir û bi alîkariya Barîn û Şirînê, Kanî danî.

Barînê got: *"Mamo, stûyê te ji her du aliyan ve gelekî şewitiye".*

Mêvan got: *"Ew giring nîne, keça min, ez baş im. Hûn biçin û li Kaniyê hişyar bin û tiştekî bidin wê bila bixwe".*

Mêvan çentê zarokê girt û danî kêleka Agirînê. Li kêleka wan rûnişt û destê Egîd girt û got: *"Agirîn, lawê min çawa ye? Baş e? Di rê de gelekî giriya; wî ez xemgîn kirim. Tiştek bi wî re hebû? Divê tu ji me re bijî, eger ku pêdivî bi lênêrîn hebe em ê ji bo Egîd rawestin".*

Wê got: *"Na, ew baş e".* Dest bi guhestina pancika Egîd kir. *"Wî dumê xwe di rê de berda, û bêyî wê nedikarî razê. Lê piştî ku min dumê qîza xwe da wî, raza".*

"Sipas ji bo lênêrîna wî. Ez soz didim ku ez ê keça te bibînim û vegerînim cem te. Ez ê ji te re bibim alîkar ku tu mêr û malbata xwe bibînî".

Agirînê got: *"Tu nikarî"* û paşê hinekinî sekinî. *"Ew mirine. Keça min û hevjînê min hatin kuştin, ji min re tenê ev gustîl û ev dumê sor ê biçûk, dema laşê keça min ji destên min derxistin û avêtin erdê, paşê ez kaş kirim û birim, di destê min de mabûn".* Hêsirên wê barîn û li ser rûyê Egîd ketin.

Mêvan ew hembêz kir û hêsirên wê paqij kirin. Mêvan bi dengekî kûr got: *"Barîn, keça min, ji kerema xwe re hinek av ji Agirîn re bîne".*

Kaniyê got: *"Negirî, mamo. Ez naxwazim giriyê te bibînim".*

"Ev hêsir ji hêrsê ne delalê, ku dilê min dişewite…" Piştî çend çirkeyan, Mêvan xwe li hev kir û hêsirên xwe ziha kirin. *"Ji bo niha, ya girîng ev e ku ez we hemûyan bigihînim cîhekî ewle. Ez ê biçim û li dora xwe binêrim û bizanîm ka dikarim ji kesekî re telefon bikim".* Li Agirînê zivirî û got: *"Ew ê berdêla vê zilmê bidin, ez soz didim te"* û paşê rûyê Agirînê ji hêsiran paqij kir û çû.

Barînê şûşeyek av hilda û çû cem Agirînê. *"Xwîşka min a xerîb, zaroka te çend salî bû?"*

Agirînê got: *"Heşt mehî".*

Kanî giriya û got: *"Xaltîka min, ez ji bo tiştê ku hatiye serê te pir xemgîn im".*

Agirînê got: *"Sipas keça min. Egîd digirî; Ez çêtir li wî binêrim. Qe nebe bila ev zaroka belengaz ji vê zêdetir êşê nekişîne".* Egîd hilda, li kêleka Kaniyê rûnişt, dû re got: *"Û tu Kanî! Divê tu li vir bêhna xwe vedî. Serê xwe deyîne ser çoka min û hewl bide ku hinekî razêyî".*

Piştî demekê Mêvan vegeriya û ji jinan re got: *"Tiştek tinebû. Min nekarî ji kesî re telefon bikim, li vir şebeke tine".*

Barînê pirsî: *"Îca em ê niha çi bikin?"*

"Em ê demjimêrekê bêhna xwe vedin. Hîn du demjimêrên me hene ku hewa pir germ bibe, paşê em dikarin li cîhekî bêhna xwe vedin heya ku piçekî hênik bibe".

Piştî demjimêrek bêhnvedanê, Mêvan got: *"Baş e xanimno, çêtir e ku em dest bi meşê bikin".* Kanî danî ser pişta xwe.

Şirînê pirsî: *"Tu me dibî ku derê?"*

Mêvan got: *"Her dera ku ji bo we ewletir be".*

Şirînê got: *"Kurê min di destê wan de ye. Malbatên me hemû hatine kuştin û girtin. Ez naxwazim birevim cihekî ewle. Tişta ku ez niha dixwazim ew e ku ez ji bo kurê xwe şer bikim, li dijî wan şer bikim. Her ku ez ji kurê xwe dûr diçim, ew bêtir min diêşîne û lingên min sist û bêtaqet dibin".*

Mêvan got: *"Em narevin Şirîn. Divê em xwe bigihînin şervanên xwe û hêzên xwe yên kurd û bibînin ka rewş çawa ye. Eger em tiştekî din ji wê zêdetir bikin, dijmin wê me bikuje".*

Şirînê bi kîn û nefret got: *"Ez ji mirinê natirsim. Eger mirina min bibe sedema mirina wan, ez amade me bimirim".*

Mêvan got: *"Mirina we alîkariya gelê we nake, tenê ji dijminên me re dibe alîkar. Ew ji bo wan kêfxweşiyek e, lê ji bo gelê me wendahî ye, ne tiştekî din. Hevalê ku min berê karîbû jê re telefon bikim, got ku bi hezaran kes ji bajêr ji çûne çiyê. Lê di heman demê de dijminan çiya dorpêç kiriye û şer di her kêliyê de dibe ku derkeve. Ya rast ev e ku ez we bigihînim cihekî ewle. Di her kêliyê de mumkin e dijmin derkeve û êrişî me bike. Niha li min guhdarî bike û bimeşe, ji kerema xwe…".*

Barînê piştgirî da gotinên Mêvan û got: *"Rast dibêje, tu nikarî tiştekî bikî. Em tiştekî li ser wan nizanin. Tu jî nizanî kurê te li ku ye".*

Şirînê bi poşmanî li paş xwe nihêrî û got: *"Baş e mamê Mêvan, tu çi bibêjî, ez ê wisa bikim, lê ji bo Xwedê, weke ku te soz daye Agirînê, soz bide min jî ku tu yê alîkariya min bikî ku ez kurê xwe vegerînim".*

"Ez soz didim te keça min Şirîn, ez ê her tiştî bikim da ku zarok û jinên me vegerin. Niha em tevbigerin".

Eşyayên xwe hildan û rêwîtiya xwe domandin. Mêvan di rê de çend caran hewl da ku ji malbat û hevalên xwe re telefon bike, lê, eger telefonek derbas bibûya jî, ti kesî bersiv nedida. Gihîştin serê girekî din û di bin siya zinarekî de rûniştin. Hemû westiyabûn û xewle bûn.

Mêvan got: *"Niha hema piştî nîvro ye û hewa pir germ dibe. Çêtir e em li vir bimînin û asayî bibin".* Bi alîkariya Şirîn û Barînê Kanî danî. *"Ez ê niha li dora xwe bigerim ku piştrast bibim ku xeter tine. Hûn jî hewl bidin ku bi rehetî derbas bikin".* Çeka xwe hilda û çû.

Agirînê Egîd da destê Barînê û çû cem Kaniya ku nexweş û zer dixuya. Agirînê dest da rûyê wê. *"Bihêle ez bibînim ku birînên te çawan in û te dîsa biguherim. Hîn çend nepiyên Egîd mane".*

Kaniyê serê xwe daxist ber fikra ku dibe pantolonê xwe derxe şerm kir û got: *"Ez baş im, xaltîk bila wisa bimîne".*

Agirîn bi îsrar got: *"Na, gula min, divê tu bihêlî. Heke ew enfeksiyon bike, dê zêdetir biêşe . Ji ber vê yekê, keça min, şerm neke".*

Kaniyê şerma xwe danî û dest bi girînê kir: *"Xaltîka Agirîn, pir dişewite, û lingên min tîr dikişînin".*

Agirîn û Şirînê alîkariya Kaniyê kirin û cilên wê xistin. Dema dîtin ku hemû laşê wê xirabtir bûye, her du jî şok bûn çavê wan zil ma.

Şirîn pê hesiya ku Kaniyê şok li rûyê wê dîtiye û ditirse. Şirînê rûyê xwe ji nû ve rêz kir û got: *"Xem neke, Kanî roj bi roj baştir dibe, ne wisa Agirîn?"*

Agirînê bi sempatî got: *"Belê, eger ez wê paqij bikim û kirema Egîd jî lê bidim, birînên te wê çêtir bibin".*

Ew êş ji ya ku keçeke biçûk bikişîne, gelekî zêdetir bû. Dest bi girînê kir û gazî diya xwe kir: *"Diya min kanê, ey Xwedê, cane min pir diêşe! Ji kerema xwe raweste! Dişewite, bijan e ji kerema xwe raweste!"*

Agirîn ji bo ku êş ji hişê wê derkeve dest bi pirsan kir.

"Ji min re bibêje, Kanî, tu çend salî yî?"

"Du mehên din, ez ê bibim sêzdeh salî".

"Oh, pir baş e, nexwe em ê du mehên din, ji te re şahiyeke rojbûnê saz bikin. Şirîn tu çi dibêjî?"

Şirînê dema ku wê ser û destên Kaniyê girtibû, got: *"Erê, bê guman. Niha, tu dixwazî em çi diyarî bidin te, Kanî? Kanê were, ji me re bibêje, tu çi dixwazî?"*

Kaniyê bi tevî êşa xwe, dest bi axaftinê kir. Bi bişirîneke biçûk li ser rûyê xwe yê bedew û bigirîn, wê bersiv da: *"Eger bibe kirasek. Ez kirasekê dixwazim".*

Agirîn pirsî: *"Kiras? Yeke bi çi rengî?"*

Kaniyê got: *"Ez ji sor û kesk hez dikim".*

Agirînê got: *"Baş e, Şirîn, di du mehan de ji bo rojbûna Kaniyê kirasekî bedew, ji bîr neke!"*

Di vê navberê de Mêvan ji çiyê digeriya, kes li derdora wan tinebû. Wî çend caran hewl da ku telefon bike, lê telefon a dijminekî bû ku wî kuştibû. Wî gelek hejmarên malbat û hevalên xwe bi bîr nedianî.

Dest bi telefona birayê xwe kir, lê hat bîra wî ku Henanê gotibû ew hatiye kuştin. Bi dilekî şikestî, Mêvan telefona xwe birî.

Wî hîn jî bawer nedikir ku birayên wî, bav û diya wî ya bedew tev mirine. Çend caran telefona xwîşka xwe kir. *"Narîn, ez im, Mêvan, bersiva telefonê bide. Ji kerema xwe gula birayê xwe ez çavlirêyê te me".* Lê kesî bersiv nedida. Wî peyamek jê re şand.

Piştî hewldaneke zêde lê bê xeber, bêhêvî vegeriya nava jinan. Mêvan her ku nêzîktir dibû, bêtir ji dengê nalîna Kaniyê aciz dibû. Gava ku nêzîk bû, dît ku Agirîn û Şirîn li wê xwedî derdikevin. Rawestiya û li ser kevirekî rûnişt.

Barînê dema ku Mêvan dît, Egîd hilda û çû li kêleka wî rûnişt. Jê pirsî: *"Ci bûye mamo? Tiştek heye gelo?"*

Mêvan got: *"Na, min tiştek nedît".* Bi çavên xwe îşaretî aliyê Kaniyê kir. *"Wê di destê wan de gelek êş kişandiye, ne wisa?"*

Barînê bi xemgînî got: *"Ew zilam bêwijdan û bêxwedê bûn. Wan Kanî û hin keçên ji wê biçûktir birin, ji ber ku wan bêtir qêrîn û êş dikişandin. Ji me re digotin kafir û kole".* Axînek kişand û li Kaniyê nihêrî, dû re wiha berdewam kir: *"Tevahiya laşê wê birîndar e. Ew li bal we şerm dike û tiştekî nîşan nade û nabêje. Lê jineke mezin jî nikare êşa ku ew dibîne bikişîne".*

Mêvan bi xemgînî serê xwe hejand û çend çirkeyan bêdeng ma. Paşê jê pirsî: *"Tu çawa yî? Diya te, xwîşka te, çi hat serê wan? Bavê te?"*

Barînê gotê: *"Ew ji min xerabtir in".*

"Bavê te? Ci hate serê wî? Barîn... keça min, çi bûye? Ma wan ew jî kuştiye?"

Hêsiran ji çavên Barînê dest pê kir. *"Erê, wan serê wî jêkirin".* Giriya: *"Me dît ku ew cara dawîn dikene, çirkeyekê berî ku xencera wan stûyê wî bibire. Heta kêliya dawî li me mêze dikir..."*

Mêvan gava Barîn hembêz kir got: *"Were, were vir, delalê, negirî. Ez pir xemgîn im. Bavê te mirovekî ecêb jehatî bû. Ez û ew hevalên baş bûn".*

Barînê got: *"Wî mîna birayê xwe ji te hez dikir".*

Mêvan axînek kişand: *"Ew ji min re jî wisa bû".*

Barînê got: *"Min her kes wenda kir. Ez nizanim çi bikim û bi ku ve herim. Ez ditirsim mamê Mêvan".*

Mêvan got: *"Negirî, delal, te mamê xwe heye. Ez ê wekî keça xwe, mîna Kaniyê lênêrîna te bikim. Heta ku ez sax bim ez ê nehêlim ku zirarek bigihîje te, baş e berxa min?"*

Barînê Mêvan hembêz kir û dest bi girînê kir.

Mêvan ew di hembêza xwe de girt, heta ku hênik bû, paşê serê wê maç kir. *"Niha keça min a delal, Egîd bide min û here alîkariya kesên din bike. Dema ku Kanî dîsa rehet be, gazî min bike".*

Agirînê cil û bergên Kaniyê rêz kirin û çend hebên di çenteyê de derxistin û yek da destê wê û got: *"Keça min, êdî qediya. Hêvîdar im ku ev heb êşa te hinekî kêm bike da ku tu hinekî rehet bibî".*

Barînê got: *"Ez ê gazî mamê Mêvan bikim bila were vir".*

Mêvan hat û li kêleka Kaniyê rûnişt û eniya wê maç kir. *"Avê vexwe û bêhna xwe vede keça min".*

Agirîn ji Mêvan pirsî: *"Ez dikarim Egîd bibim?"*

Mêvan bersivand: *"Baş e, lê divê tu jî bêhna xwe vedî. Ez dikarim lê hişyar bim".*

Agirînê got: *"Lê ez dixwazim şîr bidimê û razînim".*

"Temam, sipas".

Dema ku hemû razan, Agirînê çavên xwe girtin û Egîd di hembêza xwe de razand.

Êvarê Mêvan got: *"Em çêtir e ku biçin".*

Hemûyan xwe amade kir, paşê li pey Mêvan çûn. Wan rêwîtiya

xwe ya dirêj berdewam kir, lê hîna ji kesekî din xeber tinebû.

Ji nişka ve dengê helîkopterekê hat. Mêvan sekinî û li esman nihêrî. Dema ku deng nêzîktir bû, got: *"Zû bike, divê em li cihekî xwe veşêrin. Zû, bilezînin û xwe veşêrin!"*

Barînê li esman nihêrî û pirsî: *"Mamo, tu dibêjî dijminên me di helîkopterê de ne mû û li me digerin?"*

Mêvan got: *"Ez nizanim, belkî jî. Em nekarin xeterê bikin heya ku em biguman zanibin ew kî ne".*

Ew li bendê bûn ku helîkopter nêzîk bibe, lê li ser wan negeriya û dûr bû û çû. Dema ku ji veşartgehê derketin Mêvan got: *"Ji bo ku em xwe bigihînin Ciyayê Şengalê divê em bi lez tevbigerin. Riya ku ji vir pê ve dimeşe bi şev dijwar e, lewma divê em hewl bidin ku zû bigihîjin wir".*

Riya xwe domandin heta tarî bû û bi zorê rê didîtin. Dîsa jî, bi rengekî bi rê ve diçûn, dizanibûn ku hîn ne ewle ye ku rawestin.

Ji nişka ve, lingê Mêvan şemitî. Hewl da ku nehêle bikeve û bi zor karî hevsengiya xwe biparêze û nekeve. Got: *"Bibore, Kanî. Min tu êşandî? Birîndar bûyî?"*

Kaniyê bi dengekî qels bersiv da. *"Na, ez baş im".*

Mêvan ji jinan re got: *"Cêtir e em rawestin û şevê li vir bimînin".*

Mêvan bi arîkariya ronahiya çiraya telefona xwe, ji Kaniyê re cihek çêkir ku bêhna xwe vede.

Agirîn li kêleka Kaniyê rûnişt û got: *"Tu çêtir î? Êşa te çawa ye?"*

Kaniyê destê Agirînê girt û hejand û got: *"Nizanim. Ez ji vê êşê bêzar im. Ez dixwazim bimirim".*

Agirînê got: *"Temam, baş... aram be. Tu yê baş bibî, delala min, ez soz didim te. Bihêle ez te dîsa paqij bikim û biguherim".*

Kaniyê serê xwe hejand: *"Baş e".*

Mêvan dizanibû ku wextê dûrketinê ye û got: *"Ez ê herim li derdorê binêrim, bila hûn rehet bin".*

Piştî ku Agirînê bi alîkariya Barîn û Şirînê, Kaniyê guhert, bangî Mêvan kirin ku vegere. Hemû rûniştin, her yekî wan piçek av vexwar û xwarek xwarin.

Gava ku ew xwe ji xewê amade dikirin, telefona Mêvan ronî bû. Peyamek hebû. Gava Mêvan nivîs xwend, şaş ma û got: *"Xwîşka min e".*

Şirînê pirsî: *"Ci? Ci dibêje mamo? Ew baş e? Ma nûçeyeke xirab e?"*

Mêvan telefona xwe dirêjî Şirînê kir. Şirînê peyam xwend: *"Ez nikarîm bi mêran re biaxivim. Gelo jinek heye ku bi min re biaxive?"*

Agirînê got: *"Hûn li benda çi ne? Ez ê biaxivim. Navê we çi ye?"*

Mêvan got: *"Navê wê Narîn e".* Wî telefon kir û telefon berdewam bû û lêdixist. Agirînê telefon ji destê Mêvan girt û li benda kesekî sekinî. Agirîn: *"Silav... silav..."*

Mêrekî bersiv da: *"Were biaxive... jinek dipeyive lê bi erebî biaxive, bila ez jî fêm bikim".* Dengê jinekê got: *"Silav?"*

Agirînê bi kurdî bersiv da: *"Silav! Narîn, tu baş î? Niha li ku yî?"*

Dengê mêrik li telefonê vegeriya: *"Na, na, na! Min got bi erebî biaxivin, ez ji zimanê te fêm nakim. Eger tu bi erebî neaxivî, ez ê telefonê qut bikim".*

Agirînê got: *"Na, ji kerema xwe. Ez zêde bi Erebî nizanim. Ji kerema xwe bihêle ez bi wê re biaxivim, ez tenê dixwazim bizanim ka ew baş e".*

Wî got: *"Baş e, lê ne ji wê zêdetir".*

Agirînê got: *"Narîn, tu yî?"*

"Na, ew ligel çend keçên din birin Mûsilê. Cend jinan jê re got ku eger ew wê bibin Mûsilê, dê her tiştî jê bistînin. Ji ber vê yekê wê telefona xwe da min. Ez neçar bûm ku vemirînim, û min ew veşart heya doh ku ez firotim

vî zilamî. Wî îzn da min telefonê hilgirim".

Agirînê pirsî: *"Baş e, tu niha li ku yî?".*

Jinik bi girî got: *"Ez nizanim. Ji kerema xwe alîkariya min bikin".*

Mêrik telefona wê girt, Agirînê bihîst ku digot: *"Eger tu dixwazî bigirî û derewan bikî, ez ê telefonê bibirim. Ka were, rastiyê bibêje. Tu li ku derê yî. Jê re jî bibêje were vir. Ma tu dixwazî ew di dojehê de bişewite yan jî xizmeta mucahidan bike? Xwedê wê efû bike, ha? Dersên xwe hîn bibin û baş karê xwe bike, jina bêaqil".*

Agirînê dixwest tiştekî bibêje û mêrik dîsa bi telefonê dest bi axaftinê kir: *"Navê te çi ye? Niha li ku ne? Were vir da ku xwîşka xwe bibînî".*

Mêvan îşaret li Agirînê kir ku bipirse dixwaze ew were ku derê.

Agirînê got: *"Baş e, ez bêm ku derê?"*

Mêrik got: *"Hûn werin vê navnîşanê û nav û hejmara telefona min bidin. Ez ê ji bo te derkevim".*

Agirînê got: *"Cima tu wê bernadî? Ma tu nabînî ku ew çiqas ditirse? Ew dixwaze bi malbata xwe re be, naxwaze li wir be".*

Mêrik keniya: *"Ez çawa dikarim wê bihêlim? Ew a min e. Min ew kiriye, lê ez ê wê bi te biguherim, eger tu bi qasî dengê xwe balkêş bî. Eger na, heta ku tu keçik î, ez ê dîsa jî kêfxweş bibim ku wê bi te re biguherim. Tu çi dibêjî?"*

Mêvan ji gotinên wî yên bêrêz bihêrs bû û xwest telefonê bigire, lê Agirînê destê wî girt û xwest ku sebir bike. Wê bi mêrik re berdewam kir: *"Temam, ez ê li ser bifikirim. Ji kerema xwe tu dikarî telefonê bidî wê? Te got em dikarin biaxivin".*

"Tu yê tu carî neyê. Ez ne bêaqil im, tu wextê min wenda dikî. Ew li vir kêfxweş e û ne hewceyê we ye. Her wiha ola wê nahêle ku bi kafiran re biaxive".

Agirînê got: *"Lê ez bûme misilman".*
Mêrik bersiv da: *"Hey derewkar?"*
"Ez rastiyê ji te re dibêjim. Ji kerema xwe bihêle ez pê re bipeyivim".
"Baş e, eger ew guh bide min û erkên xwe yên olî pêk bîne û tu jî niha piştî min şahidiya xwe bike, bila ji te bawer bikim, ez bi Xwedê sond dixwim ku ez telefona wê nekim û ez ê bihêlim ku ew carinan bi te re bi axive".

Şirîn xemgîn bû û ji Agirînê re pistepist kir ku ew qebûl neke û baweriya xwe neguherîne. Lê Agirînê guh neda wê û li gorî ku zilam got îfadeya wî dubare kir, paşê jê xwest ku telefonê bide jinikê.

Mêrik got: *"Te dînê Xwedê bê derengî qebûl kir, ev yek nîşan dide ku Xwedê dixwaze ku tu xilas bibî. Divê tu werî vir û bibî jineke mucahidînan. Xwedê dilê we ji bo gavên din jî nerm bike. Baş e, ez ê niha telefonê bidim wê, lê xatirê xwe bixwaze, paşê ez ê bihêlim ku tu paşê pê re biaxivî".*

Jinik bi telefonê vegeriya: *"Te çima qebûl kir?"*

Agirînê bi aramî bersiv da: *"Ji ber te. Dema ku bi zorê tê kirin tiştek nayê guhertin. Ji ber vê yekê, hûn ji bo guhertina baweriyan ne sûcdar in, wekî ku ez û tu bi rastî dizanin. Em êzidî ji dayîk dibin û êzidî dimirin. Ji ber vê yekê jiyana xwe nexin xeterê, tenê wekî min heya niha bi wan re biçin. Xwedê bi xwe dibîne, lewra ji kerema xwe bi aqilmendî tevbigerin. Eger te bibin cihekî, me agahdar bike. Niha navê xwe û malbata xwe ji min re bibêje ku em ji wan re bibêjim".*

*"Navê min Sîbîr Ezîz e. Baş e, ez ê wekî ku tu dibêjî bikim, lê ditirsim. Ez heta niha li sûkê firotibûm du mêran. Yê pêşî bihêrs bû û ji min nefret kir. Lê ev zilam, jineke wî ne xerab e, lê ya din her tim li min dixe. Ez dixwazim xwe bikujim, lê keçeke ku dixwest xwe bikuje, hat girtin û ew birin. Di heman demê de ji aliyê mêran ve di odeyê de rastî tecawizê hat. Hin ji wan

keçan bi saxî di qefesekê de şewitandin. Ji hingê ve, ez pir ditirsim ku xwe bikujim. Eger ew berî ku ez bikaribim min bigirin?"

Agirînê got: "Întîhar nekî. Divê tu bihêz bî û sax bimînî. Ji kerema xwe, dev jê têkoşînê bernede, bila dijmin bimire ne tu, hewcedariya me û gelê me bi we heye. Bi vî awayî bi dawî nabe. Li her fersendê ku ji bo revê çêdibe bigere".

"Telefon bike ku me hay ji hev hebe, li te agadar bimînin, em ê malbata we bibînin û rêyekê bibînin ku we vegerînin. Ez soz didim we, tu yê xilas bibî. Ez jî reviyam, îcar hêviya xwe wenda neke, baş e?"

Sîbêra ku bi bihîstina gotinên Agirîn re aram bûbû, got: "Ez hêvî dikim. Navê te çi ye?"

"Ez Agirîn Şeref im".

Mêvan di guhê Agirînê de pistî: "Jê re bibêje ku navê hemû keç û jinên ku nas dike, navên tam yên zilamên ku pê re bû yan jî hene û her tiştê ku ew difikire ku dibe alîkar, bişîne".

Agirîn xebera Mêvan jê re dubare kir.

Sîberê got: "Temam, ez ê navên wan hemûyan binivîsim û ji te re bişînim".

Dengê mêrik dîsa li piştê bilind bû: "Bes e, axaftinê biqedîne. Zû bike telefonê bide min".

Mêvan pirsî: "Ci? Ci qewimî?"

Agirînê got: "Zilam telefon girt".

Şirînê got: "Sîbira feqîr, divê em tiştekî jê re bikin".

Mêvan telefon ji Agirînê stand, çeka xwe hilda û di tarîtiyê de wenda bû.

Kaniyê pirsî: "Mamo çû ku derê?"

Agirînê got: "Pêdiviya wî bi hinek dem heye, Kanî. Wî niha xeber li ser xwîşka xwe bihîst. Ez dikarim bibînim ku ew çawa di hindurê xwe de şikestiye, her çend ew hewl dide ku nîşan nede".

Şirînê wiha got: "Ez ji Xwedê lava dikim ku wî ji êşa wî bihêztir bike". Kaniyê got: "Ez ji ber diya xwe xemgîn im, û dest bi girînê kir. Ez pir bêriya wê dikim. Dibe ku ew niha di êşeke mezin de be! Yan jî wê bikujin, yan jî bişewitînin, wê çi bikin?"

Şirînê got: "Ez bawer im ku ew baş e. Em ê wê bibînin û vegerînin. Divê em ji vir derkevin û xwe bigihînin hêzên xwe. Em ê li dijî wan dizên bêxwedê şer bikin û malbatên xwe vegerînin".

Barînê got: "Tu ne bi tenê yî. Em hemû ji bo we li vir in û em ê li te xwedî derkevin kanî. Baş e, delal?"

Bi bihîstina van gotinan, Kanî zû aram bû û hêsirên xwe ziha kirin. Paşê xwe kaş kir aliyê Agirînê û got: "Xaltîka Agirîn, ez dikarim dîsa serê xwe dayînim ser çoka te? Ez te weke diya xwe hest dikim".

Agirînê bersiv da: "Bê guman, delal. Bihêle ez rast rûnim ku tu rehet bî".

Kaniyê got: "Ez dikarim bisekinim heya ku tu Egîd bimêjînî".

"Na, na, baş e. Mîna cara dawî em ê her tiştî ser rast bikin keça min were serê xwe dayîne û hinekî bixeve".

Kaniyê serê xwe danî ser çoka Agirînê: "Cara dawî dema ku ez li ser çokên te raza bûm, min diya xwe li vir bi xwe re hest kir, Xaltîka Agirîn. Min ew di xewna xwe de jî dît".

Hemû razan û hewl dan ku xewê bigirin. Demekê şûnda Mêvan vegeriya. Agirîn di xew de nebû, lê tiştek negot. Mêvan hat cem wê û piştrast kir ku ew, Egîd û Kanî tev rehet in. Li Barînê nihêrî û çentê xwe xist bin serê Şirînê.

Barîn çavên xwe vekirin: "Mamê Mêvan".

"Canê, baba".

Barînê got: "Tu vegeriyayî_ Em di fikra te da bûn. Halê te çawa ye?"

"Ez ê baş bibim. Bihêle keça min, serê xwe rake û dayîne ser vî çenteyê".

Barînê serê xwe danî û raza, paşê Mêvan çû cihekî zelal, li ser kevirekî raza û çavên xwe girtin.

Serê sibê zû Mêvan çû cem Şirînê û got: *"Şirînê rabe kiça min, divê em herin".*

Şirînê got: *"Sipêde baş mamo".*

"Sipêda te jî baş keça min. Yên din jî şiyar bike. Berî ku roj derkeve divê em rêkevin".

Şirîn rabû yên din şiyar kirin. Hemûyan alîkariya hev kirin ku amade bibin û dîsa bi rê bikevin. Piştre ji dûr ve dengê çekan hat. Wan nizanibû ku çi diqewime, lê Mêvan bi bawer bû ku ew şer bi dijminên wan re bû.

Piştî çend hewldanan, wî karî dîsa bi kesekî re telefon bike. Ew bi cihê xwe sekinî û bi telefonê got: *"Guhdarî bike, alîkariya min bike. Li gel min jin û zarok hene. Em nêzî serê çiyayan dibin. Ez nizanim ka ewle ye yan na? Hûn dikarin alîkariyê bikin? Ji min re bibêje li vir çi diqewime û divê em bi kîjan alî ve biçin?"*

Zilamê li aliyê din lê vegerand û got: *"Serê rêyan nekeve û dûr bimîne. Wan rê hemû girtine. Dixwazin mirovan di nava çiyayan de bihêlin, da ku ji birçîbûn û tîbûnê dikişînin. Lê alîkarî di rê de ye. Bi helîkopteran xwarinê digihînin gel".*

Mêvan got: *"Min heta niha kesek nedîtiye. Gel bi rastî li ku ne? Me dengê çekan bihîst, ji ku tê?"*

"DAÎŞê êrişî gelê ku ber bi çiyayan ve diçe, kiriye. Hêzên kurd hene ku şerê wan dikin ku xelk bireve".

"Niha li ku ne? Kesek heye ku were û alîkariya me bike?"

"Cend kes bi te re ne?"

Mêvan bersiv da: *"Car kes. Keça Şervan, Kanî jî bi me re ye. Nexweş e û nikare bimeşe. Kurê min jî".*

"Henan, Narîn? Diya te? Ma ew jî bi te re ne?"

Mêvan got: "Na, tenê kurê min û Kanî li vir in".

"Cawa? Ew li ku ne?"

Mêvan bi xemgînî got: "Niha dem tine Serhad. Ez nikarim biaxivim".

Sarhad got: "Baş e, bimeşin. Ji cihê ku hûn niha lê ne, hûn ê heta dawiya rojê bigihîjin hin kesên din. Ez ê hewl bidim ku bi awayekî bigihîjim te".

"Temam, sipas, ez ê paşê bi te re bipeyivim". Mêvan telefona xwe girt û ji Agirînê ku li kêleka wî rûniştibû re got:

"Ew hevalê min e. Dibêje eger em rêya xwe bidomînin em ê îro bigihêjin yên din. Ez dizanim ku hûn hemû pir westiyayî ne, lê divê em berdewam bikin. Ev der ne ewle ye. Ew ê bi her kesî re êriş bikin". Mêvan av ji Kaniyê re derbas kir.

Heya nîvro, hewaya germ û bayên tozbar, berdewamkirina meşê ji wan re zor dibû. Mêvan zivirî û li gavên wan ên gemarî û sist nihêrî. Mêvan li ser pişta xwe ji Kaniyê pirsî: *"Tu çawa yî baba? Halê te baş e? Kanî? Bavo, tu li min dibihîzî?"*

Kaniyê bersiv neda.

Mêvan bi xemgînî dîsa pirsî: *"Kanî, tu min dibihîzî?"*

Şirîn çû cem Kaniyê û bi nermî çend sîle li rûyê wê xist, lê ti livîn nedît.

Mêvan li der û dora xwe mêze kir û kevirek ku ji ba parastîbû dît. Bi alîkariya jinan, Mêvan Kanî ji pişta xwe anî xwarê.

Agirîn çû ser serê Kaniyê: *"Ew sax e. Nebza wê qels e lê dîsa jî heye. Avê bide min".* Wê hinek av li ser rûyê Kaniyê rijand û av girt ber devê wê. Agirînê çend caran navê wê kir û karî Kaniyê şiyar bike û çend qurtên avê bidê.

Mêvan bêna wî dema ku dit kanî hat ser hişê xwe. Wî jê re got: "Çêtir e tu li vir di bin siyê de bimînî. Ez ê biçim alîkariyê bibînim. Gelê me ji me ne dûr e". Mêvan dest bi haziriya çûyînê kir.

Barîn li kêleka wî sekinî û got: "Ez ê jî bi te re bêm, mamê Mêvan".

"Na, eger ez bi tenê herim, ez ê zûtir bigihêjim wir. Ji bo alîkariya Şirîn û Agirînê divê tu li vir bimînî".

Şirînê got: "Mamo, bi xwe re av û xwarinê bibe".

Mêvan bersiv da: "Ne hewce ye, zêde tiştekî me nemaye. Ez ê baş bim".

Agirînê got: "Na, em nahêlin tu derkevî. Qe nebe avekê di gel xwe bibe".

Barînê got: "Mamê Mêvan, stûyê te xerabtir bûye".

Mêvan guh neda wê, ew mijûlî danîna çeka xwe li kembera xwe û girêdana pêlavên xwe bû.

Agirînê şûşeyeke avê bi çend nanan ve hilda û xiste kembera Mêvan. Ji bo ku li stûyê wî binêre, stûyê kirasê wî kişand. Vegeriya ser çenteyê Egîd, krema wî derxist, hinek danî ser tiliya xwe û li stûyê Mêvan da, ku tev sor û şewitî bû, kir. Agirînê got: "Wiha çêtir e. Hêvîdar im, ev kirem dê di şewitandinê de bibe alîkar. Eger tu bi şalekî stûyê xwe ji tavê veşêrî, roj lê nede zêde neşewite".

Şirînê şala xwe hila û xist stûyê Mêvan: "Mamê Mêvan, niha çêtir e".

Mêvan got: "Sipas". Çû ba Kaniya ku ji dîtina derketina wî ditirsiya. "Hey, delal, ez dibînim dîsa çavên te tijî hêsir in. Cima baba? Ez ê zû vegerim, baş e, keça min?"

Kaniyê got: "Temam, mamê. Ez pir xemgîn im. Min bibore".

"Te biborim? Cima?"

Kaniyê got: "Ji ber stûyê te" û dest bi girînê kir.

Mêvan got: "Wisa nebêje keça min. Ez baş im. Negirî, delal, ev ne tiştek e. Niha pir çêtir bûye".

Kaniyê got: *"Temam mamo, ez ji te pir hez dikim".* Ew hembêz kir. *"Ez ê zû vegerim, lê eger ez dereng hatim, li dû min neyên û cihê xwe neguherin. Wekî din, dê dijwar be ku ez we bibînim û dibe ku dijmin we bibîne. Pir hişyar bin qet qet vî xeterê nekin . Baş e?"*

Kaniyê serê xwe hejand: *"Baş e".*

Mêvan telefonek da destê Agirînê û got: *"Bila ev telefon li cem te be. Ez ê ji bo niha vemirînim, lê hûn dem bi dem kontrol bikin. Dibe ku Sîber dîsa telefon bike û divê em bizanin ka ew li ku ye. Di lîsteya telefonê de hejmara yekem a min e".* Telefona xwe ji berîka xwe derxist. *"Ew ji bo vê yekê ye, ku ez bi xwe re dibim".*

Agirînê got: *"Baş e".*

Di hembêza Agirînê de Egîd maç kir, xatir ji her kesî xwest, paşê ber bi çiyê ve bezî.

Agirîn çû cem Kaniyê û got: *"Tu li wir demekê ji ser hişê xwe çûyî. Bihêle ez dîsa li birîna te binêrim ka çawa ye".*

Şirînê ku hê li Mêvan diçû temaşe dikir, axînek kişand û got: *"Xwedê miqatî mamê me be. Ji bo me tenê ew maye".*

Barînê gotina wê piştrast kir: *"Xem neke, Şirîn, her kes wî nas dike. Bavê min her tim digot ku ew mêrê rojên dijwar e. Wî bavê min gelek caran xilas kir - kes nikare wî têk bibe".*

Şirînê got: *"Ez dizanim. Birayê min jî her tim qala wî dikir. Her kes dizane ew çiqas jîr e. Wî got ku dema mamê Mêvan dest bi çêkirina wê veşartgehê kir ku benzîna xwe û malzemeyên din ên bazirganiyê veşêre, hemû keniyan. Lê paşê hat roja ku wî ji bo wê amade kiribû û hemû tiştên xwe xilas kir û alîkariya xelkên din ên gund jî kir. Her tim xema gelê xwe dixwe".*

Gotinên Barîn û Şirînê, gotinên malbata Agirînê yên li ser Dilovan anîn bîra wê û hêsir ji çavên wê bariyan.

Barînê pirsî: *"Cima digiriyî Agirîn? Ji kerema xwe ji me re bibêje"*.

Agirînê ku Kanî paqij dikir bi bêdengî wiha bersiv da: *"Axaftina te mêrê min Dilovan anî bîra min û ji bo çend çirkeyan, min karî mirina merê xwe û keça xwe ji bîr bikim. Carinan ez bi zanebûn xeyal dikim ku ew hîn sax in û rojeke nêzîk, ez ê bikarim wan bibînim. Piştre rastî xencera mirina wan li sînga min dixe û min hişyar dike. Êşa wendabûna wan ewqasî di dilê min da giran dibe ku nefeskeşandin jî ji min re zor dibe"*.

Kaniyê xwe avêt hembêza Agirînê û ew hişk hembêz kir. Bêdeng rûniştin. Dengê bayê ku pel û çîçekên hişk ên li erdê dixistin, mîna lûleyeke aram bû. Wan xerîban hêdî hêdî çavên xwe yên westiyayî girtin û ketin xewê.

Piştî bêhnvedaneke baş Şirîn ji xewê şiyar bû û li rêya ku Mêvan çûbû nihêrî. Berê xwe da Agirînê û got: *"Çend demjimêr derbas bûn ku Mêvan çûye? Ez dibêjim divê em telefonê vekin, ka wî telefonî me kiriye yan peyam şandine"*.

Agirîn telefon vekir û got: *"Belê tu rast dibêjî. Gelek peyam hatine, gelek telefon jî li vê telefonê hatine kirin"*.

Şirînê got: *"Dibe ku Sîber be. Peyam bixwîne"*.

Agirîn mesaj vekirin û di nava wan de geriya. *"Hemû ji bo xwediyê telefonê ne. Malbata wî dixwaze halê wî bizane"*.

Barîn giriya: *"Malbat! Malbata çi? Malbata wî hebû? Gelo hûn dixwazin ez bawer bikim ku dê û bav û zarok û jina wî heye? Ha? Wê demê çawa karî dê û bav û birayên me bikuje. Cawa karî serê birayê min ê şazdeh salî jêke? Ez qet bawer nakim ku di mala wî de xwîşk û keçên wî hebin û dîsa destavêtina me kir. Ez pir bêriya malbata xwe dikim. Ez bêriya wan dikim, Agirîn, ez careke din nikarim wan bibînim. Ji ber wan neyaran, baş e çawa wisa anîne serê me"*.

Agirînê telefon daxist û ew hembêz kir û got: *"Ez nizanim çawa*

Bawer nakim ku ez ê ti carî wan fêm bikim". Şirînê dema ku li peyaman dinêrî pirsî: *"Em çi li van peyaman bikin? Cêtir e ku ez dîsa telefonê vekim".*

Agirînê got: *"Lê pêşî gazî Mêvan bike.* Bizane ka li ku ye".
Şirînê zeng lêda û li bendê ma: *"Bersiv nade. Kanê ez jê re peyamekê bişînim".* Kurtepeyamek şand ku ji Mêvan bipirse li ku ye, paşê dîsa telefon da Agirînê.

Çend demjimêr derbas bûn, lê bersiv ji Mêvan nehat.

Barînê got: *"Dibe ku em li pey wî biçin".*

Şirînê got: *"Na, xeter e. Dibe ku ew di demeke nêzîk de were".*

Barînê dest pê kir û got: *"Lê eger em ber bi rêya wî ve biçin".*

Agirînê got: *"Na, Barîn. Wî got li vir bimînin û em ê bimînin".*

Barînê got: *"Baş e, hingê. Ez ê herim ser wî çiyayî û temaşe bikim".*

Agirînê bersivand: *"Baş e, lê hay ji xwe hebe û ji wê zêdetir neçe".*

Barînê got: *"Baş e,"* û ber bi çiyê ve bezî.

Piştî demjimêrekê zêdetir Şirînê got: *"Cima heta niha Barîn venegeriyaye?"*

Agirînê got: *"Bi sebir be".*

Şirînê got: *"Bisekine, ez bawer im ku wê dibînim"*, û bi dijwarî li dûr nihêrî.

Agirînê got: *"Rastî?"*

"Erê, ew e, lê... Xwedayê min, Agirîn! Sê mêr li pey wî direvin!"

Agirînê got: *"Ci? Tu cidî yî! Were, Şirîn, hema li wir nesekine".*

Şirînê pirsî: *"Tu dibêjî ew zilam DAIŞ in?"*

Agirîn bersiv da: *"Ez nizanim, ew pir dûr e baş diyar nîne. Lê dibe ku bazdana wê ne nîşaneke baş be".* Wê xwe amade kir ku here û kembera şer li pişta xwe girêda.

Kaniyê pirsî: *"Ma em direvin?"*

Agirînê got: *"Na, dema me tine ku em bikarin dûr bikevin. Em ê şer bikin".* Agirînê bal kişande ser çekên wan ên bi dest xistine: *"Şirîn, çekekê hilde û xwe di navbera wan zinaran de veşêre".*

Şirînê got: *"Baş e".*

Agirînê got: *"Kanî, tu Egîd bigire û nehêle bigrî".* Agirînê wisa got û çek da Kaniyê. *"Vê çekê bigire, tenê heke tiştek bibe, em ê nehêlin ku ew nêzikî we bibin".*

Şirînê pirsî: *"Em çi li çente bikin?"*

Agirînê got: *"Ji min re bihêle".*

Şirînê got: *"Hey, Agirîn, bisekine! Yek bombeyekê di destê xwe de bigire, eger ser te da girtin nehêle ew xilas bin. Min jî yek hilgirt".*

Agirîn bombe jê stand û Şirîn bezî xwe veşêre. Agirîn ber bi mêran ve bezî ku di navbera wan û Kanî û Egîd de mesafeyeke baş bihêl e.

Piştî demekê dengê Barînê bihîst: *"Agirîn, Şirîn... tu li ku yî? Hatin! Mamê Mêvan bi alîkarî vedigere".*

Dema Agirînê bihîst ku Barînê got ku xetere tine, nefeseke kûr kişand û çeka xwe danî.

Barîn qêriya: *"Silav... tu li ku yî?"*

Şirînê got: *"Va ye, were alîkariya min bike".*

Barînê jê pirsî: *"Tu li wir çi dikî? Tu çima çekdarî?"*

Şirînê got: *"Ax ji bo Xwedê Barîn, te em beecandin".*

Barînê pirsî: *"Tu çima tirsiyay?"*

Şirînê got: *"Me dît ku tu wisa bilez dimeşî. Me got qey DAIŞ heye keça dîn".*

Mêvan bi bez hat ber wan, du zilam li pey wan hatin. Pirsî: *"Silav, Şirîn. Yên din li ku ne?"*

"Wan xwe veşartine. Me digot qey Barîn di xetereyê de ye û ji ber vê yekê

direve. Me hûn ji dûr ve nas nekirin".

Kanî bi Egîd re derket û çû cem Mêvan û hembêz kir.

Mêvan pirsî: *"Agirîn li ku ye?"*

Şirînê got: *"Wê li pişt wan zinaran xwe veşartiye".*

Mêvan zivirî û dît ku Agirîn bi lingekî bixwîn ji zinaran tê xwarê. Çû cem wê. *"Bisekine, ez alîkariya te bikim".* Alîkarî da wê, paşê ew hembêz kir. *"Ci bi lingê te hatiye?"*

Agirînê wiha got: *"Ez bi lez û bez hilkişiyam ser zinar û perçeyekî kevirê tûj di lingê min re derbas bû, min ew derxist".*

Barînê got: *"Ez gelek xemgîn im ku me hûn tirsandin. Ez pir bi heyecan bûm ji we re bêjim ku min ew bi serê xwe nefikirî. Ji bo ku li birîna Agirînê binêre çû nêzikî wê".*

Şirînê got: *"Xwîşka min poşman nebe. Ji niha û pê ve, ez ê ji siya xwe jî bitirsim, û ez ê neçar bim ku jê re xwe amade û biçek bikim. Ev ne sûcê te ye".*

Mêvan li tenişta Agirînê rûnişt û got: *"Ka ez li lingê te binêrim û bibînim ka çawan e. Hîn jî xwîn diherike".*

Agirînê çîpên pantolonê xwe rakir. Nêzî gûzenga piyê wê kûr birîndar bîbû, û ew birîna kûr xuya bû. Mêvan şal ji stûyê xwe vekir. *"Ez ê wê bi vê ve girêdim û bibînim ka yê xwînê rawestîne".* Dest pê kir li dora lingê Agirînê pêça.

Şirînê xwe gîhand ber lingê Agirînê: *"Bihêle ez mircanê ji lingê te derxim, bila Mêvan hêsan girêde".*

Agirînê bi destên Şirînê re girt û got: *"Na, ji kerema xwe veneke. Bila bimîne".*

Mêvan ji berteka wê ya tûj matmayî ma û got: *"Ne hewce ye ku wê derxî Şirîn, ez ê wê bidim xwarê. Xem neke Agirîn, destê Şirînê berde û rehet be".* Mercan hinekî daxist, paşê şal li birînê pêça û hişk girêda.

Alîkariya wê kir ku bisekine, paşê got: "Niha, em bibînin ka tu dikarî bimeşî".

Agirîn bersiv da: "Erê, ez dikarim. Xem neke".

Mêvan got: "Baş e, hingê, divê em herin. Cekên me li ku ne? Ez nabibînim".

Agirînê bersiv da: "Min ew veşart. Ew li pişt wî kevirî ne".

Mêvan çû ba yekî zilamekî ku pê re hatibû û got:

"Kazo, here çenteyê li pişt wî zinarî bîne, lê hay jê hebe, ew tijî mayîn e".

Piştî ku piştrast kir ku her tişt amade ye ku biçe, Mêvan dîsa Kanî li pişta xwe girêda.

BEŞA 10

Zilamekê din jî çû ba Agirînê û got: *"Xwîşka Agirîn zaroka xwe bide min û ez hilgirim. Tu birîndar î".*

Agirînê got: *"Sipas birayo..."*.

Wî got: *"Serbest, xwîşka min".*

"Sipas, birayê Serbest".

Serbest di destên xwe de Egîd girt û hembêz kir. Kazo çenteyê bi mayîn û alavên mayî hilda û hemû ber bi çiyayan çun.

Ber bi rojavabûnê ve, ew gihîştin xelkên din ku wekî wan ber bi çiya ve reviyabûn. Ji serê girê ku Agirîn lê sekinîbû, li girseya gel mêze kir. Hinek rûniştibûn ji bo bêhna xwe bigirin û westiyabûn, hinekan jî wekî ew kesê ku rêya xwe wenda kirine bê meqsed û bê hêvî bi her derê dimeşiyan.

Gava ku Mêvan û koma wî nêzîktir bûn, xelk çûn alîkariya wan.

Jinekê got: *"Were vî alî kurê min. Li ser vî kevirî rûne ez bi keça te re alîkariya te bikim".*

Mêvan got: *"Belê, sipas, Xaltîk".*

Jinikê gazî xortekî ciwan kir: *"Kurê min selikê ji min re bîne".*

Kurê wê çû, paşê bi çend şûşeyên av û çenteyekî biçûk vegeriya.

Jinikê ji Kaniyê re got: *"Were keça min, avê vexwe. Ci hatiye serê te?"*

Kanî bi dengekî nizim, bi hêrs û tijî nefret bersiv da: *"Ez girtiyê wan bûm".*

Jinikê Kaniyê hembêz kir: *"Ax, keça min a belengaz, wan çi bi te kiriye? Ey delal, şikur ji Xwedê re ku tu êdî ji wan bêxwedêyan xilas bûyî".*

"Sipas ji we re".

Piştî çend kêliyan jinikê bala xwe da yên din. *"Av têra we hemûyan heye, lê xwarina me têr nake. Min ew ji bo zarok û kesên ku pêdiviya wan pê heye hilgirtî ye".*

Zilamek li kêleka jinikê rawestiyabû û got: *"Duh helîkopter hat û paketên xwarin û avê ji me re avêtin. Dîsa jî ew ne bes bû. Em ne bawer in ku ew dikarin dîsa werin û em nizanin ka em ê heta kengî li vir asê bimînin".*

Jinikê got: *"Hêvîdar im, ew dîsa alîkariya me bikin, dema ku hin xurme li ser pariyek nan ji Kaniyê re danîn".*

Kazo got: *"Tu dizanî birayê Mêvan, çeteyên DAIŞ'ê jî li derdorê ne. Ew tên û xwarin û av û pakêtên me didizin, lê min bihîst ku hemû cîhan ji bo ku alîkariya me bike, bûye yek.* Jinikê dev jê berda dema ku wê nanekî din amade dikir: *"Kurê min ê mezin bi telefonê bi xizmên me re axivî.*

Wan got ku ew ê bêtir xwarin û alîkariyê bişînin û hewl didin ku rêyeke ewle vekin da ku me hemûyan derxin derve. Were keça min, ev xwarin ji te re ye". Jinikê nan û xurme pêşkêşî Agirînê kir.

Agirînê got: *"Na, ez ne birçî me. Bila ji bo zarokan be".*

Jinikê israr kir: *"Zaroka te pir biçûk e, keça min. Eger tu nexwî, tu yê nikaribî şîr bidî wî".*

Kaniyê got: *"Erê xaltîka Agirîn, te cara dawî got ku Egîd hîn birçî ye û şîrê te nemaye. Ji kerema xwe vê jî bigire".* Nîvê xwarina xwe hilda û da Agirînê.

Mêvan dema ku gotinên Kaniyê bihîstin, ket xema Egîd. Xwarin ji jinikê stand û da Agirînê. *"Han, ji kerema xwe re, ji bo kurê min".* Agirînê xwarin wergirt û sipasiya jinikê û Kaniyê kir. Ji ber hezkirin û başbûna jinikê û malbata wê, koma Mêvan li cem wan ma û biryar da ku bi hev re rêwîtiya xwe bidomînin. Serbest, Kazo û malbatên wan jî biryar dan ku tevlî wan bibin.

Êdî derengiya şevê bû û her kes westiya bû. Ji bo bêhnvedanê amade bûn û bi hev re li dora agirekî biçûk rûniştin. Agirînê got: *"Xaltîk, tu ji ku hatî?"*

Jinikê got: *"Keça min, em ji bajêr reviyan. Dema ku êrişî me kirin, hema hema her kes reviya".*

Agirînê pirsî: *"Yanî hemû xelkê bajêr reviyan?"*

Mêrê jinikê bi dengekî bilind bersiv da: *"Erê keça min, wekî me hatin çiyê. Lê dîsa jî li dû me hatin û dest bi gulebaranê kirin. Li quntara çiyayan rawestiyan. Em pir bi şans bûn ku wan nikarîbû bi erebe û tankên xwe li çiyayan bikevin. Cend zilamên me yên ku çekên wan hebûn dest bi şer kirin, da ku hinek dem bigirin ku jin û zarok birevin. Heya duh jî nêzî şeş rojan em bê nan û av man".*

Kazo li kêleka Mêvan rûnişt û got: *"Gava ku nêzî bajêr bûn gelek kesan dev ji malên xwe berdan û reviyan".*

Navên taxên ku yekem car ketine destê DAIŞê bi nava kir û got: *"Dema ku gihîştin wan deverên bajêr, xelkê telefonî me kir û ji me re gotin ku birevin. Lê hinek cîranên me, me çi kir jî, guh nedan û man, weke mamê min. Wî ji me re got ku ti karekî DAIŞê bi me neketiye, ji ber ku me zirar nedaye ti kesî ku em ji mala xwe dernakevin".* Kazo kêliyekê sekinî û bi dû re wiha got: *"Memê min ê belengaz, ewqas ji hevalên xwe bi bawer bû ku digot Erebên gundên cîran soz dane wî ku eger bajar bikeve destê DAIŞê ti zerera we nikin. dû re pismamê min telefon kir, giriya ku em werin* alîkariyê. Got ku êrişkaran her kesê ku girtine, kuştine, û wan mamê min û zilamên din hemû kuştin. Ez vegeriyam ku alîkariya wî bikim. Li ser rêya min a alîkariyê, telefona wê temirî û min nekarî wî bibînim. Ji wê demê ve heta niha ti kesî bersiv nedaye min".

Dema Agirînê çîroka Kazo bihîst, giriya û navê taxê dîsa jê pirsî.

"Ji kerema xwe, Kazo, tu bi bawer î? Li wê derê dê û bavê min û piraniya malbata min dijîn. Xwedayê min, tu dibêjî qey ew hatine kuştin?"

"Netirse, keça min. Ez bi bawer im ku gelek ji wan reviyane, tevî malbata we jî".

Mêvan got: "Belê Agirîn, gava em ji vir derkevin em ê wan bibînin".

Agirînê got: "Erê, divê ew jî reviyabin. Ez bi bawer im ku wan xwe xilas kirine" û hêsirên xwe paqij kirin.

Serbest got: "Mêvan, birayê min, te ew çek ji ku anîn?". Binêre! Çente tijî ye".

Mêvan li çekan mêze kir û got: "Ew ên çeteyên DAIŞ'ê ne".

Barînê wiha got: "Birayê Serbest, em ketin destê DAIŞ'ê, mamê Mêvan hat dû me û çar ji wan kuştin û em rizgar kirin".

Agirînê got: "Belê, wî bi kuştina çend zilamên ku li pey min hatibûn, Ez jî rizgar kirim."

Kazo got: "Xwedê ji te razî be bira. Ez bi Xwedê û namûsa xwe sond dixwim ku gava ez malbata xwe bînim cihekî ewle, ez ê tola tiştên ku li me kirine ji wan bistînim û wan ji axa xwe ya pîroz bavêjim dojeha lê hatî". Û kulma xwe li erdê xist.

Şirînê wiha got: "Piştî vê ti rê nemaye ku ew bi me re di bi rehetî de bijîn".

Mêr û jinên din bi hev re peyman kirin. Ji nişka ve qêrîn û hawar hat, Mêvan, Agirîn û yên din çûn bibînin ka çi diqewime.

Jinek ji tarîtiyê derket, ji mêrikekî direvî û digiriya. "Na, na... ez *nakim! Ew ê bi min re bimîne. Me bihêle. Ez bi Xwedê sond dixwim ku eger tu wî ji min bistînî, ez ê xwe bikujim, de kanê paşve vekişe!"*

Agirîn û Mêvan çûn cem jinika ciwan û dîtin ku zarokek di nava betaniyekê de pêçandî di destê wê de ye. Wê zarok ji zilamê ku du jinên din alîkariya wî dikirin dûr dikir.

Agirînê dît ku çi diqewime û ket navbera mêrik û jinikê. Mêrik dûr xist û got: *"Tu kî yî? Dev ji zaroka wê berde!"*

Mêrik Agirîn da aliyekî û vegeriya cem jinika ciwan û qîriya: *"Zarokê bide min, bide min! Zorê li min neke ku te aciz bikim, neke keça..."*

Mêvan bi stûyê mêrik girt û li jinikê zivirî: *"Tu çi dikî? Cima tu wê aciz dikî kuro? Ji me re bibêje ka çi diqewime".*

Mêrik bi her du destên xwe li serê xwe xist û got: *"Bira, dev ji min berde, ew jina min e! Ji bo xatirê Xwedê, alîkariya min bike, wê aqilê xwe ji dest daye. Ez nizanim çi bikim, ew jî ji destê min diçe".*

Mêvan dev ji mêrik berda û bi wî re vegeriya cem jinika ciwan. Agirîn li kêleka wê rûniştibû û serê jinikê danî ser milên xwe.

"Aram be, em nahêlin ku ew zarokê ji te bistîne. Dev ji giriyê berde û bibêje çi bûye. Cima ew zarokê dixwaze?"

Mêrik vegeriya, li kêleka wê rûnişt û ji jina xwe lava kir: *"Nazê, rehmê bike, zarokê bide min. Hişê te ji serê te çûye. Ez nikarim te jî wenda bikim. Ji kerema xwe, ji te lava dikim, bihêle ez wî defin bikim".*

Agirîn matmayî ma. Dîsa nihêrî û dît ku zarok miriye. Yek ji wan du jinên ku bi wan re bûn ji Mêvan re got: *"Zarokê wê yê du din ku bîst rojî bû, çend roj berê wefat kir. Ev yek kurê wê yê du salî bû. Em bi rojan bê xwarin û vexwarin man. Du roj berê kurê wan nexweş ket û ew jî mir".*

Xanima din a ku diyar bû xesûya Nazê ye, giriya: *"Ew nahêle em wî defin bikin. Ev du roj in cenazeyê wî hilgirtiye. Ez êdî nikarim li êşa wê temaşe bikim. Kurê min ê belengaz zarokên xwe wenda kirin û niha*

... jina xwe wiha dibîne. Ji kerema xwe, hûn hewl bidin ku bi wê serwext bikin". Mêrê wê destê wê girt: *"Ji kerema xwe Nazê, ez êdî naxwazim te aciz bikim û zorê bidim te. Li laşê wî binêre, li rûyê wî binêre, ez nikarim wî wisa bibînim. Cima tu fêm nakî? Ji bo Xwedê, ew miriye û çûye".*

Nazê bi awirek li wî nihêrî û got: *"Tu çima êşa dilê min nabînî? Bila laşê wî bi min re bimîne. Ji kerema xwe bihêle ez wî bigirim û li cihekî nêzî me veşêrim, wê demê bi kêmanî ez dikarim serdana gora wî bikim. Te zaroka min a din li van deşt û çolan de defin kir, gora wî ne diyar e. Ew ê her û her bi tenê bimîne. Ez nahêlim ku wî jî wisa binax bikî".*

Mêvan li kêleka wê rûnişt û bi xemgînî got: *"Xwîşka min, hê jî ne diyar e kengê rê li me bê vekirin û kengê em ê karibin xwe bigihînin ewlehiyê. Ji min bawer bike, wê xirabtir bibe".*

Agirînê ku dayîk baş fêm dikir, hêsirên wê paqij kirin.

"Nazê, xwîşka min, li min guhdarî bike. Min jî keça xwe wenda kiriye. Min nekarî cara dawî jî wê hembêz bikim. Ez dizanim ku nebûna kurê te di hembêza te de çiqas bi êş e, lê girtina wî bi vî rengî dê zirarê bide te û mêrê te wêran bike. Divê tu bihêlî ku li cihekî li vir were veşartin. Li ser gora wî nîşanekê dayînin, da ku hûn paşê vegerin û bikolin û li nêzîkî xwe veşêrin".

Mêrê wê got: *"Ez bi Xwedê sond dixwim ku ez ê wisa bikim. Ez ê keça xwe jî vegerînim, em ê her duyan bi hev re, li kêleka hev defin bikin, ez soz didim".*

Nazê pêşniyara Agirînê qebûl kir, dema ku laşê kurê xwe yê sar û bêcan hembêz kir, bêdeng giriya. Wê çend caran ew ramûsand û paşê ew da destê mêrê xwe. *"Xozan, tu sozê bide min ku tu yê li wan vegerî, tu wan li vî çiyayê bê gor bi tenê nahêlî".*

Xozan ji hevjîna xwe re got: *"Ez soz didim te. Niha ji kerema xwe kurê me bidin min".* Û bi alîkariya Mêvan û zilamên din kurê xwe defin kir. Agirîn û Şirînê, Nazê û du jinên din girtin û bi Kanî û Egîd re hatin cem hev.

Egîd dest bi girînê kir, Agirînê ew hembêz kir û şîr dayê. Nazê li Egîd nihêrî û gazî zarokên xwe kir. Wê dest bi lorînê kir, lorîna ku her şev dixwend û zarokên xwe bi dinivand. Agirînê bi dilekî şikestî Egîd da destê Nazê: *"Va ye! Wî bigire, hembêz bike, li destên wî yên biçûk binêre. Ez dizanim ku ez ne diya wî me, lê ez bawer dikim ku ew min wekî diya xwe dibîne".*

Nazê Egîd girt û hejand: *"Ax, kurikê delal, ez dizanim, ez dizanim, şirîno. Ew qijik in, ne wisa? Erê, delalo. Oh, çiqas xweş e ku meriv dibîne ku hêsirên dayîkê jî dikarin zarokan bikenînin".*

Zilam vegeriyan. Xozan li ber jina xwe rûnişt û hembêz kir û got: *"Bes e girî Nazê. Ev zaroka kê ye?".*

Nazê got: *"Ew yê Agirînê ye. Binêrin çiqasî xweş dilîze".*

"Erê, ez dibînim". Xozanê bi çavên girî û bi dengekî lerzok got: *"Xwîşka Agirîn, dibe ez jî wî hembêz dikim?"*

Mêvan li tenişta Agirînê rûnişt û got: *"Belê birayê min".*

Xozan Egîd hembêz kir û got: *"Lawê min ê Şirîn, ez ji te û dê û bavê te re dua dikim. Weke bavekî dilşikestî, Xwedê min bibihîze ku ez hêvî dikim ku Xwedê te biparêze û dê û bavê te çi caran êşa nebûna te nebînin".* Xozan Egîd dîsa da destê Agirînê. Paşê berê xwe da jina xwe û got: *"Nazê bi min re were, ez te bibim ser gora kurê me".*

Bi hev re çûn ser gora kurê xwe û ronahiya telefonê bi kar anîn da ku rêya xwe bibînin. Her du jinên ku bi hev re bûn, ji bo alîkariya Mêvan û kesên din sipasiya wan kirin û paşê li dû Xozan û Nazê ketin.

Piştî ku ew çûn, her kesî bi malbata xwe re cihek ji bo bêhnvedanê amade kir.

Mêvan got: *"Em herin, divê em jî hinekî bêhna xwe bigirin".*

Agirînê pirsî: *"Li ku derê?"*

Mêvan îşaret kir û got: *"Li wê derê, di nava hinek zinaran de cihek heye. Min kontrol kir, ew mîna şikefteke biçûk e. Şirîn, Barîn, , ji kerema xwe alîkariya min bi tiştên me bike. Agirîn, tu dikarî bi Kaniyê re li ber agir bimînî. Em ê cihan amade bikin û paşê werim pey we".*

Dema ku cihê wan li şikefta biçûk amade bû, Mêvan vegeriya Kaniyê. Dema Şirîn û Barîn li şikeftê li benda wî bûn, ji komeke din du jin bi çend betaniyan ve hatin cem wan.

Yekê got: *"Werin keçên min, van hilgirin. Bi şev sar dibe".*

Jina din got: *"Vê çenteyê biçûk wergire. Me ji bo diya zaroka we çend xurme û hinek nan daniye".*

Şirîn û Barînê sipasiya wan jinan kirin. Dema Agirîn nêzîk bû, Şirîn û Barîn çûn cem wê, betanî û xwarin dan wê. Şirînê got: *"Tu ji bo Egîd alîkariyê dixwazî?"*

Agirînê bersiv da: *"Na, sipas. Ez ê wî bimêjînim û piştre razînim. Tu here razê".*

Barînê got: *"Baş e, lê hay jê hebe ku tu tiştekî bixwî. Tu zû bi zû ewqas şîr didî kurik, te pê hewce ye. Baş e xwîşkê?"*

Agirînê got: *"Baş e".*

Şirîn û Barîn çûn razên. Dûv re Mêvan hat û bi şûşeya xwe ya avê li kêleka Agirînê rûnişt. *"Va ye, Agirîn, ji kerema xwe vê avê jî bigire".*

Agirînê got: *"Na Mêvan, ev para te ye, ya min heye".*

"Ji bo kurê min e. Ez ditirsim ku xwarina we têr tine… ji kerema xwe re".

"Baş e, ez ê nîvê wê bistînim, û ez soz didim te heke hewce bike, ez ê ji te bixwazim"

Mêvan got: *"Baş e, piyê te çawa ye? Bihêle ez lê binêrim".*

Agirînê dema ku Egîd diguherand got: *"Na, ne hewce ye, baş e, sipas".*

"Birîna te kûr bû. Bi guman î ku ne hawce ye?"

"Erê, piştî ku te girêda xwîn rawestiya, û ewqas jî naêşe, xem neke".

Mêvan got: "Baş e, eger tu wisa dixwazî bila bimîne. Bila Egîd îşev li cem min bimîne. Ez ê lê şiyar bim, tu rehet razê".

"Na, divê ew li cem min bimîne. Tu nizanî çawa wî bixî xewê. Ew ê tevahiya şevê bigirî, xem neke. Ez baş bim. Tu here razê".

"Baş e, sipas Agirîn. Eger tiştek hewce bike, min agahdar bike". Mêvan li ser zinarekî biçûk nêzî wan raza û xwe amade yî xewê kir.

Agirîn betaniyek li dora xwe pêça û hinekî din ji şikefta biçûk dûr ket, da ku Egîd yên din hişyar neke. Li bendê bû ku ew biweste û razê. Pê re dilîst û lê temaşe dikir û dengê xweş derdixist heta ku Egîd westiya û di xew re çû.

Agirînê ew hilda, li teniştra Kaniyê raza, pişta wê li yên din bû, şîr da Egîd. Dengê xwarinê û bêhna Egîdê biçûk dema şîrê wê vedixwar ewqasî aram bû ku dilê Agirîn rehet dikir. Wê bi nermî dest bi lorandina wî kir.

Mêvan tam neketibû xewê, bi dengê Agirînê yê xweş çavê wî tijî hêsir bûn.

Dema ku Egîd ket xewê, Agirînê ew hembêz kir û maç kir û çavên xwe girtin. Piştî ku Mêvan piştrast kir ku Agirîn û kurê wî ketine xewê, ew jî raza.

Di nav hêsirên çavan de kete xewê, Serê sibê zû ji xewê şiyar bûn, çîçek berhev kirin û dû re bi dehan kesên din di kûrahiya çiyayan de rêya xwe domandin.

Heya nîvro helîkopter li ser serê wan difiriyan, av û paketên xwarinê û betanî diavêtin. Xelk ber bi pakêtan ve diherikîn, gelek kesên din jî li pey helîkopteran bazdidan û hinek jî li erdê rûdiniştin da ku bi îsrar dakevin erdê ku birîndar û zarokan bi xwe re bibin.

Dema ku Mêvan çû nêzî helîkoptereke ku tijî jin û zarok û kal bû, firiya.

Kesekî nêzîk ji Mêvan re got: *"Keçikeke te ya nexweş jî heye ku divê li ser pişta te were hilgirtin. Cima tu bi helîkopterê neçûyî?"*

Mêvan got: *"Min nikaribû xwe bigihînim".*

Zilamekî din ku li milê Mêvan xist, got: *"Xem neke, bira. Sibê dê dîsa were û em ê alîkariya te bikin, xwe bigihînê û keça xwe xilas bike".*

Mêvan vegeriya ba Agirînê û hemûyan meşa xwe domand.

Di dawiyê de Kaniyê got: *"Memo tu dikarî niha min danî erdê. Ez dikarim bi xwe bimeşim. Ez niha çêtir im".*

Mêvan bersiv da: *"Na, berxê min, ez dikarim te hilgirim. Xem neke delalê min".*

Kazo got: *"Eger tu westiyabî bira, ez dikarim ji bo demekê xwîşka xwe bidim pişta xwe".*

Kaniyê israr kir: *"Ji kerema xwe, mamê, ez dixwazim bimeşim. Ez pir çêtir im, ez soz didim".*

Mêvan sekinî û ji ser milê xwe li rûyê wê yê şermokî nihêrî. Demekê dudil bû, dû re got: *"Baş e, lê gava ku tu westiyayî yan nikaribî bimeşî, tu ji min re bibêje ha?"* Mêvan bi baldarî Kanî danî.

Kanî li kêleka Mêvan rawestiya û destê wî girt. *"Baş e, mamê, em berdewam bikin".*

Li nêzî nîvro, wan bihîst ku zilamek diqîre û bi bez ji çiyê ber bi wan ve tê. Çar zarok li pey wî bûn. Wî giriya: *"Hewar, ji kerema xwe, kesek alîkariyê bike!"* Xwe berda ser çokan, bêhna xwe girt û li kesên ku ber bi wî ve dihatin nihêrî.

Piştî çend kêliyan bêhna xwe girt, mêrik çû ser Serbest û Kazo, yên ku bi çekan li ser pişta wan bûn. Çar zarok bi wan re bûn, sê keç û xortek.

Mêvan jî li tenişta Serbest û Kazo dimeşiya û jê pirsî: *"Ci bû?"*

Mêrik lê vegerand û got: *"Jina min, divê ez biçim pey jina xwe! Ji kerema xwe ji min re bibin alîkar".*

Mêvan got: *"Were, avekê vexwî, bila tu aram bibî û em rewşa te baştir fêm bikin bira".*

Mêrik serê xwe hejand û wiha domand: *"Ew li pey me dihatin. Jina min birîndar bû, ji ber vê yekê nikaribû were. Ez neçar mam wê li cihekî veşêrim da ku zarokan rizgar bikim. Ji kerema xwe alîkariya min bike!"*

Yekî ji nava komê got: *"Em tên, bira, lê ez bawer im ku wan heta niha ew girtiye. Eger na jî, ew hemû bi temamî çekdar in û niha em nikarin tiştekî bikin".*

"Na, ne pir bûn, pênc şeş kes bûn. Ji bo pakêtan li pey helîkopterê ketin û em dîtin. Eger hûn nikarin werin, çekekê bidin min û ji kerema xwe li zarokên min xwedî derkevin, ez ê li pey wê herim".

Mêvan pirsî: *"Tu dizanî ew li ku ye û ji vir çiqasî dûr e?"*

Mêrik bersiv da: "Belê. Ez di wê qonaxê de bi zarokan re dimeşiyam, lê eger ez û tu niha herin wir, em dikarin heta êvarê vegerin".

Mêvan rabû ser xwe, çeka xwe hilda û ji çenteyê xwe çekeke din derxist, paşê da mêrik û got: *"Em herin".*

Mêrik got: *"Ez ê hemû jiyana xwe bi qurbana te bikim, sipas, bira!"*

Mêvan pirsî: *"Kesekî din dixwaze alîkariyê bike?"* Hema hema hemûyan bi dilxwazî alîkarî kirin. Mêvan got: *"Cend kes dikarin şer bikin?"*

Yekî got: *"Em hemû dikarin şer bikin, lê me tenê ev sê çek hene".*

Mêvan rahişt çenteyê xwe yê mezin, vekir, paşê çek û cebilxane da wan û got: *"Were, bes wext wenda neke, me bibe cem wê"*, gazî Mêvan kir û hemû bezîn binê çiyê.

Agirîn û Şirîn çûn cem zarokên mêrik: *"Em ê li we binêrin heta ku bavê te vegere, baş e?"*

Piştî ku Agirîn û Şirînê av û xwarin dan zarokan, rêya xwe domandin. Piştî çend demjimêran, rûniştin û bêhna xwe vedan. Nêzîkî rojavabûnê, telefona jinikekê lêxist, jinikê berî ku bersivê bide, got: *"Ev mêrê min e. Baş e, erê... em tev bi hev re ne... zarokên wî li vir bi malbata Mêvan re ne... te diya wan dît? Baş e, baş e... her hebî".* Jinikê telefon girt.

Şirîn pirsî: *"Ci bûye? Wan ew dît? Ew baş e?"*

Jinikê bi xweşî got: *"Belê, bi wan re ye, û ew ê heta demjimêrekê li vir bin".*

Agirînê her çar zarokan hembêz kirin û got: *"Binêre, min ji we re got wê were. Niha dilşa bin û dev ji giriyê berden û tiştek bixwin".*

Piştî demekê, mêrik û jina xwe li ser çiyê xuya bûn. Agirîn û yên din tevlî wan bûn. Mêvan û zilamekî din alîkariya jinikê dikirin. Ser û rûyê mêrê jinikê bi birîn, lêv û pozê wî bi xwîn bû. Zarok bezîn cem diya xwe, lê jinik bi hawara wan ve çû û ew zivirandin. Agirîn jî di wekî her kes ji tevegera jinikê matmayî ma.

Barîn ku matmayî ma bû bang kir: *"Tu çi dikî? Zarokên te di xema te de dimirin".*

Lê jinikê bi qêrîn got: *"Ez wan naxwazim! Ew ne zarokên min in. Ez naxwazim kesî bibînim".*

Mêrê wê qêriya: *"Bisekine, Nûrê! Ma tu dîn î?"*

Şirîn çû cem Kazo û jê pirsî: *"Ci bûye? Hûn bi dijmin re rû bi rû ketin?"*

Kazo bersivand: *"Na, me ew bi tenê dît, bi alîkariya darekê dimeşiya. Dema em çûn cem wê û wê mêrê xwe dît, mêrê xwe da ber keviran û got: "Cima te dev ji min berda?"*

Mêrê wê ji bo ku wê aram bike her tişt kir, lê wê li wî û xwe dixist û nifr dikirin. Mêrê wê sebra xwe wenda kir û çend sîle lêxistin. Birayê Mêvan dît ku ew lê dixe, jê bihêrs bû. Mêvan ew girt da ku wî jê dûr bixe. Paşê wê heta vir nifir li mêrê xwe kirin, heta ku bêhna wê çikiya.

Mêvan çû cem jinikê û alîkariya wê kir ku rûne: *"Aram be xwîşka min ... were ji min re bibêje ka çi bûye".*

Nûrê ku bi hêrs bû û dilerizî, kevirek hilda û xwest bavêje mêrê xwe: *"Hemû tişt ji ber wê yekê ye ku wê dinê ez bi tenê hiştim!"*

Mêvan bi destê Nûrê got: *"Bisekine, ji kerema xwe bisekine xwîşkê, kevir bide min. Agirîn! Tenê li wir nesekinin. Hewl bidin tiştekî bikin".*

Agirînê serê xwe hejand û çû li cem Nûrê rûnişt.

Mêrê wê jî nêzîk bû û got: *"Cima tu wisa dikî? Ma te bi xwe negot ez pêşî li zarokên me bigirim û wan xelas bikim?"* Dema ku wê bersiv neda mêrik got: *"Ji ber vê yekê min xeletiyek kir ... diviya min tu li paş nehîşta, lê ji kerema xwe ji bo xatirê zarokên me rawestin".*

Mêvan got: *"Xwîşka min, eger ew niha nehata, tu û keçên te wê bihatana girtin, dê mêrê te û kurê te bikuştana. Em gumana vê yekê nakin".*

Wê got: *"Ez dizanim".* Û dest bi girî û lêdana xwe kir.

Mêrê wê li kêleka wê rûnişt û alîkariya Agirînê kir ku destên wê bigire. Wî lava kir: *"Destê xwe bide, ji kerema xwe ... Binêre te çi li xwe kiriye. Tevahiya laşê te birîndar e. Serê te bi xwîn dibe. Cima tu wiha li xwe dikî?"*

Nûrê got: *"Min ev yek ji xwe re nekir".*

Mêrê wê pirsî: *"Te nekir? Wê demê kê wisa li te xist? Kê ev yek bi te kir?"* Lê jinikê bersiv neda. Mêrik milê wê hejand û qêriya: *"Nûrê! Bi min re bipeyive! Kî ev yek bi te kir?"*

Mêvan dîsa çû pêş û mêrik kişand aliyekî: *"Xwe kontrol bike bira. Ez bi Xwedê sond dixwim, eger hûn destê xwe bidin wê, ez ê li we bixim.*

Bihêle em fêm bikin ka çi bi serê wê hatiye".

"Temam, Mêvan, ez soz didim ku ez ê aram bim, lê bila ez tenê pirsekê jê bikim ... yekê tenê".

Mêvan got: "Baş e".

Zilam berê xwe da jina xwe, li ser çokan rûnişt û pirsî: "Nûrê, ji kerema xwe bersiva pirsa min bide... Piştî ku em çûn wan tu dîtî yan na?" Nûrê serê xwe avêt ser milê Agirînê û dest bi girînê kir lê tiştek negot.

Mêrik got: "Ji bo xatirê xwedê, jinik, bersiva min bide. Wan tu dîtî yan na, ha?"

Lê Nûrê digiriya.

Mêrik serê xwe danî erdê û bi qêrîn got: "Leneta Xwedê li wan be! Ey hawar! Axh, Xwedê ... çima ez namirim?" Bi kulmên xwe li erdê xist.

Zilamekî din çû ba wî, xwest ku wî aram bike.

Mêvan got: "Baş e, bes e. Ji min re tiştekî din nebêje xwîşkê". Destê xwe da Agirînê ku wê aram bike. "Ez ê mêrê te ji bo axaftineke biçûk bibim". Mêvan û zilamê din, mêrik birin, da ku jin bi awayekî vekirî bipeyivin.

Agirînê xwe nêzîkî Nûrê kir û bi nermî got: "Xwîşka min, ji kerema xwe aram be û bibêje ka wan tu dîtiyî û çi bûye".

Nûrê giriya: "Ez çi bibêjim? Wan ez dîtim... Pênc kes bûn, li ser min rawestiyan. Min lingê xwe yê şikestî û birîndar nîşanî wan da ku rehmê li min bikin, lê nekirin. Min lava kir ku dev ji min berdin, lê wan guh neda. Min li ber xwe da û bi wan re nîqaş kir. Min kevir avêtin wan da ku heta ji destê min bê wan ji xwe dûr bixim. Hemûyan li min da û dest avêtin min. Yekî çeka xwe derxist ku min bikuje, min jê lava kir ku min bikuje, lê wan ji hev re got: "Cima em guleyan li wê xerc bikin? Bila li vir helak bibe. Sivikatî li min keniyan, av û xwarina ku mêrê min ji min re hîştibûn, birin. Min ji wan xwest rehmê bikin, lê wan gazî kir ku tu kafir î, şeytan î, ev heqê te ye, divê em rehmê li te nekin".

Agirînê jê re got: "Ez dizanim ku tu çiqasî hovîtî dîtiye, lê ev rê ne wisa ye. Tu yê bêtir xwe û malbata xwe biêşînî. Hîn zarok û mêrê te hene; ew hemû sax in û bi te re ne".

Nûrê pirsî: "Tu çi dibêjî xwîşka min? Min her tişt wenda kir. Ti tiştek nikare wekî hev be. Ez bimirim çêtir e ku bi vê heqaretê bijîm. Ez ti tiştekî naxwazim".

Şirînê bi tundî got: "Temam, Nûrê, bes bike êdî. Hemû kesên li vir bi qasî te birîndar bûne, belkî jî zêdetir... baş e? Serê mêrê min jê kirin û zaroka min birin, piştre bi rojan dest avêtin min. Keç û mêrê Agirînê kuştin. Tu dibî li Kaniyê binêrî... wê dê û bav û hemû malbata xwe wenda kirine û bi rojan di destê wan de bû. Ji bo xatirê Xwedê, wê bibîne! Bide xatirê Xwedê hê zarok e. Îcar eger tu bixwazî xwe bikujî, tu yê hê bêtir zirarê bidî ezîzên xwe û gelê xwe. Ceteyên DAÎŞ`ê dixwestin ku tu bimirî. Em bi vî rengî ne hewceyî te ne. Ji ber vê yekê em ê xwe bidin hev û alîkariya malbata xwe û gelê xwe bikin da ku ji vê fermanê derbas bibin".

Nûrê guh da wan û dilgiraniya wan kir ku çi hatiye serê yên din û çi belayên mezin hatine serê wan. Wê didît ku wan hîn jî hêviyên xwe ji dest nedane û tevî hemû êşên xwe, wan hewl didin ku alîkariya wê bikin. Lewre hate ser hişê xwe û zarokên xwe hembêz kir.

Agirîn jê re got: "Ez dizanim ku tu çi derdekî giran dikişînî, lê bibihîze, tiştên ku te ji me re gotine, ji mêrê xwe re nebêje".

Jineke ku li kêleka wê got: "Erê, xwîşka min, ew ê bêtir biêşe".

Barînê baz da û navber da jinan: "Agirîn, Kanî ne baş e, rengê wê zer e û rûyê wê germ e".

Agirîn bi lez û bez çû ser Kaniyê, Egîd ji destê wê girt û ew daxist xwarê.

"Xaltîk çi bûye?" Kaniyê pirsî: "Hûn evqas dem çûn ku derê?"

Agirînê got: "Pêdiviya wan bi alîkariyê hebû, delal. Lê te dîsa jî gazî min bikira. De were, em herin". Agirînê hewl da ku alîkariya Kaniyê bike ku rabe ser piyan.

Lê Kaniyê serê xwe danî ser çoka Agirînê û got: "Ez dixwazim razêm. Ez pir westiyayî me".

Mêvan vegeriya û li kêleka Nûrê rûnişt. "Binêre xwîşka min, me hemûyan êş kişandiye. Ez êşa ku te tê de fêm dikim, lê niha divê tu bihêz bî, ji bo xatirê zarokên xwe û mêrê xwe, baş e? Ji kerema xwe vê sozê bide birayê xwe".

"Baş e bira, ez soz didim. Mêrê min niha li ku ye?"

"Ez bi wî re axivîm. Ew niha pir çêtir e. Dixwest demekê bi tenê bimîne û zû were".

Dûvre Mêvan bala xwe da Kaniyê û çû cem wê: "Cima tu dîsa zer bûyî? Te tiştek xwar?"

Kaniyê bi dengekî nizim got: "Ez pir westiyayî me mamo".

Ew hembêz kir: "Divê min nehîşta tu bimeşî. Ez ê heta sibê we bibim cem doktor. Baş e, keça min?"

Kaniyê serê xwe hejand: "Baş e".

Mêrê Nûrê ji tarîtiyê derket û li kêleka jin û zarokên xwe rûnişt. Wî ji Nûrê pirsî: "Tu çêtir î?"

Wê bi çavên hêsir got: "Erê". Ew ew hembêz kir û got: "Ez tirsiyam, navê te qêriyam da ku vegere ji bo alîkariyê, lê tu pir dûr bû."

Mêrê wê hêsirên wê paqij kirin û rûyê wê di destê xwe de girt û got: "Dê ev rojên tarî ji derbas bibin, em ê bi hev re çareser bikin. Heta ku tu sax bî û li vir û li cem min nefesê distînî, besî min e. Ez ê hemû tiştan çêkim. Niha ez alîkariya te bikim û te bibim cem jinekê bila li lingê te binêre. Dibêjin ew van tiştan baş dizane".

Mêvan hat alîkariya wan û alîkariya mêrik kir ku jina xwe rake ser piyan. Şirînê jî zarokên wan di tarîtiyê de birin. Dereng bû û piraniya mirovan westiyabûn. Gelek kes jî razayîbûn. Agirîn û Barînê ji Kaniyê re cihekî rehet çêkirin û ew ket xewê.

Demekê şûnda Şirîn vegeriya û bi Barîn re cihek amade kir ku hemû razên. Şirînê mêze kir ku Agirîn hê rûniştiye. Şirîn pirsî: *"Ma tu naçî razêyî?"*

Agirînê bersiv da: *"Piştî ku ez pitikê biguherim û razînim, ez ê razim. Lê ji kerema xwe, ez dixwazim ku tu biçî û razêyî".* Çentê zarokê hilda û hinekî jê dûr ket ku yên din aciz neke.

Şeveke hîveron û pir aram bû. Agirînê betanî raxist û dest bi guherandina Egîd kir. Pê re dipeyivî û dilîst, dema ku wê kenê xweş û lîstikvaniya Egîd didît, dilê wê germ dibû. Wê gavê ew pir kêfxweş bû. Renge wê demên bi keça xwe ya pitik re dianîn bîra xwe, yan jî belkî dîsa mirina wan ji bîr kiribû û yan jî rihê keça xwe di çavên kurê biçûk de didît.

Mêvan vegeriya Agirînê û kurê xwe dît. Demekê sekinî û li wan mêze kir. Ew pêşda çû cem wê û got: *"Hê ranezaye?"*

Agirînê got: *"Na, Egîd hîn newestiyaye. Lê piştî ku ez xwarinê bidim wî, ez ê razînim".*

Mêvan ji ber ku kurê wî şîr vedixwar, çû li pişt Agirînê rûnişt û jê pirsî: *"Agirîn, dema em ji vir derkevin, tu dixwazî çi bikî?"*

Agirînê got: *"Ez ê li malbata xwe û malbata hevjînê xwe bigerim. Tu çima dipirsî Mêvan?"*

Mêvan demekê bêdeng ma, paşê bêyî ku bersiva pirsa xwe bide

mijar guhert. *"Dema ku Egîd vexwarina xwe qedand, wî îşev bi min re bihêle, da tu jî hinekî razêyî".*

"Temam".

"Tu gelek baş li kûrê min xwedî derketî. Ez pir bextewar bûm ku ez rastî te hatim. Eger tu nebûyayî, ew ê xilas nebûya".

Agirînê got: *"Va ye, ew hazir e"*, paşê Egîd da destê Mêvan.

"Baş e, sipas. Wî ji min re bihêle û tu here îşev xweş bêhna xwe vede".

Agirînê got: *"Baş e, lê ... eger îşev serma bike û birçî bibe çi, tu wî vegerîne ba min bila razê, yan jî qe nebe min şiyar bike eger hewcedariya wî bi min hebe".* Û destê Egîd berda.

Mêvan ku ew disojiya ji bo kûrê xwe ji aliyê Agirînê ve dît û çawa ew dixwaze zarok li cem wê be, Pêwendiya ku wî di navbera wê û kurê xwe de hêvî dikir, hest kir. Bi rûyekî geş, destê Agirînê girt û got: *"Temam, ez ê wî vegerînim cem te, ji ber ku ez dibînim ew bi te re be çêtir e. Niha, tu tiştekî bixwe, paşê razê. Xem neke, dema ez vegerim ez ê wî têxim hembêza te".* Xwe xwar kir û eniya Agirînê maç kir û bi kurê xwe re çû.

Agirîn bi çavên xwe li pey wî çû, heta ku di tarîtiyê de wenda bû, piştre xwe li kêleka Kaniyê dirêj kir û çavên xwe girtin.

Paşê, Mêvan vegeriya û dît ku Agirînê li kêleka xwe cihê Egîd amade kiriye. Egîdê ku niha di xew de bû, danî ber milê wê.

Agirînê çavên xwe vekirin û got: *"Tu vegeriyayî. Cima ewqasî dereng vegeriyayî? Tu cûyî kuderê?"*

Mêvan hêdî got: *"Ez hatim... Egîd di xewê de ye".* Betaniyek avêt ser her duyan". *Êdî rehet razê Agirîn".* Çû aliyê Barîn û Şirînê. Yeqîn kir ku ew baş in, dûv re betaniya Egîdê biçûk çêkir û xist bin serê Kaniyê. Eniya wê maç kir, paşê çû cihê xwe yê şevê, lê li şûna razanê dest bi fikran kir.

135

BEŞA 11

Serê sibê her kesî bi hev re qebûl kir ku biçin cihekî ewletir. Mêvan Kanî li pişta xwe girêda û ji Agirînê û yên din xwest ku li pey wî bên.

Nêzî nîvro hat bihîstin ku helîkopterek pakêtên av, erzaq û betaniyan davêje erdê. Xelkê bang kir ku helîkopter dakeve. Helîkopter li cîhekî guncav daket, zilam çûn alîkariya nexweş û pîr û zarokan ku siwar bibin.

Mêvan ber bi deriyê helîkopterê yê vekirî ve reviya. Ji ser milê xwe li Agirînê qêriya: *"Zû bike, were!"* Mêvan Kanî da destê mirovekî di hindurê helîkopterê de û zivirî û Egîd ji hembêza Agirînê girt û da wî zilamî: *"Temam, Agirîn"*. Mêvan li ser dengê çopê qêriya: *"Niha dora te ye. Bi ser bikeve"*.

Agirîn şaş ma û pirsî: *"Lê tu û Şirîn û Barîn?"*

"Helîkopter tijî ye, û hîna bêtir zarok û pîr hene ku biçin. Em ê careke din bên".

Agirînê îsrar kir: *"Na, divê tu biçî. Ew kurê te ye û hewcedarê te ye, ne min, ez çima biçim? Eger em te nebînin çi?"*

Mêvan lava kir: *"Agirîn, guh bide min, kurê min û Kanî ji min bêtir hewceyî te ne. Em ê di demeke nêz de bi ser bikevin û bên"*.

Agirînê got: *"Baş e"*.

Mêvan destê Agirîn girt û alîkariya wê kir û got: *"Ez wan dispêrim te Agirîn, li wan xwedî derkeve heya ez têm".*

"Baş e xem neke".

Gava ku helîkopter rabû, Mêvan dît ku Agirîn Egîd ji Kaniyê distîne. Destê xwe hejand heta ku helîkopter li ber çav wenda bû.

Di hindurê kozikê de, zilamê ku li kêleka Agirînê rûniştibû got: *"Xwîşka min, êdî em diçin kempê. Ew ê li wir li we xwedî derkevin. Mêrê te û yên din jî dê zû bên".*

Dema gihîştin kampê, ji helîkopterê alîkariya wan hat kirin. Kanî û Nûrê nikaribûn bimeşin, ji ber vê çend hemşîre hatin û ew li ser milan birin ba doktor.

Agirîn bi Egîd re ku di hembêza wê de bû, li pey Kaniyê ket hindurê konekî mezin. Wan Kanî danî ser text.

Doktorek hat û ji Agirînê pirsî: *"Ci hatiye serê wê?"*

"Ew ji destê DAÎŞ` ê reviyaye".

Doktor germahiya wê kontrol kir û ji hemşîreyê xwest ku kincê Kaniyê jê bixe. Dema ku Kanî ev daxwaz bihîst, xwe li pişt Agirînê veşart.

Doktor got: *"Baş e, ez dibînim ku tu ne rehet î ku ez li vir bim, û ew baş e keça min. Ez ê perdeyên li dora te bikişînim û biçim. Hemşîre dê te muayene bike, wê demê eger hewce be, ez ê bêm û alîkariya te bikim, baş e?"*

Kaniyê got: *"Baş e"* û serê xwe hejand.

Doktor pirsî: *"Tu dixwazî Agirîn li vir bi we re be?"*

Kaniyê got: *"Erê, ez dixwazim xaltîka min Agirîn bimîne".* Kanî bi destên xwe yên lerz û qels xwe dirêjî destê Agirîn kir.

Doktor got: *"Pir baş e keça min, êdî rehet be û netirse".* Dema ku ew dûr ket, Kanî bi hêsir ket.

Hemşîreyê jê pirsî: *"Tu çend salî yî?"*

"Ez ê du mehên din bibim sêzdeh salî".

"Bihêle ez cil û bergên te derxim û li te binêrim".

Kanî bi bêdilî razî bû.

Hemşîre ji dîtina leşê Kaniyê yê birîndar û xwînî tirsiya. Ji doktor re got ku zû were û lê binêre.

Bijîşk bi lez û bez çû û li Kaniyê nihêrî û jê pirsî: *"Keça min, çend mêran dest dirêjî li te kirin?"*

Kaniyê bi tirs û girî got: *"Ez nizanim, nayê bîra min".*

Agirînê Egîd da hemşîreyê, paşê Kanî da hembêza xwe û got: *"keça min, netirse. Tenê tişta ku tê bîra te ji doktor re bibêje".*

Kanî giriya: *"Şeva yekem nayê bîra min ji ber ku ez bêhiş bûm. Paşê ez di hemamê de mam û ez dîsa bêhiş bûm, tecawizî min kirin. Dibe ku deh mêr... di çend şevan de. Ji vê zêdetir nayê bîra min".*

Bijîşk got: *"Bes e, bes e"*, dengê wî ji ber xemgînî û hêrseke mezin dilerizî. Dest bi dermankirina Kaniyê kir û ji hemşîreyê xwest ku cilên paqij kaniyê re bîne. Hemşîreyê berî ku ew biçe cil û bergên xwe, Egîd dîsa da Agirînê.

Dema ku wî xilas kir, doktor ji Agirînê re got: *"Xwîşka min, ji kerema xwe were odeya min. Divê ez rewşa wê ji we re vebêjim".*

Egîd di hembêza wê de bû, Agirînê li hindurê nivîsgeheke biçûk de li dû doktor çû. Doktor derî girt, kursiyek da wê, li ser kursiya xwe rûnişt. *"Gelek enfeksiyona wê heye. Li ser laşê wê nîşan hene ku dibe ku hin nexweşî pê ketibin. Dîsa jî heya ku em encama testa wê wernegirin ez nikarim pê ewle bim."*

Agirînê pirsî: *"Baş e, Kanî niha di çi halî de ye?"*

"Ew di nava êşeke mezin de ye, lê xem neke, ew ê baş bibe, her çend em neçar in ku wê bişînin nexweşxaneyê".

Agirînê got: *"Baş e, wê bişîne, çi hewce dike bike. Lê ez ê jî pê re herim".*

Bijîşk got: *"Divê tu û pitika xwe li vir bimînin, ew der ji bo zaroka te ne cîhekî ewle ye".*

"Lê mamê wê ew sparte min. Ez nikarim wê bi tenê bihêlim".

"Tu dikarî biçî serdana wê, piştî ku baş bû, em ê wê vegerînin kampê da ku bi we re be. Lê dema ku lênihêrîna pitikê dikî tu nikarî pê re bimînî, ji kerema xwe wekî ku ez dibêjim bike".

Kanî êş û janeke zor ji destê wan mêran kişandiye û wekî ku ez dibînim, ew ê zehmet bi mirovên nû bawer dike û pir ditirse, ji ber vê yekê heke tu ji kerema xwe pê re bipeyive û amade bike ku ew rehet be û bi dilê xwe li gel me were, wisa ji bo me û ji bo wê jî hêsantir e.

"Baş e, ez ê pê re bipeyivim".

Bijîşk li Agirînê nihêrî û got: *"Serê te jî birîndar e, diyar e lingê te jî xwînî ye? Ez dixwazim lê binêrim".*

Agirîn Egîd da doktor û got: *"Ez jî ji aliyê dijminan ve hatibû me girtin, lê tu dikarî pêşî Egîd bibînî?"*

Bijîşk pirsî: *"Egîd çend wextî ye?"*

Agirînê bersiv da: *"Sê mehî ye".*

"Tu dimêjînî?"

"Erê, lê ew ne pitika min e. Bavê wî ew li cem min hîşt heta ku vegere".

"Ci bi diya wî hatiye? Li ku ye?"

Agirînê bi xemgînî û axîneke kûr got: *"Ew miriye".*

"Cara dawîn ku şîr vexwariye kengî bû?"

Agirînê bersiv da: *"dema dî ez zû bi zû şîrê didimê. Min di helîkopterê de li ser rêya vir şîr da wî".*

Doktor pirsî: *"Îca zaroka te li ku ye?"*

"Wan kuşt".

"Ez bi bihîstina wê êşê ji bo te pir xemgîn im. Ji ber bihîstina nûçeyên

wiha hovane... ez nikarim ti peyvekê bibînim ku kûrahiya xemgîniya xwe ji te re bibêjim xwîşka min".

Agirînê serê xwe hejand, destê Egîd girt, hêsir ji çavên wê dibariyan, pirsî: *"Egîd çawa ye? Baş e?"*

"Giraniya wî ne li gor temenê wî ye, lê piştî tiştên ku pitika belengaz tê re derbas bûye, tê fêmkirin. Di nava çend hefteyan de, wî vegerîne û em ê giraniya wî ji nû ve kontrol bikin. Eger em ti pêşketinekê nebînin, wê hingê divê em sedemê bibînin ka çi diqewime. Baş e, ka ez serê te bibînim. Ez ê xwîna hişkbûyî paqij bikim da ku bibînim birîn çiqasî kûr e. Eger dest bi êşê kir, bibêje min".

Agirînê got: *"Baş e".*

Hemşîre li ber deriyê nivîsgehê xuya bû. *"Min hemû tesên Kaniyê jê girtin û ew niha amade ye".*

Doktor got: "Pir baş e, ji kerema xwe were û li Agirînê xwedî derkeve û lingê wê û milê wê bibîne. Min jê re hin test destûr dan ku pê ewle bibin ku ew baş e. Ez ê bi nexweşxaneyê re biaxivim da ku Kanî were amadekirin".

Hemşîre got *"Belê, doktor",* û ket hindurê nivîsgehê.

Wexta ku Agirîn hat dermankirin, doktor vegeriya û wî Agirîn bir cem Kaniyê.

Kaniyê ji nav nivînên xwe nihêrî: *"Tu çûyî ku derê xaltîk?"*

-*"Gula xaltîkê, doktor dibêje divê tu biçî nexweşxaneyê. Li vir îmkanên têra alîkariya we tinene. Min xwest bi te re bêm, lê bijîşk dibêje ji bo zarokê ne cihekî ewle ye, dibe ku Egîd nexweş bikeve. Piştî ku te derman bikin, wê te vegerînin vir. Mêvan dema ku vegere, dê were serdana te. Îcar tu çi dibêjî?"*

Kaniyê bi fikar û tirs got: *"Ez nizanim".*

Agirînê destê Kaniyê girt û got: *"Baş e Kanî, negirî şirînê. Heke tu* bixwazî ez ê bêm, niha tu çi dibêjî keça min?"

Kanî hinekî sekinî ku bifikire, dû re got: *"Baş e, ez ê bi xwe herim. Ez naxwazim Egîd nexweş bikeve".*

Bijîşk got: *"Tu keçeke bicesaret î keça min.* xem neke. Ez ê her tim bal te bim û her gava ku tu Agirînê bixwazî, ez ê bînim serdana te. Ez ê niha te bi Agirîn û Egîd re tenê bihêlim heta em amade bin".

Kaniyê got: *"Sipas".*

Piştî ku Kanî rakirin nexweşxaneyê, rayedarekî kampê Agirîn û Egîd birin nava kampê ku konekî ji bo wan diyar bike. Wî jê re got: *"Xwîşka min, tu û zaroka xwe li vir ewle ne. Ez ê ji we re xwarin û her tiştê ku hûn hewce dikin, bînim. Eger hûn tiştekî din bixwazin, hûn dikarin werin ofîsa berê û em ê ji we re bibin alîkar".*

Agirînê got: "Baş e, sipas dikim. Ez ê bikarim telefona nexweşxaneyê bikim û bi Kaniyê re biaxivim?"

Rayedar pirsî: *"Oh, telefona te tine?"*

"Na".

"Temam, xwîşkê, gava ku tu hewce bî ku telefon bikî, were ofîsê. Ev konê ku hûn dikarin tê de bimînin, kesên tê de hemû jin in, ji ber vê yekê ez hêvî dikim ku tu rehet bî".

Agirînê got: *"Sipas".*

Rayedar li ber derê kon sekinî û bang kir: *"Xaltîka Mercan! Tu li hindur î? xaltîk, tu li ku yî?"*

Xanimeke navsere ji kon derket û got: *"Silav lawo, ez çawa dikarim alîkariya te bikim?"*

Wî bersivand: *"Min ji te re mêvanek aniye. Ev Agirîn e, îro hatiye. Em nû ji doktor hatine. Eger cîhê we têra wê hebe, dixwaze heta ku malbata xwe bibîne di konê we de bimîne".*

Mercanê bi bişirîneke dilgerm re got: *"Erê, helbet, em ê lê xwedî derkevin, xem neke kurê min".*

Wî dema ku diçû got: *"Temam, sipas, xaltîk. Ez ê herim û tiştên pêwîst ji bo wê û pitika wê bînim".*

Mercan derket pêş, xêrhatina Agirîn kir û got: *"Were keça min, em herin hindur, tu westiyayî. Ji kerema xwe rûne delalê".*

Agirînê sipasiya wê kir û rûnişt. Di hindur de du jin û du zarokên din hebûn.

Mercan li kêleka Agirînê rûnişt û got: *"Wekî te bihîst, navê min Mercan e".* Paşê yên din nîşan dan: *"Ev keç keça min Kejal e, ev jî bûka min Galawêj e. Ev jî neviyên min Rondik û Hozan in".*

"Silav. Ez Agirîn im û ev jî Egîd e. Sipas ji bo dilovaniya we".

Mercanê got: *"Bê guman, keça min. Divê hûn birçî bin. Kejal ê ji we re tiştekî xweş bîne. Te ji bo xwe û zarokê xwe tiştekî din hewce ye?"*

Agirînê got: *"Belê, min derbarê dê û bavê xwe û malbata xwe de tiştek nebihîstiye û heta niha min nekariye telefonî wan bikim".*

"Tu telefonê dixwazî?"

"Erê, eger bibe xaltîk Mercan".

Mercanê telefona xwe da Agirînê û got: *"Va ye, li malbata xwe bigere ka li ku ne".*

Agirîn dema ku telefon girt, got: *"Sipas.*

Lêbelê, gava ku ew çû ku hejmarê bigire, sekinî".

Gelawêjê pirsî: *"Cima hejmarê nagirî?"*

Agirînê bersiv da: *"Ez ditirsim. Min bihîst ku yekemîn taxa bajarê ku ketiye û hîn di destê DAÎŞ` ê de ye, heman cih e ku malbata min lê diman".*

Kejalê got: *"Bavê min û birayê min jî ji bo kar çûne wir. Dema ku DAÎŞ` ê êrîş kir, birayê min telefon kir û ji me re got di zûtirîn dem de ji malê derkevin û birevin çiyê".*

"Bi me re dipeyivî û bi telefonê rêberiya me dikir heya ku em gihîştin

quntara çiyê, piştre telefona wî qut bû. Zêdetirî hefteyekê ye me ji wan agahî negirtiye".

Agirîn êdî pê bawer bû ku tiştekî xedar hatiye serê malbata wê. Destên wê lerizîn û telefon daxist.

Mercanê got: *"Lê Agirîn, divê tu telefon bikî. Eger ew li te bigerin çi? Telefonê hilde û telefon bike".*

Agirînê dîsa telefon hilda û hejmara mala bavê xwe girt. Kesî bersiv neda.

Wê hejmara mobîl a bavê xwe lêxist, lê hatibû girtin.

Telefona birayê xwe yê mezin kir û telefona wî jî qut bû. Êdî dest bi girînê kir.

Dema ku wê hejmara telefona birayê xwe yê biçûk digirt, giriya: *"Ji kerema xwe Rizgar, bersiv bide".* Telefon dest pê kir lê bê bersiv ma: *"Ew jî bersiv nade. Cima kes telefona xwe hilnade?"*

Wê dîsa hejmara Rizgar lêxist, wiha lava dikir û digot: *"Ji kerema xwe, birayê min civaniya min, lawê min, bo xatirê Xwedê bersiva telefonê bide. Ez ji te lava dikim".*

Di dawiyê de, telefona wê hat bersivandin, lê kes neaxivî.

Wê got: *"Silav, silav, tu çima napeyivî bira? Ez im, Agirîn. Hûna niha li ku ne? Hûn li bajêr in?"*

Dengê xerîbekî ku bi erebî dipeyivî hat û bersiv da: *"Tu kî yî?"*

Agirîn bi bihîstina vî dengî matmayî ma û jê pirsî: *"Birayê min li ku ye? Cima telefona wî nik te ye?"*

Zilam bi emir got: *"Pêşî, ji min re bibêje tu li ku yî, tu li hindurê bajêr î?"*

Agirînê bersiv neda.

Mêrik dewam kir: *"Birayê te bi me re hatiye û eger tu ji min re bibêjî tu li ku yî ez ê wî bînim cem te".*

Agirînê têra xwe bi erebî dizanibû ku fêm bike ew çi dipirse, tevî ku bêhêvî bû jî, bi hemû hêza xwe bersiva wî da:

"Eger tu rast dibêjî, bihêle ez pêşî bi birayê xwe re biaxivim, telefonê bide birayê min".

Mêrik bîstekê sekinî, paşê got: "Ew naxwaze bi te re biaxive. Tu niha jê re kafir î. Dema ku werî vir ew ê bi te re biaxive".

"Baş e, navê wî ji min re bibêje. Ji min re bibêje, navê birayê min çi ye? Paşê ez ê niha bêm ba wî".

Mêrik bersiv neda.

Agirîn giriya: "Ez dizanim tu derewan dikî! Ji min re rastiyê bibêje te çi aniye serê wî?"

Mêrik êdî dizanibû ku Agirîn derewên wî bawer nake, lewma got: "Birayê te miriye. Îcar çêtir e ku tu bi îradeya xwe werî cem me û bibî bawermend, da ku wekî jineke azad bi mucahidekî me re werî zewicandin. De na em ê ji ya ku hûn difikirin zûtir we bigirin û hûn ê heta dawiya jiyana xwe bibin kole". Telefon girt.

Bi vê yekê Agirînê hemû hêviyên xwe ji bo her endamekî malbata xwe wenda kirin. Hêsir barandin û bi bêbawerî giriya: "Ne mumkin e! Ez nikarim hemû malbata xwe wenda bikim. Ez nikarim wan hemûyan wenda bikim, dê û bavê xwe, birayên xwe".

Mercan bi Agirînê re giriya û ew hembêz kir û got: "Xwedê, me bibihîze! Cima ev yek hat serê me? Em ê çawa bi vê dojehê re bijîn? Divê tu alîkariya me bikî, Xwedêyo!"

Gelawêjê Egîd ji Agirînê stand û Kejalê jê re av anî.

Mercanê got: "Ez çi bibêjim keça min? Dibe ku ew derewan dike û birayê te hîn sax be. Hemû hêviyên xwe wenda neke; Xwedê wê alîkariya me bike".

Agirînê axînek kişand: "Na xaltîk, wî derew nekir. Ew kuştine. Min ew dîtine, ez dizanim ew çawa ne".

"Wê nebêje keça min, tu nizanî. Dibe ku ew reviyaye".

Demjimêrên dirêj û bi êş derbas bûn dema ku Agirîn bêlivîn rûniştibû, di hizireke kûr de bû, hêsir bi berdewamî li ser rûyê wê diherikîn.

Gelawêjê xwarinek pêşkêşî Agirînê kir û got: *"Were xwîşka min, divê tu tiştekî bixwî û li pitika xwe hişyar bî. Ew digirî û birçî ye".*

Mercanê got: *"Erê keça min, Xwedê wê bi awayekî alîkariya me bike".*

"Xwedê?!" Agirînê bi dilekî giran û tijî hêrs got: *"Xwedê alîkariya me nekir û nake jî".*

Mercanê bi girî got: *"Wisa nebêje, keça min, hêviya min bi Xwedê ye, yekane stûna ku min li ser hesab kiriye, sedema ku ez hîn jî li benda vegera kurê xwe û bavê wî me".*

Agirînê ku her tişt wenda kiribû û ti hêviyeke wê nemabû, nexwest êdî berdewam bike û hêviyên wê ji bistîne, got: *"Tu rast dibêjî xaltîk, ez hêvî dikim ku ew vegerin. Hêviya xwe wenda nekin".*

Wê rojê Agirînê nikarîbû tiştekî bixwe, lê wê Egîd hembêz kir û mêjand. Dotira rojê li dora nîvro Agirînê Egîd di hindurê kon de razayî hîşt û derket derve.

Marcanê ew dît û xemgîn bû. Li dû Agirînê heta ber deriyê kon çû û jê pirsî: *"Keça min tu bi ku de diçî? Bihêle ez jî bi te re bêm".*

"Ez nikarim tenê li vir rûnêm û li bendê bim. Ez ê biçim bibînim ka bavê Egîd hatiye yan na".

Marcanê zû pêlavên xwe li pê kirin û got: *"Baş e keça min, em bi hev re herin. Ez nikarim bihêlim di vî halî de bi tenê biçî".*

Agirîn û Mercan li her derê geriyan, lê ti nîşaneke Mêvan û keçan tinebû. Demeke dirêj li ber deriyê komeleyê sekinîn, her du jî vegeriyane kon.

Dema vegeriyane konê xwe, Agirînê silav li Nûrê, kur û sê keçên wê kir.

Nûrê got: *"Ax, şikur ji Xwedê re, xwîşka min Agirîn, ez li te digeriyam. Min ji wan xwest ku heta mêrê min were vir, me bînin cem we".*

Agirînê got: *"Erê xwîşka min, ez li ber derî li benda wan bûm, lê nehatin. Dibe ku sibê werin".*

Nûrê pirsî: *"Tu nexweş î Agirîn? Te doktor dît? Kanî li ku ye? Tiştek qewimiye? Tu baş xuya nakî".*

Mercanê ji bo Agirînê wiha bersivand: *"Xwîşka min, ez çawa dikarim bibêjim...? Agirînê duh telefonî malbata xwe kir. Telefona birayê wê di destê leşkerekî DAÎŞ`ê de bû. Wî jê re got ku wan birayê wê û malbata wê kuştine. Keçika feqîr ji duh ve nan naxwariye".* Mercanê hêsir barandin.

Nûrê destên Agirînê girtin û got: *"Xwîşka min a belengaz, Xwezî min rêyek bizaniya ku ji te re biba alîkar û di vê trajediyê re derdê te kêm bikira, lê divê tu tiştekê bixwî. Zarok hewceyî te ye, tu hemû hêvî ya wî yî, zaroka feqîr ka van êşan dizan e".*

Agirînê li rûyê biçûkê bêguneh mêze kir. Egîd mejûl bû û bi porê Agirînê dilîst. Agirînê axîn kir: *"Tu rast dibêjî".* Wê destên wî yên biçûk ramûsandin û dest bi xwarinê kir.

Dotira rojê zilamek hat konê wan û gazî kir: *"Agirîn li vir e? Ji kerema xwe derkevin derve, mêvanên we hene".*

Agirîn ji çadirê derket û dît ku Şirîn û Barîn li benda wê ne. *"Hûn hatin"* Agirîn giriya, gava ew hembêz kirin, got: *"Lê Mêvan li ku ye?"*

Barîn dudil bû ku bersivê bide. Di şûna wê de, li hindurê kon nihêrî, dû re jê pirsî: *"Kanî û Egîd li ku ne? Ez wan nabînim".*

Agirîn bersiv da û got: *"Kanî li nexweşxaneyê ye. Ez duh bi wê û doktorê wê re peyivîm, niha pir çêtir e. Egîd li wir li kêleka zarokên hevala* min a nû radizê. Niha çima tu bi tenê yî? Mêvan ê kengî were?"

Şirînê serê xwe berjêr kir û li erdê nihêrî, dû re got: *"Agirîn, mamê Mêvan...".*

Agirîn bi nermî serê Şirînê ber bi xwe ve bilind kir û li çavên wê nihêrî: *"Mamê Mêvan... çi?"* Agirîn dengê xwe bilind kir: *"Ci hat serê wî?"*

Şirînê nekarî biaxive û li Barînê mêze kir.

Barînê bi nerehetî got: *"Ew ê venegere. Tevlî hêzên kurd bû. Wî ev telefon da min. Bihêle ez peyama wî ji te re dayînim".*

Agirîn ji vê nûçeyê bawer nedikir û telefona Barînê ji bo guhdarîkirina dengê Mêvan jê stand: *" Agirîn, min nekarî bi keçan re bêm. Me her tişt wenda kir. Niha jî dijminên ku evîndarên me kuştine û destdirêjî li keç û jinên me kirine, li ser xaka me û di malên me de dijîn. Ez nikarim birevim. Ez xemgîn im ku min plana xwe ji we re negot, min dizanibû ku tu yê qet qebûl nekî. Di jiyana min de tenê Egîd maye. Ji kerema xwe jê re bibe dayîk û ez soz didim te, heta kêliya jiyana xwe ya dawî ez ê şerê DAÎŞ`ê bikim heta bidawîkirina wan û rizgarkirina axa me. Vê telefonê bi xwe re bîne, ez ê telefonî te bikim. Li Egîd û Kanî, Şirîn û Barînê xwedî derkeve. Wan jî weke min, ji te pê ve ti kes tine. Li wan binêre, sax bimînî".*

Şirînê gerdeniyek kesk derxist û da Agirînê: *"Mamê Mêvan got ev a diya Egîd e û divê tu jê re bihêlî".*

Agirînê nizanîbû çi bibêje û çi bike. Dema ku gerdenî hilda nefeseke kûr û hêdî kişand û dîsa li ser balîfeke nêzîk pal da.

Di heman demê de telefona Şirînê lêxist. *"Silav...*

Erê, ew li vir e, erê, ew baş in... Baş e, saniyeyekê, ez ê telefonê ji wê re bişînim". Şirînê telefon da Nûrê: *"Mêrê te ye".*

Nûrê telefon girt û bi perîşanî pirsî: *"Tu li ku yî? Cima hê nehatî?"*

Mêrê wê bersiv da: *"Ez nikarim werim, ez bi jin û mêrên mayî ku niha diçin re diçim şer".*

Nûrê bi girî got: *"Tu çi dibêjî? Tu nikarî me wiha bi tenê bihêlî! Ji kerema xwe vegere, yê te bikujin".*

"Ez dizanim dijwar e, lê tu û zarok li wir ewle ne, ji kerema xwe dev ji giriyê berde û bihêz be".

Nûrê her giriya: *"Ji kerema xwe, ez çawa dikarim bêyî te zarokan xwedî bikim? Eger tu carî vengerî û tiştek bi te bê? Ez sond dixwim, ez ê xwe bikujim".*

Mêrê wê bi tundî lê vegerand û got: *"Guh bide min jinik, negirî, bes e. Mebesta te çi ye ku yê min bikujin? Tu dizanî çi dibêjî? Roja ku dest bi kuştin û tecawiza li gelê min û malbata min kirin û her tiştê me birin, ez hatin kuştin, wan hemû tiştên me yên heyî wêran kirin. Niha dora wan e. Ez diçim şer û heta ew xilas nebin an ez nemrim ez venagerim.*

Niha, were ser hişê xwe, wekî din heta ku ez vegerim an jî xebera mirina min ji te re neyê ez careke din telefonî te nakim.

Eger em hemû hewl bidin ewle bimînin ev şerê neheq bi dawî nabe".

Nûrê hêsirên xwe paqij kirin û got: *"Baş e, tu rast dibêjî. Xem neke, ez nagirîm, bi Xwedê sond dixwim, bes xwe bihêrs neke".*

"Temam delalê, bila be. Niha, negirîn. Ez bi mamê xwe re axivîm û ew tê ku te û zarokan bibe mala xwe. Divê ez niha biçim".

Nûrê got: *"Baş e, lê ji kerema xwe hay ji xwe hebe û sax bimîn î".*

"Baş e, ji bo min zarokan maç bike û ez ê sibê telefonî te bikim," wiha got û telefon girt.

Çend roj derbas bûn, Nûrê û zarokên xwe bi mamê mêrê xwe re ji kampê derketin.

Piştî du hefteyan, Barîn sibehekê bi lez û bez ket hindurê kon û got: *"Hêzên kurd ketine kampê. Dixwazin perwerdehiya leşkerî* bidin jin û mêran. Ez ê nave xwe ji bo perwerdehiyê qeyd bikim. Tu yê jî bêyî?"

Şirînê ji Kejal re got: *"Em herin bibînin ka çi diqewime".* Demildest xwe amade kirin û bi lez derketin.

Agirînê Egîd hilda û da pey wan.

Dema hatin konê leşkeriyê, jineke çekdar pêşwazî li hemû kesên nû kir. Paşê ji wan re got: *"Ez dizanim ku we rojên dijwar û biêş derbas kirine. Dîsa jî, hîn bi dawî nebûye. Em naxwazin ku hûn li dijî dijminê herî xeternak ku em pê re rû bi rû mane, şer bikin, em dixwazin ku hûn fêr bibin ku xwe û malbata xwe biparêzin. Piştî ku perwerdeya we bi dawî bû, hûn dikarin rêya ku dixwazin, hilbijêrin".*

Kejal û Şirînê tevî Barînê navên xwe li ser lîsteya peywirdarkirinê ya ku pêşkêşî wan hatibû kirin, nivîsandin.

Roja din çûne û ji bo kursên perwerdehiya şer navên xwe qeyd kirin, Agirînê jî dixwest beşdar bibe, lê ji ber Egîd nedikarî.

Jineke esker hat cem Agirînê û jê pirsî: *"Tu jî dixwazî hîn bibî?"*

"Erê, pir, lê ji ber zarokê ez nikarim. Ez nikarim wî bi kesekî re bihêlim. Ew pir biçûk e".

Jinikê li Egîd mêze kir û destê wî yê biçûk girt û ji Agirînê re got: *"Ne hewce ye ku tu her sibê perwerdehiyê bibînî. Eger tu bingehî ku xweparastinê, fêr bibî, karekî pir girîng e".*

"Gava wextê te yê vala hebe, were xwarê û ez ê bi xwe te hîn bikim. Ji ber vê yekê tu yê jî bikarî bi pitika xweya delal re bêyî".

Agirînê qebûl kir û sipasiya wê kir.

Du meh derbas bûn û Kanî vegeriya. Rewşa laşî wê pir çêtir bû, û her roj ji aliyê derûnî ve baştir dibû û kabûsên wê kêm dibûn.

Mêvan çend caran bi Agirînê re têkilî danî û pêşveçûna hêzên kurd û têkçûna dijmin ragihand. Her kesî ji bo azadiya bajêr dua dikir û mizgînî didan.

Rojekê piştî nîvro çend leşkerên kurd hatin ber konê jinan. Leşkerekî gazî kir: "Xaltîka Mercan ... xaltîk Mercan ...". Mercan ji kon derket û got: "Kerem ke, çi bûye?". Leşker li cem jinekê û keça wê rawestiyabû û got: "Xaltîka Mercan, ev Ronak e. Ew û keça xwe ya biçûk Havîn dixwazin li cem we bimînin heta ku em cihekî ji wan re peyda bikin".

Yek ji berpirsên kampê li kêleka leşkeran rawestiyabû. Lêborîn xwest û got: "Xaltîka Mercan, ez dizanim cihê te têrê nake, lê konên me xilas bûne. Careya me tinebû, lê ez soz didim ku em ê cihekî din bibînin û di demek zû de wan ji vir bibin".

Marcanê bi dilovanî got: "Baş e kurê min, ew dikarin bal me bimînin, xem nake, em ê li wan xwedî derkevin".

Berê xwe da jinika ciwan û destê wê girt. "Were keça min, were hindur. Tu û keça te birçî ne".

Şirînê Havîn hilda û li pey her du jinan ket hindurê kon. Rayedar li dû wan gazî kir û got: "Xaltîka Mercan ez ji we û gelê me yên din re gelek sipasiyê dikim. Xwedê dizane, eger gelê me ewqas dilnizim nebûya û bi vî awayî xema hevdû nekişandiba, wê demê me nikarîbû bi vê îmkana hindik ku li ber destê me ye, alîkariyeke wisa bikira".

Mercan keniya û bersiv da: "Ez dizanim, kurê min. Pêwîst e ku em hemû alîkariya hev bikin û her dem li hev xwedî derkevin, bi taybet di vê demê de. Eger kesek mabe, bînin ba me. Kon biçûk e, lê dîsa jî em dikarin çend kesên din li gel xwe bi cih bikin".

Rayedar li ser gotinên wê fikirî û got: "Erê xaltîka Mercan, ez ê vê yekê li ber çavan bigirim eger kesek bê, ez ê binîm nik we, sipas. Niha divê em biçin. Eger tiştek hewce bike, me agahdar bike".

"Kurê min, bisekine ... min navên mêrê xwe û kurê xwe demeke dirêj heye daye we, li bara wan we çi tiştek nebihîstiye?"

Rayedar got: *"Ez dizanim, xaltîk, lê mixabin, me hîn tiştek nebihîstiye. Ez ji we re piştrast dikim ku navên we hemûyan di lîsteyê de ne. Eger nûçeyek bê destê me, em ê we agahdar bikin. Hemû hêviya min bi Xwedê ye ku wan bi silametî vegerîne".*

Marcanê got: *"Temam kurê min, tu dikarî niha herî, sipas".*

Hemû kesên di hindurê kon de bixêrhatina Ronak û keça wê kirin.

Agirînê got: *"Xwarinekê bixwin, ez ê xwarinê bidim Havînê".* Egîd danî kêleka xwe. Agirînê xwarin da keçika biçûk.

"Ez ê balîfekê bidim te," Kejal got: gava ku wê balîfek hilda".Tu pir westiyayî xuya dikî. Hinekî bêhna xwe bide".

Ronakê got: *"Na, ez baş im, sipas".*

Gelawêjê ji bo her kesî îskanek çayê anî û li kêleka Ronakê rûnişt. *"Îcar tu ji ku têyî?"*

Ronakê bi xemgînî got: *"Em li gundekî nêzî bajêr dijiyan. Roja ku êrîşî gundê me kirin, mêr kuştin û yên mayî jî tevî keça min û ez jî di nav de bûn kole, lê em reviyan".*

Şirînê bi destê Ronakê girt û bi xemgînî got: *"Xwedê dizane, wekî me, xwîşka min a belengaz, çi bela hatine serê te. Qe nebe keça te bi te re heye. Ez nikarim di jiyana xwe de kêliyekê derbas bikim bêyî ku li kurê xwe yê belengaz ku wan bir bifikirim".*

Marcanê got: *"Her yek ji me xwedî bîranîn û êşên xedar e ku her roj me di hindurê xwe de dikuje. Lê bi kêmanî axaftina li ser wê bi hev re ji me re dibe alîkar ku em çêtir bi ser bikevin, keça min a delal".*

Her kes bêdeng ma û di ramanên xwe de wenda bûn.

Piştî demekê, Kaniyê jê pirsî: *"Ronak, tu çawa reviyayî?"*

"Dema em girtin, em hemû ji hev cida kirin. Du keçên min ji min standin.

Şilêr, neh salî, roja ewil siwar kirin û bi otubusê birin. Nalan heft salî bû, ew bi min re bû, lê mehekê berê ew jî birin. Gotin ku ew êdî ne hewceyî min e, êdî mezin bûye. Ez nizanim keçên min niha li ku ne. Bi çend jinên ciwan re em di baregehekê de heps kirin û tacîz li me kirin. Ewqasî kêm xwarin dan me ku keça min a biçûk jî têr nedibû. Wan gelek caran li ber çavên keça min tecawizî min kirin, demên tirsnak ku dilê min ji hev diqetandin. Lê ez rojekê bextewar bûm. Wan ez di hindurê odeyekê de hepis kirim ku venegerim ba yên din. Piştî ku ew çûn, ez nîvê şevê rabûm û min dît ku ez dikarim pencereyê vekim. Min keça xwe hilda û em ji pencereyê daketin derve. Bêyî ku em li paş xwe binêrin, me bazdida. Dema em ketin bajêr keça min digiriya. Min li gelek malan xist, lê kesî derî venekir. Di dawiyê de, yekî deriyê xwe vekir, lê dema ku wî fêm kir ku ez reviyam, derî girt û ji min xwest ku herim. Tehdîd kir ku yê careke din min radestî DAÎŞ`ê bike. Ez ewqasî tirsiyam ku min dîsa baz da heta ku erebeyek li kêleka min rawestiya û zilamek jê derket û gazî kir; 'Hey! Raweste! Tu reviyayî?'' Ez tirsiyam û min ji xwe re got ku her tişt qediya, lê ez bi cezayê giran re rû bi rû bûm. Berê jî vîdeoyên keçikên bi saxî di qefesan de dişewitînin nîşanî me dabûn û hê jî rûyên wan ên îşkencekirî tên bîra min û qêrînên wan dibihîzim ... Ji ber vê yekê, ez gav bi gav ji vî zilamî dûr ketim, min li çavên wî dinêrî û jê re lava dikir ku bihle ez herim. Ev şansê min ê dawî bû ku ez ji destê wî birevim an jî xwe bikujim, lê tiştek di destê min de tinebû ku ez xwe biqedînim. Berî ku ew bigihîje min, ez bezîm nava tarîtiyê, bi hêviya ku ew min gulebaran bike û bikuje. Ez hîn dûr neçûbûm, ku ez ketim ser keviran û serê keça min şikest. Pir ditirsiya, lê devê xwe girt da ku negirî. Zilam li min qêriya, "bisekine! Tu baş î?' Nêzîk bû û ji min pirsî: Zaroka te di bin kincên te de veşartî ye?'

Min bi tirs û lerz got: "Erê, ji kerema xwe me berde".

Hate pêş û ez rakirim, paşê got: Netirse, dev ji têkoşînê berde, aram be. Ez ê alîkariya te bikim, ez soz didim. Were ez ê te gel xwe bibim. "Ez birim mala xwe. Ew û jina xwe ji min û keça min re pir dilnerm bûn. Du hefteyan şûnda, ez ji bajêr derxistim, min weke hevjîna xwe ya duyem nîşan da û radestî hêzên kurd kir. Ya ku hate sere min ev bû û niha ez tenê dikarim bifikirim ka çi hatiye serê du keçên min ên din. Ez bêhêvî me ku wan vegerînim. Xwezî gava serê mêrê min jêkirin her du jî bihatana kuştin. Xwedê dayîka wan kor be, niha ew çi dikişînin.

Ronakê nekarî berdewam bike û bi her du destan rûyê xwe niximand û dest bi girînê kir.

Şirîn rabû ew hembêz kir. *"Negirî xwîşka min a belengaz, em nikarin wan bi girî vegerînin. Ne dema xemgîniyê ye. Em ji aliyê pêşmergeyan ve perwerdeyê dibînin ku hînî şer bibin û hûn jî werin. Dema perwerdeya me bi dawî bû, em ê tevlî hêzên kurd bibin û li pey zarokên xwe biçin".*

Ronakê rondikên xwe paqij kirin û serê xwe hejand. *"Baş e, ez ê bi te re bêm. Ez dikarim keça xwe jî bi xwe re bînim?"*

Agirîn bi germî got: *"Bila li cem min bimîne. Ez ê lê şiyar bim".*

Rojekê danê nîvro Şirîn, Barîn, Kejal û Ronak piştî ku perwerdeya xwe qedandin ketin kon. Kejalê got: *"Agirîn dayê, were, mizgîniya me bide. Wan bajar rizgar kir. Niha bajarê me dîsa azad bûye. Ma hûn dikarin wê bawer bikin, di sê mehan de, me paşde girt?"*

Agirînê got: *"Ya Xwedê, Xwedêyo, ew nûçeya herî xweş bû ku min di nava van rojên tarî de bihîst.."..*

Her kes kêfxweş bû û hevdu hembêz kirin. Dûvre Kaniyê jê pirsî: *"Lê çima mamê Mêvan telefonî me nekir û ji me re negot? Wî got dema ku ew bi ser bikevin dê telefon bike".*

Barînê bi xemgînî got: *"Ev demek e min ti xeberek jê nebihîstiye".*

Agirînê got: *"Bihêle ez telefonî wî bikim".* Çend caran hewl da, lê Mêvan bersiv neda.

Kaniyê bi perîşanî got: *"Eger tiştek bi mamê min hatibe çi?"*
Marcanê got: *"Wisa nefikire, ez bawer im mamê te baş e û ew ê di demeke nêzîk de telefon bike".*
Agirînê got: *"Erê, renge telefona wî pê re nebe".* Hewl da ku Kaniyê aram bike. *"Ma wî negot ku jê re telefon nekin û li bendê bin ku ew bi xwe telefon bike?"*
Dotira rojê dora nîvro telefon lêxist. Kaniyê lez da ku bersivê bide. *"Silav ...?"* Dûv re bişirîneke bedew li ser rûyê Kaniyê rûnişt. Zû ji Agirînê re got: *"Mamê Mêvan e".* Li ser telefonê axaftina xwe berdewam kir û got: *"Mamo te çima bersiv nedida telefona me? Em pir nîgeran bûn!"* Kanî piştî kurtedemekê neçar ma xatir bixwaze, piştre bezî aliyê Agirînê: *"Mamê dê heya çend rojan vedigere!"*

BEŞA 12

Sibehekê paşê wê heftiyê, Agirînê Egîd ji bo razanê li cihê wî di hindurê konê wan de danî û paşê Havîn da Kaniyê. Agirînê ji Kaniyê re got: *"Min taştê da Havînê, lê dîsa jî westiyaye û divê hinekî din razê. Ez difikirim ku divê tu jî hewl bidî ku hinekî din bixwî, tu şeva borî ji ber kabûsan ranezayî".*

Kaniyê got: *"Tu rast dibêjî, xaltîka Agirîn, ez ê hewl bidim hinekî razêm, xewa min jî tê".*

Kaniyê got: *"Ez ê herim cil û bergên zarokan bişom"* û piştre derket derve kon.

Demjimêrekê şûnda Agirînê bi daliqandina cil û bergên ji bo ziwakirinê mijûl bû, dît ku Marcan bi kenekî mezin ve ber bi wê ve tê.

Wê got: *"Agirîn, mizgîniya min ji te re heye, delal".*

Dema ku Agirînê ev gotin bihîst, dev ji karê xwe berda û got: *"Min dizanibû xaltîkê, min dizanibû ku malbata min hemû nemirine".*

Lê kenê ji rûyê Marcan ê wenda bû dema ku wê fêm kir ku Agirîn li hêviya xuyabûna endameke malbata xwe bû. Marcanê li çavên Agirînê mêze kir û çend kêliyan li bendê ma. *"Belê, ew..".*

Agirîn dengek bihîst: *"Silav Agirîn".* Wê li pişt Marcan nihêrî ku Mêvan nêzîk dibe. Rûyê Agirînê ket û hêsiran dest pê kir. Ew ji daxwaza xwe ya ku bi kêmanî endamekî malbata wê vegere bêhêvî bû. Lê bi lez û bez bişirî û ber bi Mêvan ve çû. *"Silav, Mêvan, bi xêr hatî. Ez bi dîtina te kêfxweş im!"*

"Sipas, Agirîn," Mêvan bi bişirîneke mezin got: *"Pir kefxweş im ku te dibînim!"*

Mêvan her du zilamên ku li pey wî bûn da nasîn û Agirînê pêşwaziya wan kir. Mercan paşê xwe da nasîn û bi kenên herî germ pêşwaziya hemûyan kir.

Mêvan pê hesiyabû ku Agirîn hewl da ku berteka xwe ya yekem a ji hatina wî veşêre. Sedem hest kir û bi dilovanî jê re got: *"Ez bawer im ku em ê di demek nêzîk de li ser malbata te jî hin nûçeyan bibînin".*

Agirînê bi rûyekî wêrek got: *"Ez jî li ser wê baweriyê me".*

Mêvan serê xwe hejand, paşê li dora xwe nihêrî. *"Keçik û Egîd li ku ne?"*

Agirînê bersiv da: *"Egîd bi Kaniyê re di hindurê konê de razaye".*

Mercan wiha li axavtina wê zêde kir: *"Keçên din bi keça min re çûn perwerdehiya leşkerî. Ew ê li derdora rojavabûnê vegerin".*

Mêvan got: *"pir baş e, ez pir bîriya wan dikim".*

Mercan ew hemû ber bi kon ve bir, paşê derî paşve kişand da ku ew herin hindur.

Mêvan got: *"Sipas dayê".*

Marcanê got: *"Pir kêfxweş im ku te dibînim, Mêvan. Keçik pir li ser te diaxivin û pir bîriya te kirine".*

Mêvan got: *"Min jî bi dilekî kûr bîriya wan kiriye".*

Mercan çû ser sobeyê da ku ava çayê kel bike. *"Niha tu û hevalên xwe birçî ne".*

Mêvan lê vegerand û got: *"Sipas dayê, belê em hinekî birçî ne"*, çû cem kurê xwe yê ku hê li quncika kon razabû.

Mêvan li kêleka Egîd rûnişt û li rûyê wî yê bedew mêze kir. Tora mêşan li ser Egîd hilda û destê wî yê biçûk girt.

Agirînê hêdî ji Mêvan re got: *"Tu dixwazî ez wî şiyar bikim? Zêdetirî demjimêrekê ye razaye".*

Mêvan li kurê xwe nihêrî, keniya û got: *"Na, bila razê".* Li Agirînê zivirî. *"Kurê min pir guheriye û mezin bûye, sipas Agirîn".*

Agirîn keniya û got: *"Erê, ew baş mezin bûye".*

Mêvan pirsî: *"Kanî li ku ye?"*

"Oh, ew li wir razaye. Ji dema ku wê bihîstiye ku tu yê vegerî, pir bi heyecan bûye. Her roj li ber derî li benda te ye û dibêje divê îro roja min be û mamê min were".

Mêvan bi ken rabû ser xwe û got: *"Temam, ez bawer im ku ew têrxew bûye".* Li kêleka nivîna wê rûnişt û di guhê wê de got: *"Keça min a Şirîn, nîvro ye. Tu naxwazî şiyar bibî?"* Bi nermî milê wê hejand û got: *"dê, keçê, tu mezin î, dem e ku rabî şerm e dereng e, Kanî... baba".*

Kaniyê çavên xwe vekirin û bi dîtina Mêvan, bi şahî xwe avêt hemêza wî. *"Mamo min pir bîriya te kiriye, ez ji ber te pir xemgîn bûm".*

Mêvan ew hişk hembêz kir got: *"Cima, bêaqil? Min ji te re got xwe xemgîn neke û ez ê bêm. Keça min a şirîn, ez gelekî kêfxweş im ku tu çêtir î".*

Mercanê bi duayeke di dilê xwe de ber bi ezmên nihêrî û bi bişirîneke xweş got: *"Ax, Kanî, çiqas xweş e ku tu dîsa mamê xwe bibînî. Ez dua dikim ku şahidiya vê şahiyê ji bo me hemûyên ku hêvîdar in rojekê ezîzê me hemûyan vegerin, bikî".*

Mêvan bîstekê bi gotinên Mercanê bêdeng ma û guhdariya duaya wê ya ciwan kir. Dû re henek kir: *"Baş e, Kanî, tu dikarî çayeke xweş ji mamê xwe û hevalên wî re çêkî? Ka ez bibînim tu çayê çiqasî xweş çêkî".*

Kanî bi heneka wî ya xweş keniya, paşê rabû çû çayê amade bike. Agirînê dest bi vekirina sifreyê kir û hin xwarinên sade danîn.

Marcan pirsî: *"Li bajêr çi heye? Bajar çawa ye?"*

Mêvan bi serbilindî bersiv da: *"Me bajar azad kir dayê".*

Bapîr, hevalê Mêvan jî got: *"Lê bajar wêran bûye. Dijmin li gelek cihan xendeq kolabûn, lê top û tang ji me re bûn alîkar".*

Agirîn pirsî: *"Kesek li bajêr maye?"*

Hevalê Mêvan ê din, Heval, got: *"Dema em gihîştin wir, piraniya malên bajêr vala bûn. Li hin malan jin û zarok hebûn, lê mêr tinebûn. Ji me re gotin wan hemû mêrên ji neh salî mezintir kuştine. Lê piraniya wan ji bajêr derketine û ber bi çiyayan reviyane, ev jî biryareke dirust bû. Me karî gelek jin û keçên xwe yên di girtîgehê de mabûn rizgar bikin".*

Bapîr serê xwe rakir û got: *"Birayê Heval, divê tu bibêjî ku jinên girtî jî gelekî alîkariya me kirin".*

Heval serê xwe hejand û got: *"Belê, Bapîr rast dibêje, ji bo êrişa li ser dijmin hemû agahiyên pêwîst dane me. Hin keç û jinên me, dema hatin berdan, çek hildan û dest bi şer kirin. Morala ku jinên me yên netirs dane me, yek ji wan sedeman bû ku em wan dagirker û dizan têk bibin".*

Mêvan li Agirîna ku di nava fikran de bû nihêrî û jê pirsî: *"Agirîn, te heya niha ji malbata xwe xeberek hildaye?"*

Agirînê bi xemgînî bersiv da: *"Na, min ti xeberek hilnedaye".*

Mercanê got: *"Roja ewil ku hat telefonî birayê xwe kir, lê leşkerekî DAÎŞ`ê bersiva telefonê da û jê re got ku birayê wê hatiye kuştin".*

Hêsirên Agirînê dest pê kirin.

Mêvan got: *"Delalê delalê, negirî Agirîn, dibe ku ew hîn sax bin. Me dît ku gelek ji wan vegeriyan".*

Bapîr got: *"Erê xwîşka min, hemû hêviya xwe wenda neke".*

Di vê gavê de, Havîn ji xewê şiyar bû û bi rûyê xwe yê şirîn û porê xwe yê xelek li kêleka nivînên xwe rûnişt. Çavê xwe gerand û matmayî li xerîban nihêrî. Çavên wê li Agirînê geriyan, dû re

Havînê dûmayê xwe xist devê xwe û betaniya xwe ya biçûk hilda û meşiya û li ser çokên Agrînê rûnişt.

Mêvan pirsî: *"Ev keçika bedew keça kê ye Agirîn? Xizmê te ye?"*

Mercanê li Agirînê nihêrî, keniya û berê xwe da Mêvan: *"Na, kurê min, ew keça Ronakê ye. Ronak bi keçên din re perwerdeyê dide. Dema ku ew vegerin, ez ê bi we bidim nasandin. Demek berê ji destê DAÎŞ`ê rizgar bû. Ax, diviya te ew jina belengaz bidîta, du keçên wê yên biçûk jî di destê DAÎŞ`ê de ne, pir xemgîn û perîşan bû. Lê ji dema ku dest bi perwerdehiyê kiriye pir çêtir û bihêztir e. Wê gelek hêvî peydakirine û heta ku vegere, Agirîn ê keça wê xwedî bike. Lê divê ez bibêjim ku Havîna me ya biçûk ewqasî ji Agirîn hez dike ku Ronak dema vedigere jî naçe cem wê, bi şevê jî li cem Agirînê dimîne".*

Kaniyê got: *"Ji xaltîka Agirînê re dibêje 'dayê', Ronakê jî bi navê wê gazî dike".*

Mêvan pirsî: *"Cend salî ye?"*

Agirînê Havîn hilda û got: *"Du û nîv, ez ê herim rûyê wê bişom û li derve biguherim".*

Piştî ku Agirîn çû, Mercanê ji Mêvan re got: *"Kurê min, ji kerema xwe tiştekî ji bo keça feqîr bike. Ji malbata wê heta niha ti kesek nehatiye dîtin, ne dê û ne jî bav. Her cara ku ji bo nûçeyan diçe ofîsa kampê bi girî vedigere. Ji kerema xwe bigerin û ji hevalên xwe bipirsin, belkî we ji bo wê hêviyek dît".*

Bapîr pirsî: *"Ci hatiye serê malbata wê? Li ku dijîn?"*

Mercanê got: *"Di hewşa xwe de bûye, dema ku roketek li mala wê dikeve û keça xwe ya 8 mehî ku di bin xirbeyan de miribûye, derxistiye derve, hevserê wê ku mamosteyê dibistanê bûye û dema ku DAÎŞ êrîş kiriye, şer kiriye. Berî ku bê girtin hinek ji wan kuştine. Ax, ez çawa* bibêjim ji wê êşê û îşkencê ... keçika belengaz got ku fermandarê wan mêrê wê li ber çavên wê kuştiye, heman fermandarî ji Agirîn biriye ku destavêtina wê bike. Wê şevê ew kuştiye û ji bo alîkariyê reviyaye. Paşê rastî Mêvan hatiye". Mercanê bi axînekê çîroka xwe qedand, paşê berê xwe da Mêvana matmayî û dilşikestî. "Mêvan, kurê min, hay ji keça feqîr hebe. Wê niha tenê tu heyî, alîkariya wê bike".

"Beş e dayê, ez ê her tiştê ku ji destê min were ji bo wê bikim. Ez ê li malbata wê bigerim ku wan bibînim. Heta wê demê ez ê wekî malbata xwe lê xwedî derkevim, ez soz didim". Dema Agirîn ket hindur Mêvan bêdeng bû.

Agirînê ji Havînê re got: "Baş e, tu niha li vir li cem xaltîka Mercan rûne, paşê ez ê ji te re xwarinê bînim. Havîn rûnişt û Agirînê çû xwarina wê amade kir".

Dema Agirînê xwarina Havînê dikir devê wê, Egîd şiyar bû. Kanî çû ser Egîd û hembêz kir û bir cem Mêvan.

Mêvan got: "Silav, baba, tu çawa yî? Binêre tu çiqasî mezin bûyî. Tu bûyî xortekî çeleng". Mêvan Egîd maç kir, hembêz kir û da ser milê xwe. Mêvan bi dîtina kurê xwe şad û şox û şeng û dilê wî pir geş bû, pê re dest bi lîstikan kir û dûmayê sor ji devê Egîd derxist. "Vê berde, lawo. Tu niha zilamekî mezin î, tu şeş mehî yî". Mêvan henek kir. Rûyê Egîd sor bû û hewl da ku dêmê wî dîsa têxe devê xwe. Mêvan keniya. "Temam, bavo, bibore... were, tu dikarî vegerî. Ne hewce ye ku şer bikî ezbenî".

Heval got: "Binêre wî çawa porê Mêvan girt. Ew şervanekî baş e, mîna bavê xwe".

Dîmena bedew û delal a bav û kur û Agirîn jî di nav de, bişirînek anî ser rûyê her kesî. Mêvan kenê Agirînê dît,

Egîd hembêz kir, paşê çû nêzî wê û got: "Agirîn, ez soz didim te, ez ê li malbata te bigerim. Ez bawer im ku em ê wan bibînin. Heta wê demê, ez ê weke malbata xwe, weke Kaniyê û keçikan, li te xwedî derkevim, baş e?"

Agirînê li çavên wî mêze kir û got: "Sipas, Mêvan, tu mirovekî baş î".

Egîd şalê Agirînê girtibû û dixwest biçe cem wê. Mêvan got: *"Lê binêre, tu ewqas zû ji bavê xwe westiyayî, ha? Kotî".* Mêvan keniya, paşê Egîd da Agirînê: "Han, Agirîn, bigre neku ew ê hemû porê min jêke".

Agirînê Egîd hembêz kir, yekser xwe aram kir û dest bi ken kir û bi porê Agirînê lîst. Tiştaku Mêvan hêvî dikir ev bû ku kurê xwe ewqasî bextewar bibîne.

Kaniyê got: *"Mamê Mêvan, Şirîn û Barîn her roj diçin perwerdeyê. Agirîn jî mehekê çû û hînî gelek tiştan bû. Ez jî dixwazim biçim, lê xaltîka Agirîn dibêje divê ez pêşî ji te destûrê bixwazim".*

Mêvan bi dengekî cidî got: *"Na Kanî, ji bo te pir zû ye".*

"Lê ez jî dixwazim fêr bibim, bikarim şer bikim eger careke din êrîşî me bikin".

"Min ji te re got Kanî, ji bo ku tu çekan rakî hîn zû ye. Dema ku wextê wê bê, ez ê bi xwe hînî we bikim ku hûn çawa xwe biparêzin. Ji kerema xwe nebêjin dibe ku careke din êrîş bikin. Nêzîkî dawiyê ye û em ê di demeke nêz de vî şerî biqedînin. Em ê car din felaketeke wiha nebînin, ez soz didim we".

Kanî bi xemgînî bersivand: *"Baş e. Xem neke mamo. Tu çi bibêjî, ez ê wisa bikim"*

Mêvan bi aramî got: *"Dilê min, ez naxwazim tu li ser van tiştan bifikirî. Divê tu layîqê zarokatiya xwe bî û kêfa jiyanê bikî delal".*

"Mamo, min ji bîr kir ku ji te re bibêjim, Agirîn dibêje ez di şûna wê de dikarim biçim dibistanê, û ez ji xwendinê û çûna dibistanê hez dikim".

"Belê, ew tiştekî pir gring e ku tu bikî. Ez pir bi wê tiştê di kefxweş im, ku keça min biçe dibistanê û bibe doktor an mamoste an jî her wekî ku tu dixwazî bibî". Mêvan keniya û eniya wê maç kir. Rabû ser xwe û got: "Sipas ji bo xwarinê, dayîka Mercan. Em ê li dora kampê bigerin û bibînin ka rewş çawa ye. Ji wir jî em ê demekê biçin cihê perwerdeyê û bi keçikan re vegerin".

"Tu bi xêr hatî, kurê min. Heya hûn û keçik vegerin, em ê şîveke xweş amade bikin".

Bapîr û Heval jî sipasiya wan kirin û mêrik çûn.

Di dema şîvê de hemû li dora maseya ku tijî xwarinên sade û xweş bû, li erdê rûdinişt. Hemûyan car din hest kirin ku weke malbat bi hev re xwarinê dixwin.

Bapîr got: "Dayîka Mercan, ew xwarin pir xweş e! Xwarina destê te pir bitam e. Demeke dirêj e min xwarineke wisa nexwariye".

"Noşî can be kurê min, lê min xwarin amade nekir, Agirînê çêkiriye".

Bapîr berê xwe da Agirînê û sipasiya wê kir.

Kaniyê got: "Agirîn li vir her tiştî dike. Li zarokan xwedî derdikeve û hemûyan bi rêxistin dike".

Şirînê got: "Belê, wê ji bo her kesî rêzikek jî çêkiriye, wek mînak mafê kesî tine ku li ser zarokan biqehire û biqîre".

Barînê dû re wiha got: "Piştî çend nîqaşan wê ji Gelawêj û Ronakê re got ku eger rojekê hûn xwe baş nebînin an jî bi stres bin bila şaleke sor bidin sere xwe, ez ê bi xwe li zarokan xwedî derkevim kû gelek qayîdeyên din ên bi vî rengî ku di destpêkê de ji me re bêwate bûn, lê niha em dikarin bibînin ka ew qayîde çiqasî bikêr in".

Kejal keniya û got: "Erê, ji wê demê û vir ve min jinbiraya xwe ya jîr Gelawêj bêyî şalê sor nedîtiye".

Hemû keniyan. Ji bo wan piştî demeke ewqas dirêj a zor û zehmetî bû demeke xweş.

Piştî şîvê, Mêvan sipasiya wan kir û got: *"Dayê Mercan, êdî hûn hemû westiyayî ne. Dem hatiye ku ez û hevalên xwe herin bila hûn rehet razên".*

Mercanê pirsî: *"Tu bi ku ve diçî kurê min? Cihê ku hûn lê bimînin heye?"*

"Belê, em ê biçin cem hevrêyên xwe. Ew li cihê ku keç lê perwerdeyê didin dimînin".

"Baş e kurê min. Ji we re betanî û balîfan lazim in?"

"Na, sipas," Mêvan bersiv da û Egîd maç kir û da Agirînê.

Dema ku dixwest derkeve, Marcanê got: *"Kurê min, zarokên mayî jî maç bike. Cavê wan li te ye. Demek dirêj e bavên xwe nedîtine".*

Mêvan, Heval û Bapîr li rûyên hemûyan mêze kirin.

Bi eşq û henekeke xweş, hemû hembêz kirin. Xortê Gelawêjê yê biçûk Hozan, Heval girtibû û nexwest wî berde. Diya wî çiqas hewl dida jî, lawikê biçûk guh nedida û xwe li Heval girtibû.

Heval li kurikê biçûk nihêrî û got: *"Baş e, bila hinekî li cem min bimîne. Ez ê wî derxim meşê. Paşê ez ê dîsa bînim. Ez naxwazim bigirî".*

Dotira rojê, keç perwerde kirin û Kanî bi Gelawêj û du zarokên wê çûn dibistana kampeke nûvebûyî. Agirîn û Mercan li çadirê man, xebat û xwedîkirina Egîd û Havînê dikirin.

Nêzîkî nîvro bû Mêvan bi tena serê xwe hat kon. Egîd hembêz kir û li kêleka Mercanê rûnişt. Ji Agirînê ku çay danî pirsî: *"Egîd saxlem û xweş xuya dike. Qet nexweş ketiye?" "Ew baş bûye. Şikur ji Xwedê re ku nexweş neketiye. Dema em nû hatibûn, giraniya wî kem bû û her dem digiriya, vê yekê bijîşk jî xemgîn dikir. Wan got ku giraniya wî li gorî temenê wî tine, lê piştî demekê, çêtir bû. Niha ku Egîd nêzî heft mehî ye, bijîşk got ez dikarim wî bi xwarinên hişk têr bikim, lê min hîn wisa nekiriye"*

Mêvan bi bihîstina gotinên Agirînê rehet bû". *Sipas, Agirîn, tu dayîkeke beş î".*

Mercanê berê xwe da Mêvan û got: *"Erê kurê min, ez ji te re piştrast dikim, wê ji dayîkekê zêdetir ji bo kurê te û Havînê kir. Ew li vir li her kesî baldar e; em bi wê pîroz û rehet in".*

Mêvan got: *"Ez dizanim dayê, ez jê re gelek sipasdar im".*

Agirîn keniya û gerdeniya diya Egîd ji stûyê xwe derxist û dîsa pêşkêşî Mêvan kir. *"Li vir, niha ku tu vegeriyayî, tu dikarî jê re biparêzî".* Gerdenî xiste destê Mêvan.

Mêvan got: *"Lê Agirîn, ev çend roj in ez vegeriyam serdana te".*

Agirînê pirsî: *"Ci? Me bajar rizgar nebûye, tu diçî şerê kuderê? Me we bajar rizgar nekiriye? Mêvan, êdî ez vê berpirsiyariyê qebûl nakim. Divê tu bi kurê xwe re bimînî, Kanî jî bi we hewce ye. Tu bi têra xwe ji wan dûr çûyî".*

Mêvan got: *"Lê şer hîna bi dawî nebûye, dibe ku careke din bibin xwedî hêz, hîn jî ji bo gelê me xeteriyeke mezin e. Divê ez vegerim".*

Agirînê got: *"Baş e, vegere, lê vê carê ez ê berpirsiyariya Egîd û Kaniyê negirim".*

"Lê min tenê tu heyî", Mêvan wiha got û rabû ser xwe. *"Kî dikare lênêrîna wî bike?"*

"Tu! Tu bavê wî yî, tu bi xwe lê xwedî derkeve. Divê ez li pey malbata xwe biçim".

"Biçî ku derê delalê? Ji bilî şer tiştekî din nîne. Tu yê çawa li wan bigerî?"

"Ez jî weke her kesî di perwerdeyê de me. Ez naxwazim li vir rûnim û tiştekî nekim dema ku her kes bi wan re şer dike. Ez xwe bêhêz, bê wate hest dikim".

Mêvan xwe nêzîkî wê kir. *"Agirîn, ji kerema xwe, divê ez vegerim. Li wir ez lazim im".*

"Ez nikarim li vir bimînim, ji kerema xwe fêm bike Mêvan. Egîd êdî dikare xwarinên normal bixwe, hewcedariya wî bi min nîne. Min ji te re got ku ti rêyek tine ku ez li vir bimînim, dawiya gotûbêjê, baş e?" Agirîn ji kon derket.

Mêvan Egîd da destê Mercanê û got: "Dayê, ji kerema xwe zarokê bigire, ez bibînim ka ez dikarim fikra wê biguherim an na". Li derva da pey wê û jê xwest ku bisekine, lê Agirînê nexwest guh bidê, dixwest bi tenê bimîne.

Agirîn demekê li kampê geriya û piştre ber bi navenda perwerdeyê ve bi rê ket. Rahênerekî dît ku Agirîn tê û çû aliyê wê ku navê wê binivîse. Agirînê dema navê xwe dinivîsî dît ku Mêvan û yên din ber bi wê ve tên. Agirînê bi nerehetî li wan nihêrî.

Mêvan ber bi wê ve çû û got: "Agirîn, di jiyana min de bes ev zarok ji min re maye. Eger tu wî negirî, ez nikarim bi selametî biçim şer".

"Neçe, bi kurê xwe re bimîne, ez ne diya wî me, ji te pê ve kes tineye, heqê wî ye ku bi bavê xwe re be. Min soza xwe da Mêvan, ez jî mîna her kesî dixwazim herim şer".

"Ax... çima tu hewl nadî rewşê fêm bikî? Tu dizanî ku çûna şer çiqas xeter e. Dibe ku tu bêyî kuştin".

Agirînê dengê xwe bilind kir û got: "Ez fêm dikim û mirin ne xema min e, temam?"

Heval dît ku sebra wî nema, ji Mêvan re got: "Tu here Mêvan, ez ê bi xwîşka xwe Agirînê re biaxivim". Ber bi Agirînê ve meşiya û jê xwest ku rûne. "Em hemû di bin fermana wî de ne. Eger ne ji wî bûya, heta niha ez û leşkerên me çend caran nêzî kuştinê hatin. Ew hemû cihan dizane û dizane çawa şer bike û me rêberî bike. Pêwîstiya me bi şarezayiya wî ya şer heye".

Agirînê bersiv da: "Ez dizanim ew jîr e. Min ew di rojên dijwar de dîtiye. Wî jiyana min xilas kir, lê heke ez perwerde bim, ez jî weke wî dikarim şer bikim û ji gelê xwe re bibim alîkar".

Heval got: "Bê guman tu yê bikarî. Eger hûn her du jî werin, dê îdeal be. Lê heke tu werî, ew neçar e bimîne. Ew nikare kurê xwe û Kaniyê bi tenê bihêle. Ew jêhatî ye û wextê me tine xwîşka min".

Fermandara jin a ku rojê demjimêrekê perwerdehiya Agirînê dida, gotinên Hewal piştrast kirin.

Ronak ku bi mêran re hatibû, wiha pê de çû: "Agirîn tu jineke xwenda yî, tu dizanî alîkariya mirovan bikî û biaxivî û rehetiyê bidî. Eger ne ji te bûya, gotin û xema te tinebûya. Min ti carî nedikarî rabim û dîsa bi vî rengî bihêvî bim, te jiyaneke din da min".

Fermandara jin got: "Eniya şer niha li du cihan e, yek li vir, yek jî li cihê ku Mêvan ê biçe. Wextê we têrê nake. Divê tu li cihê ku tu herî baş î, li cihê ku tu dikarin herî zêde alîkariyê bikin de bimînin". Heval got: "Agirîn, em naxwazin te bêzar bikin û zorê li te bikin. Niha ku te em bihîstin, biryara xwe bide, tu çi biryarê bidî em ê rêzê lê bigirin".

Agirînê li Mêvan mêze kir ku li ber erebeyekê sekinîbû û lê temaşe dikir. Hinekî fikirî. "Baş e, tu rast dibêjî, mayîna min li vir bêtir bi kêr e. Divê ez vegerim konê Egîd û Havînê". Çû.

Ronak û Heval çûn cem Mêvan û jê re gotin ku Agirînê biryara xwe guhertiye û dê li vir bimîne. Piştî ku Mêvan gotinên wan bihîstin, li dû Agirînê bezî û got: "Agirîn, li benda min be".

Agirîn sekinî. "Heta tu vegerî ez ê li kurê te û Kaniyê xwedî derkevim. Ez nahêlim tiştek bi wan were, niha tu dikarî herî".

"Ji kerema xwe re negirî Agirîn. Ez naxwazim tiştek bi te jî were, tu ji min re pir giring î. Ez dixwazim ku tu sax bî, naxwazim tu jiyana xwe bêxî xetereyê".

"Lê ez êdî naxwazim bijîm, ez vê dinyaya zalim naxwazim, ez tiştekê bi vê jiyanê re naxwazim. Ez ewqas bîriya mêrê xwe û keça xwe dikim ku dixwazim bimirim. Sedema ku ez hê jî nefesê dikişînim ew e ku ez naxwazim bêçine jiyana xwe berdim, lê weke te got dema ku gelê min hewceyî min be ne wextê min e ku ez li ser xwe bifikirim, lewma ez ê li vir bimînim û tiştê ku ez berpirsiyar im bikim".

"Tu nikarî vê yekê bibêjî, tu nikarî li mirinê bifikirî. Şerê me bi têkbirina DAÎŞ`ê bi dawî nabe, ji ber ku ew ê dîsa were, wekî ku di dîrokê de zêdetirî heftê caran bûye. Dema ku em van trajîk piştrast bikin dê bi dawî bibe. Qet komkujî nayên serê me û zarokên me, eger em dest pê bikin û hîn bibin çima ev yek tê serê me, wê roj bibe rastî, we Evîn wenda kir, lê dîsa jî bi sedan zarokên we yên weke Evînê hene ku hewcedarê dayikeke wekî te ne. Dema ku zarokek ji bo hembêza we ya dayikê dimire, tu çawa dikarî li çavên wan binerî û bibêjî ku tu tiştek nikarî bikî"

Agirîn di bêdengiyê de lê mêze kir.

Mêvan got: "Niha pêwîstiya me bi şervanên me heye û divê em te û kesên weke te ewle bihêlin da ku hûn nifşê nû mezin bikin ku rastiya vê dinyaya zalim bibînin. Lewre ji kerema xwe dev jê bernedin. Di cihê xwe de bi zanayî şer bikin û zanîna xwe bidin wan". Çavên Mêvan tijî hest bûn.

Agirîn bi kenekî xemgîn li ser rûyê xwe got: "Tu jî weke hevjînê min Dilovan diaxivî. Her tim digot rêya rizgarkirina gelê me û jiyaneke aram û bi rêzdarî ku heq me ye, tenê zanîn e".

"Ez, ez..." Mêvan tam nizanî çi bersiv bide.

Agirînê ji bi rastî çi bersiv jê nedixwest. "Divê ez vegerim Egîd. Ew niha birçî ye. Tu vegere cem hevalên xwe".

"Na, ez ê bi te re bêm kon". Mêvan milê wê girt. "Agirîn, min qala hevjînê te ji dayika Mercan re kiriye. Mirovekî bi hêz û wêrek bûye. Ez ji ber wendabûna wî pir xemgîn im".

"Erê, ew bêhempa bû. Ez pir bîriya wî dikim. Hin hizra wî dikim êdî *canê min dişewite û bêhna min dernakeve. Agirîn rawestiya, hêsiran dest pê kirin û daketin li ser gepên wê.*

Mêvan sekinî û ew hembêz kir. *"Ez dizanim çiqas biêş e. Ez ji Henanê re heman derdî dikşînim û dihizirim. Lê ez soz didim te ku ew ê baştir bibe û tu hîn jî dikarî li jiyanê kêfê bikî û bi dil bikenî delalê. Em ê dîsa li ber xwe bidin".*

Agirînê got: *"Ez hêvîdar im, ji ber ku her ku diçe rewş dijwar dibe".* Û hêsirên xwe paqij kirin.

Gava gihîştin kon, dîtin ku Mercan Egîd girtiye û hewl dide Havînê aram bike. Mercanê Agirîn dît û got: *"Agirîn keça min tu çûyî ku derê? Ji dema ku tu çûyî Havîn ji bo te digiriya, ez bawer im ku Egîd birçî ye. Ji kerema xwe were û aram bike".*

Mêvan Egîd hilda û xwest wî aram bike. Havîn zû bêdeng bû û li tenişta Agirînê dest bi lîstinê kir.

Piştî çend kêliyan Agirîn berêê xwe da Mêvan. *"Ez Egîd bibim. Ew birçî ye, û hema hema wextê xewa wî ye".* Destên xwe dirêjî Egîd kir.

"Erê, ew westiyayî xuya dike. Kurê min here bal Agirînê. Divê bavê te biçe". Mêvan Egîd da destê wê.

Marcanê pirsî: *"Kurê min tu diçî ku derê?"*

"Ez ê biçim cem hevalên xwe û piştî nîvro vegerim".

Piştî çend demjimêran, Agirînê bihîst ku Mêvan li derve bi Kaniyê re diaxive: *"Silav, Kanî! Dibistan çawa bû?"*

Kaniyê bersiv da: *"Gelek xweş bû mamo".*

"Baş e, keça min. Agirîn di hindur de ye?"

"Erê, ji me re şîvê çêdike".

"Tu dikarî gazî wê bikî? Divê ez pê re biaxivim".

Agirînê bihîst, Egîd hilda û çû cem Mêvan: *"Silav, hûn zû vegeriyan. Her tişt baş e?"*

"Belê, bername guherî, divê em îşev ji kampê derkevin. Ka em bimeşin, divê ez bi te re biaxivim". Mêvan Egîd hembêz kir û li benda amadebûna Agirînê ma.

Agirînê got: "Kanî, delal, ji kerema xwe li Havînê binêre, ew di xewê de ye. Ji kerema xwe bila xaltîka Mercan bizane ku ez çûm û çavê wê li xwarinê be bila neşewite".

Kaniyê got: "Temam, xaltîka Agirîn, xem neke, ez ê jê re bibêjim".

Agirînê kumê Egîd ê biçûk danî serê wî û bi Mêvan re çû.

Mêvan gerdenî ji bêrîka xwe derxist û dîsa da Agirînê. "Han, ez vê didim te, û li vir hinek pere heye, hûn ê hewce bikin".

Agirîn gerdenî hilda û ji bo pere sipasiya Mêvan kir.

"Agirîn, mixabin ez nikarim merê te û keça te vegerînim. Ez ê li malbata te bigerim. Min navên wan li her derê ji her kesî re nivîsî da ku li wan bigerin. Ez dev ji şerê DAÎŞ`ê bernadim heta ku ew hemû vengerin cihê ku jê hatine yan jî bimirin. Operasyona me vê carê wê me kûrtir dibe nava xaka dijmin, lewma ez nikarim serdana we bikim. Lê em ê bi telefonê di têkiliyê de bin. Ez dixwazim ku tu xwe û yên din biparêzî".

Agirîn ku heta wê kêliyê bêdeng mabû serê xwe rakir û got: "Baş e, ez soz didim te, lê divê tu jî soz bidî ku tu xwe biparêzî. Eger tiştek were serê te, ez nizanim çi bikim. Yek ji me nizane".

"Ez ê vegerim, nîgeran nebe, ez soz didim te. Eger tiştek jî bibe, ez dizanim hûn ê baş bin û rêya xwe di vê jiyanê de peyde bikin. Niha divê ez biçim û alîkariya komê bikim ku amade bibe. Şirîn, Barîn û Kejal jî dê bi me re bên, êdî perwerdeya xwe bi dawî kirine".

Agirînê got: "Belê, demeke dirêj e amadekariya xwe dikin".

"Baş e, hingê, ez ê te di dema şîvê de bibînim. We tiştek hewce ye?"

"Dibe ku ji bo îşev hinek nan û xwê".

"Baş e, ez ê dema vegerê bînim. Han, ji kerema xwe Egîd bigire û here *hindur".* Mêvan wiha got û çû.

Dema xwarinê, her kes bêdeng bû. Di dawiyê de, Marcan, çavên girî got: *"Keça min, Kejal, ez naxwazim ku tu biçî. Eger bav û birayê te vegerin, ew ê kêfxweş nebin. Ji kerema xwe tu dikarî fikra xwe biguherî û bimînî?"*

Kejalê bi dengekî tûj bersiv da: *"Dayê, em li ser vê yekê axivîn. Ez ê herim. Eger ew vegerin, ez bawer im yê berî her tiştî xwe çekdar bikin û biçin şer û tu vê yekê dizanî. Ji kerema xwe piştgir be, ya ku ez niha hewce dikim ev e."*

Mercanê ku nexwest keça xwe aciz bike got: *"Baş e delalê, bila bi gotina te be. Xwedê we û her kesê ku şerê dijminê me dike biparêze".*

Piştî şîvê, her kesî alîkarî kir, paşê ji hev xatir xwestin.

Mêvan Kanî maç kir û got: *"Temam, keça min a Şirîn, ez niha diçim. Ez dixwazim ku tu bihêz bî û soz bidî min ku tu yê baş li Agirînê û Egîd, û helbet li xwe jî miqat bî heta ku ez vegerim, baş e?"*

Kanî bi hêsiran wê hembêz kir. *"Ez ê pir bîriya te bikim".*

Paşê leşkerên wan siwar bûn û çûn. Agirîn tevî Kanî û yên din vegeriya hindur. Nava Kon vala û xemgîn bû dilê hemûyan xemgîn dikir.

Ronakê alîkariya Gelawêj û Agirînê kir ku nivînan amade bikin.

Agirînê pirsî: *"Te çima nivîna Havînê danî wir?"*

Ronakê got: *"Min dît ku tu îro ji ber hişyarbûna Egîd çiqasî westiyayî. Lewma min got bila Havîn bi min re bimîne, û tu îşev rehet bibî".*

Agirînê got: *"Baş e, lê dayîne vir, ew der sar e".*

"Baş e, baş e ku ew radizê. Wekî din, ji min bêtir dixwest bi te re razê".

"Wê nebêjin. Tu bi qasî min li bal wê namînî, hemû ji ber wê yekê ye."

Ronak keniya û got: *"Belê, tu rast dibêjî, Agirîn ez ji te re pir sipasdar im".*

"Havîn mîna milyaketek ê ye, ez pir jê hez dikim, mîna keça min dilê min bi wê aram e".

Ronakê Agirîn bi dil hembêz kir û got: "Sipas, xwîşka min, Havîn pir baxtewer e. Niha here xewa xwe xweş bike, ji ber ku sibê karê me heye".

Dotira rojê Agirîn ji xew şiyar bû ku Egîd bimêjîne. Dît ku nivînên Ronak vala ye, ji Gelawêjê re got: "Ronak ji bo perwerdehiyê zû çûye, gelo dema wan guhertine?"

Gelawêjê çend caran li Agirînê mêze kir, mîna ku dixwest tiştekî bibêje, lê her difikirî û tiştek negot.

Piştî nîvro Mercan û Gelawêj li kêleka Agirînê rûniştin. Gelawêjê got: "Agirîn, em dixwazin ji te re tiştekî bibêjin".

"Baş e, bibêje, çi diqewime? Tevahiya rojê tu xerîb tevdigerî".

Ya rast, duh Ronakê em birin aliyekî û got: "Ez nikarim li vir bimînim, divê ez biçim pey keçên xwe. Piştre bi şev di demjimêr 3`yan de bi leşkerên duyemîn re çû".

Agirînê got: "Ci!? Ew çû? Cawa Cû? Havîn? Wê hûn li vir bi tenê hiştin?"

Gelawêjê got: "Belê, wê Havîn li hêviya me hişt".

Agirînê bi dengekî bilind got: "Ma ew dîn bûye? Gelo Mêvan ji vê yekê dizanibû?"

Marcanê got: "Na, Ronakê ji Mêvan re jî negot. Ji tirsa ku Mêvan ê nehêle ku Havînê bihêle. Wê got ku ew ê paşê telefonî wî bike û jê re bibêje".

Agirînê got: "Tevî ku perwerdeya xwe temam nekir. Wan çawa destûra wê da?"

Gelawêjê got: "Erê, wê temam kir, ji ya ku dihat hêvîkirin zûtir qedand. Wê xwest ji te re bibêje, lê negot. Ji ber ku dema dît te nexwest Egîd qebûl bikî, tirsiya ku ji te re bibêje. Ji ber vê yekê wê ji me xwest ku em ji te daxwaz bikin ku tu Havînê jî biparêzî û jê re bibî dayîk. Û eger tiştek bê serê Ronakê, wê got ku ew dixwaze ku tu bibî diya Havînê û wê mezin bikî".

Marcanê xwe dirêj kir û destê Agirîn girt. *"Ez dizanim ku ev berpirsiyariyeke mezin e û diviya Ronakê ji te bipirsiya, lê, wê jinika belengaz, Xwedê dizane ku ew çiqas êş kişandiye ji ber ku du keçên wê yên biçûk di destê DAÎŞ`ê de ne".*

Gelawêjê hewl da ku Agirînê aram bike: *"Lê tu tenê nînî, ez û Mercan hene. Em ê alîkariya we bikin".*

Agirîn bi bêdilî got: *"Niha, ji min re ti çareyeke din nemaye. Ez wê fêm dikim û ez dua dikim ku ew bi keçên xwe re bi ewlehî vegere".*

Meh derbas bûn. Mêvan û jinên ciwan tevî hêzên din ên kurd, hîn li qadên şer bi dijmin re şer dikirin.

Rojekê telefona Agirînê lêxist. Wê hejmar nas nekir lê bersiv da. *"Silav...".*

Dengê keçekê jê pirsî: *"Tu Agirîn î?"*

"Belê ez im! Tu kî yî?"

"Ez im, Sîber. Dema DAÎŞ`ê ez girtim min telefon kir û bi we re axivîm".

Agirîn bi bihîstina wê pir kêfxweş bû. *"Sîber, tu çûyî ku derê? Cima te dîsa telefon nekir? Min gelek caran telefonî te kir. Em xemgîn bûn. Niha li kû yî?"*

"Diviya bû ku ez telefona xwe vekim û dîsa veşêrim. Wî zilamî piştî mehekê ez firotim yekî din".

"Niha li kû yî?"

"Ez hefteyekê berê rizgar bûm. Hêzên me êrîşî DAÎŞ`ê kirin û em rizgar kirin. Ez dixwazim telefona Narînê vegerînim kampa we û we bibînim. Kampê li ku ye?"

Agirîn navnîşana kampê da wê û dû re got: *"Temam, ez ê li benda te bim. Dema ku hûn gihîştin kampê, min agahdar bikin".*

Sîber Piştî çend rojan hat ba wê. Agirînê silav da wê û tevî hevalên wê vexwend hindurê kon. Rûniştin û Agirînê xwarin pêşkêşî wan kir. *"Sîber, ji min re bibêje, te kesek ji malbata xwe dît?"*

Sîberê zilamê li kêleka xwe nîşan da û got: *"Erê, ev birayê min e. Paşê berê xwe da du hevalên xwe yên din. "Û ev diya min e û ev jina birayê min e. Lêbelê, me hîna jî li ji xwîşk û pismamên xwe yên mezin ti nûçe negirtine. Weke ku te ji min xwest, min hemû navên keç û jinên ku min dîtin, ezber kirin û dane rayedaran".* Telefonek derxist û da Agirînê. *"Ev telefona Narînê ye, hê jî hemû wêne hene".*

Agirînê got: *"Sipas".*

Marcanê got: *"Gelek sipas, keça min. Birayê wê dê pir kêfxweş bibe ku wêneyên wê bibîne, ew dikare wan bi kar bîne û li malbata xwe bigere".*

Piştî ku hinekî sohbet kirin, Sîberê got: *"Temam Agirîn, ez bawer im ku em herin çêtir e. Sipas ji bo alîkariya te, gotinên te gelekî alîkariya min kirin. Eger tiştek hewce be, me agahdar bike, baş e?"*

Birayê Sîbêrê got: *"Erê xwîşka min, eger kesek hewceyî tiştekî be, gazî Sîberê bike. Hinek şîr û hêkên me jî hene ku xesûya min ji we re şandine".* Çû aliyê otomobîla xwe ku wan bîne.

Agirînê got: *"Xwedê jê razî be, em ji miherbanîya wê re sipasdar in. Ji bo hatin û silava we hemûyan sipas dikim û ji kerema xwe re silavên me bidin xesûya xwe û malbata wê".* Bi kesên din re çû otomobîla wan, li wir birayê Sîber ê şîr û hêk da wê.

Piştî ku ew çûn, Agirîn bi kesên din re vegeriya hindurê kon, telefon vekir û li wêneyan mêze kir. Mercanê dema wêne dîtin giriya û got: *"Li Narîn û kenê wê yê xweş binêre! Di van wêneyan de ew bi malbata xwe re çiqas kêfxweş e. Û ev Mêvan e, jina li kêleka wî jî jina wî ye!"*

Agirînê axîn da: *"Belê dayê, ew jina wî bû".*

Gelawêjê got: *"Binêrin çiqas serbilind û bextewar bû, lê niha çi?*

Xwedê dizane ku niha çi tê serê Narînê. Ez guman dikim ku ew hîn jî sax e. Ax... Mêvanê belengaz!"

Çend roj derbas bûn. Êvarekê, dema ku her kesî li hindurê kon li ser şîvê sohbet dikir, telefonek ji wan re hat. Agirînê bersiv da. "Silav".

Mêvan got: "Silav Agirîn, tu çawa yî? Zarok çawa ne? Her tişt baş e?"

"Erê, em hemû baş in. Halê we çawa ye? Demeke dirêj derbas bû. Cima te telefon nekir?"

"Ez dizanim, ez nikarim. Ez li eniya pêş im, lê ez baş im".

Agirînê got: "Mêvan..".

"Belê?"

"Tê bîra te em bi keçeke bi navê Sîber re axivtîn? Telefona xwîşka te hebû".

"Erê, wê dîsa telefon kir? Wê carê got ku niha li ku ye?

Agirînê got: "Na, hinekî bisekine. Ew hat vir û bi birayê xwe re serdana me kir. Telefona xwîşka te vegerand û hîn wêneyên wê û malbata te li ser telefonê hene".

Mêvan got: "Ew nûçeyek xweş e, ji kerema xwe ji min re hin wêneyan bişînin ku ez bikarim alîkariyê bistînim û li wan bigerim".

Agirînê got: "Baş ê".

"Ji min re bibêje, Egîd çawa ye? Cara dawî ku min telefon kir, te got nexweş e".

"Niha pir çêtir e. Me nekarî bizanin çima nexweş e, ji ber vê yekê ez ji xwarina wê baldartir im ku ez piştrast bim careke din nexweş nekeve".

"Ez dikarim bes sipasiya te bikim, Agirîn".

Agirînê got: "Kanî jî li vir e û dixwaze bi te re biaxive".

"Baş e, lê berî ku ez pê re bipeyivim, divê tu bizanî dibe ku ez ji bo demekî nikaribim telefon bikim, ji ber vê yekê xemgîn nebe, û bala xwe û yên *din bigire. Niha tu dikarî telefonê bidî Kaniyê û ji kerema xwe re silavan bigehîne Marcan û Gelawêjê jî".*

Kanî telefon girt û bi Mêvan re dest bi axaftinê kir.

Wan sohbetek baş kir û di dawiyê de xatir xwestin.

Paşê Agirînê ji Kaniyê re got: "Keça min, ji kerema xwe re çend wêneyên Narîn û hemû endamên malbatê ji Mêvan re bişîne. Û ji bîr neke ku wêneyê daweta ku hûn û diya te tê de bûn bişînin. Wêne dê alîkariya wî bikin ku malbata xwe bibîne".

Kaniyê bi hêvî û heyecan bersivand: "Temam, xaltîka Agirîn, ez ê niha wan bişînim".

BEŞA 13

Çend meh di ser telefona Mêvan a dawî re derbas bûn. Egîd roj bi roj nexweştir dibû û bêtir aciz dibû û bijîşkan jî sedema vê yekê nedidîtin.

Rojekê dema Agirînê xwarin çêdikir, dît ku Egîd bê sedem hevsengiya xwe wenda kir, paşê kete erdê û li ser serê xwe hate erdê. Agirînê di cih de ew rakir û hembêz kir, paşê berê xwe da Mercanê ku wê jî dîtibû, got: *"Dayê, ev tiştekî normal nîne, divê tiştek di serê Egîd de hebe. Ez neçar im ku wî bibim cem bijîşkekî baş da ku hin bersivan bistînim".*

Egîd amade kir û çû konê tendirustiyê. Rasterast çû oda bijîşk û got: *"Ji kerema xwe bijîşk, her cara ku ez Egîd tînim vir, qey tu tiştekî xelet nabînî, lê rewş û mezinbûna wî roj bi roj xerabtir dibe. Cend roj in gelekî neret e û digirî.*

Min her dermanê ku te got daye wî, lê tiştek nekiriye. Divê hûn hinek bersivan bidin min".

Bijîşk ji Agirînê xwest ku behsa tevgera Egîd a van rojên dawî bike. Agirînê Egîd da hembêza xwe û lê mêze kir û got: *"Ne baş e. Îro dimeşiya û bê sedem li erdê ket".*

Bijîşk got: *"Tu divê herî nik bijîşkekî pispor li nexweşxaneyeke baş, ew ê pirsgirêkê bibînin, xwîşka min. Li vir îmkanên me kêm in. Em dikarin ji bo testan bişînin. Eger talûkeyeke lezgîn û eşkere hebe, em nexweşan* dişînin nexweşxaneyê".

"Lê testên kurê te heta niha tiştek nîşan nedaye. Belê ez ê navnîşana doktorekî pispor bidim te. Ez ê navnîşan û navê wî li ser kaxezê binivîsim, tu dikarî wê biçî nik wê. Niha ji kerema xwe Egîd bibe malê. Di vê hewaya xirab de, divê ew li derve nemîne, baş e?"

"Baş e, ez ê di demek zû de wî bibim cem pispor". Agirîn paşê Egîd vegerand kon.

Kanî bi xemgînî pirsî: "Doktor çi got?"

Agirînê bi dengekî lerzok got: "Divê em wî bibin cem pisporekî ku bizane çi diqewime. Niha divê ez wî dayînim û ji bo xewê amade bikim".

Wê şevê Egîd heya serê sibê giriya. Agirîn û Mercanê ew rasterast birin cem doktor. Piştî lênêrînê doktor got ku baştir e Egîd tavilê rakin nexweşxaneyê. "Ji kerema xwe vegere konê xwe û ji bo xwe û Egîd hin tiştên pêwîst pak bike.

paşê em ê we her duyan bi otomobîlê bişînin nexweşxaneyê".

Agirîn û Mercan vegeriyan kon ku pak bikin, paşê Agirîn û Egîd bi otomobîlê bi doktor re ji kampê derketin. Dema hatin nexweşxaneyê doktoran Egîd bir û muayene kirin.

Çend demjimêr derbas bûn û Agrîn li oda bendewariyê li ser kursiyekê rûniştibû. Di dawiyê de, doktorê kampê hat û got: "Xwîşka min, were, li pey min were. Pispor dixwaze bi te re biaxive".

Çûn odeya doktor û pispor ji Agirîn xwest ku rûne. Pispor li notên xwe mêze kir û got: "Keça min, tam kurê te çend salî ye?"

"Hejdeh mehî ye."

"Baş e, dema ku tu ducanî bûyî û berî wê, gelo pirsgirêk an tiştekî te yê din hebû ku ez pê zanibim?"

Agirînê got: "Ez nizanim. Ez diya wî ya rastî nînim, ji ber vê yekê ez tiştekî jê nizanim".

Pispor pirsî: *"Belê, hingê. Dayîka wî li ku ye?"*

"Diya wî miriye û bavê wî li eniya şerê DAÎŞ`ê ye".

"Gelo malbat an kesek heye ku bikare hin agahiyan bide min? Tu dizanî zarokên wan ên din hene yan na? Bavê wî çend salî ye?"

"Na, ev yekane zaroka wan e. Bavê wî li derdora sî û heştan e. Ez tam nizanim, lê biraziya wî li kampê ye û ew ê bizane. Ka ez telefonî wê bikim û pirsên te jê bipirsim".

Wî got: *"Sipas".*

Agirînê telefona xwe derxist û telefonî Kaniyê kir.

Kaniyê got: *"Erê, hin pirsgirêkên wan hebûn. Henan çend caran ducanî ma, lê her carê piştî du sê mehan zaroka wê dimir. Lê bi awayekî Egîd di dawiyê de bi ser ket".*

Agirîn telefona xwe daxist, paşê agahî da pispor.

Wî hûrgulî li notên xwe zêde kir, dû re got: *"Mixabin, wekî ku min guman dikir, dibe ku ew bibe sedemeke kûr a pirsgirêkên tenduristiya zarokê".*

"Di derbarê rewşa zarokê de me hin nirxandinên zû kirine. Dîsa jî em ne bawer in heya ku encamên testê ji laboratuarê neyên. Lê wisa dixuye ku bi îhtîmaleke mezin diviya ku ev zaroka wan tinebûya".

Agirîn pirsî: *"Niha çi? Egîd wê çawa be? Ew ê çêbe?"*

"Ez nizanim keça min. Divê em li bendê bin ka pirsgirêka sereke çi ye. Zarok ji ber rewşa xwe ya giran niha di bin lênihêrîna de ye. Pêwîst e ku ew li wir bimîne da ku bi rêkûpêk were nirxandin".

Agirîn got: *"Bavê wî ew li bal min hîşt. Min soz da wî ku ez ê nehêlim tiştek were serê zarokê. Ji kerema xwe wî xilas bike, tiştekî bike, doktor".*

"Ez nikarim soz bidim te. Divê em li bendê bin û bibînin, lê em ê karê herî baş bikin. Tu hewl bide ku bi bavê wî re biaxve û agahdar bike".

Agirîn dest bi girî kir, ji ber vê yekê pispor qedehek av da wê û bi dilovanî got: *"Keça min, negirî. Bihêle ez te bibim ba wî".*

Agirîn li dû pispor çû. Li pişt camê sekinî û li hemşîreyeke ku di hindur de li cem Egîd bû temaşe kir. Piştî demekê Agirînê telefonî Kaniyê kir.

"Silav xaltîka Agirîn, Egîd çawa ye? Doktor çi got?"

Agirînê bi dengekî lerzok pirsî: "Ez nizanim, Kanî. Dayê li wir e?"

"Erê, ka ez telefonê bidim wê".

Mercanê telefon hilda: "Silav, keça min. Ci bûye? Egîd çawa ye?"

Agirîn giriya: "Ez nizanim, ew di beşa ICU`yê de ye û bijîşk dibêje ne baş e. Niha çi bikim dayê? Ez nikarim zarokeke din wenda bikim. Eger ez wî wenda bikim? Eger ew jî min bihêle? Ji kerema xwe dayê, ez ji mirina wî ditirsim..".

Marcan dema ku gotinên wê bihîstin, xemgîn bû û bêtir perîşan bû: "Keça min, sebir bike. Ew ê zû baş bibe, ez ji we re dibêjim hêviya xwe ji Xwedê nebire. Te ji Mêvan re telefon kir?"

"Erê, lê ew bersiv nade".

"Baş e keça min, here rûyê xwe bişo û avê vexwe. Eger tiştek were serê te, ji bo zarokê ne baş e, ji bo Egîd xwe bihêz bike, çavê me li te ye. Lewma ji kerema xwe bihêz be û xwe wenda neke. Ez ê hewl bidim ku telefonî Mêvan bikim û bibînim ka Kejal û Şirîn çawa dikarin pê re têkiliyê dayînin".

"Baş e dayê". Agirîn telefon daxist û dest bi girî kir.

hemşîreyek hat û li kêleka wê rûnişt: "Negirî. Înşallah yê baş bibe. Were em rûnin û tiştekî bixwin".

Hefteyek derbas bû. Agirîn dîsa çû ku nexweşxaneyê ku pispor bibîne. Xwest rewşa Egîd bizane. Di wê kêliyê de ku diaxivî, telefona wê lêxist. Li telefonê nihêrî û got: "Doktor, bavê Egîd e".

Wî got: "Baş e, bersivê bide".

Agirîn giriya: "Silav... Min gelek caran telefonî te kir. Tu li ku bûyî?"

Mêvan got: "Ez dizanim, bibore, ez li eniya pêş bûm û telefona min bi min re nebû. Dayê ji min re telefon kir! Niha Egîd çawa ye?"

"Pisporê wî li vir e. Ez ê telefonê bidim cenabê wî".

Pispor telefon hilda û got: "Silav bira, ez pisporê Egîd im..". Dema ku dipeyivî, ji Agirînê dûr ket.

Wê nikaribû bibihîze ku ew çi dibêje, lewma ew li bendê ma, parîşan û xemgîn bû. Piştî ku telefon bi dawî hat, pispor gazî Agirînê kir.

Agirîn bi fikar pirsî: "Egîd çawa ye? Cêtir e? Ji kerema xwe doktor, ji min re bibêje ku em dikarin çi bikin. Ez ê her tiştî bikim".

Pispor dudil bû, dû re got: "Min ji bavê wî re got û ez ê ji te re jî bibêjim, ev mucîze ye ku Egîd hîn sax e û heya vî temenî mezin bûye. Ez naxwazim te bi tevahî bêhêvî bikim, lê dibe ku kurê te nikaribe jiyana xwe bidomîne".

Bi bihîstina gotinên pispor kabûsa Agirînê ya wendakirina zarokeke din dîsa rast hat. Nikaribû bisekine û li erdê rûnişt û dest bi girî kir.

Pispor li kêleka wê rûnişt: "Keça min, ez fêm dikim ku çiqasî dijwar e, lê hê jî hêvî heye, kurê te şervanekî biçûk e. Dibe ku hîn jî derfet hebe ku mûcîzeyek çêbe. Niha were, bila hemşîre li we xwedî derkevin û hinek hebên sedative bide te ku bikarî hinekî aram bî".

Çend roj şûnda Agirîn hê jî li hêviya mucîzeyekê bû. Ew di korîdorê de li derveyî beşa ICU`yê rawestiyabû, ji pencereyê li Egîd dinêrî. Ji kûrahiya dilê xwe dua dikir ku tenduristiya wî baş bibe, çavên xwe veke û dîsa dengê wî bibihîze.

Hemşîreyek hat ku Egîd kontrol bike, lê di cih de bi lez derket derve. Dilê Agirînê lê dixist, dema ku rawestiyabû û li hemşîreyên din ên ku ber bi Egîd ve diçûn temaşe dikir. Pispor di ber wê re bezî û ket odê. Dema ku rewşa Egîd kontrol dikir perde kişand.

Agirîn her li bendê ma, piştre heta ku enerjiya wê qut bû di salonên nexweşxaneyê de meşiya. Piştî çend demjimêran, vegeriya beşa lênihêrîna zirav û li ser kursiya li berê camê rûnişt.

Li bendê ma ku hemşîre tev ji beşê derkevin, lê heta ku pispor derneket kes bi Agirînê re neaxivî. Dema ku pispor nêzîkî Agirînê bû, xemgîniyeke di çavên wî de rabû. Bi qasî ku ji destê wî dihat, wî got: *"Me nekarî kurê te rizgar bikin.*

Bibore".

Agirînê xwe bêçare hest kir, ket erdê. Bijîşk destê Agirîn hejand û rakir: *"Ji kerema xwe xurt be keça min, hewl bide ku rabî. Gelo kesek heye ku were û bi te re bimîne?"*

"Na, yekane tişta min ku li dinyayê mabû, ew bû, û hûn ji min re dibêjin ku ew jî çû..".

"Ez dizanim keça min, ez pir xemgîn im û dilê min dişewite".

Agirîn giriya: *"Niha ez bêyî wî çi bikim û çawa ji bavê wî re bibêjim ku zaroka wî miriye? Min soz da wî ku ez ê li Egîd hişyar bim, nahêlim tiştek bê serê wî".*

"Min evîna te bi vî kurê biçûk re dît. Ez bawer im ku wî jiyaneke xweş hebû û ew bextewer bû ku we heye. Niha ez te bibim cem hemşîreyê ku li te miqat be. Ez ê bi xwe Mêvan agahdar bikim. Divê tu bêyî kontrolkirin, halê te ne baş e". Pispor tavilê bangî hemşîreyekê kir.

Hemşîreyê Agirîn bir odeyekê û ji bo ku demekê razê derman da wê.

Agirîn bi dengê axaftinê şiyar bû, hemşîreyek bi pispor re diaxive. Hemşîreyê jê pirsî: *"Doktor, tu bi bavê wî re axivî?"*

"Na, wî hîn bersiv nedaye".

Çend roj di ser mirina Egîd re derbas bûn. Agirîn li hewşa nexweşxanê ya li kêleka morgê rûniştibû, wekî hemû rojên dawî diçû wir û li benda telefona Mêvan dima.

Piştî çend rojan Mêvan telefon kir û Agirînê bersiv da û nizanibû ku çawa xeberê bide.

Mêvan pirsî: *"Silav Agirîn, Egîd çawa ye?"*

Agirînê dest bi girî kir.

"Ci ye! Ci qewimiye? Ew ne baş e? Agirîn ji kerema xwe tiştekî bibêje".

"Ew çû, Mêvan ... me ew wenda kir".

Mêvan bîstekê bêdeng ma, dû re got: *"Ez ... ez ê telefona te bikim".* Û telefon girt.

Agirîn çû odeya pispor: *"Bavê Egîd telefon kir. Min jê re got çi bûye, nikarî biaxive û telefon qut kir".*

Pispor cîhek pêşkêşî Agirînê kir û got: *"Ez xemgîn im ku tu neçar bûyî wê xeberê bidî. Min çend caran jê re telefon kir, lê bersiv neda. Niha ew ê kengî vegere?"*

"Ez nizanim. Got ku ez ê ji te re telefon bikim, ji ber vê yekê ez hatim cem te, ku tu pê re biaxivî".

"Baş e, keça min, negirî û ji kerema xwe re aram ke. Te baş kir ku hatî vir. Ez ê pê re biaxivim".

Telefona Agirînê dîsa lêxist û pispor bersiv da. Tesdîq kir ku Mêvan e, got: *"Ez ji bo wendabûna kurê te gelekî xemgîn im, birawo, û mixabin ku me nekarî Egîd xilas bikin... Belê, ev çend roj in kurê te li morgê ye... Me gote Agirînê ku vegere kampê heta tu vegerî em ê wî ragirin, lê ew bi îsrar her roj li ber morgê rûdine... Tenduristiya wê ya derûnî û cismî her roj xerabtir dibe. Ji kerema xwe zû vegere, tu li vir hewce yî".*

"Ez nikarim zû vegerim. Ji Agirînê re bibêje bila kurê min bigire û li kampê veşêre".

"Baş e, tu dixwazî ez telefonê bidim wê?"

"Erê, ji kerema xwe".

Agirînê got: *"Silav, Mêvan, ez li vir hawceyê te me"*.

Mêvan nekarî bersivê bide, di nava du rêyan de mabû, nedizanî biçe û bo cara dawîn bigihêje kurê xwe û wê hembêz bike û li Agirîna pirderd re alîkar be, yan di şer de be û gelê xwe xilas bike.

Agirînê dîsa got: *"Tu yê kengî vegerî?"*

Piştî çend kêliyên dirêj Mêvan got: *"Niha ez nikarim vegerim, em di nava operasyoneke leşkerî ya dijwar de ne. Ji kerema xwe tu dikarî Egîd ji bo min bibî malê û bo cara dawî bi wî re bî? Ez xemgîn im ku ez nikarim li wir bim. lê ti çareyeke min tine"*.

Agirîn bêyî ku tiştekî bibêje telefona xwe da pispor.

Pispor got: *"Erê, bira"*.

Mêvan bi xemgînî got: *"Ji kerema xwe her duyan bişînin malê û piştrast bike ku Agirîn ê baş bibe"*.

"Baş e, bira, ez fêm dikim û meraq neke, ez ê ji bo wan her tiştî bikim. Dîsa sersaxiyê ji te re dixwazim". Doktor telefon daxist, berê xwe da Agirînê û qedehek av pêşkêşî wê kir. *"Keça min, Mêvan daxwaz kir ku tu Egîd vegerînî kampê û li wir veşêrî"*.

Agirînê got: *"Got ew nikare vegere?"*

"Erê keça min, lê tu û Egîd niha dikarin herin malê".

"Em mecbûr in. Mêvan nikare bê û kurê xwe cara dawîn bibîne".

Termê Egîd amade kirin û Agirînê ew di destên xwe de girt û berê xwe da rêya kampê.

Marcan, Kanî û Gelawêj ji bo hatina wan amade bûn, bi çavên girî li ber konê klînîkê li bendê bûn. Dema dîtin ku erebe ji ber derî tê dilê wan hê bêtir ket. Bi pêş de bezîn, giriyan.

Agirîn ji maşînê peya bû, Mercanê ew hembêz kir û giriya.

Çend zilaman termê Egîd ê biçûk birin goristana li kêleka

kampê ku defin bikin. Agirîn li pey wan çû û bi dilekî bixwîn li wan temaşe kir.

Hemû hêviyên xwe wenda kiribûn û hemû bextewariya xwe di bin barekî axê de veşartibû. Li ser gora Egîd a biçûk xwe xwar kir, dilşikestî, westiyayî û gêj bû. Serê xwe danî ser axa sar û ew hembêz kir.

Mercan, Gelawêj, Kanî û çend jin û mêrên taxê pê re bûn. Mercanê piştî çend demjimêran ji Agirînê re got: *"Keça min, em herin, tarî bûye".*

"Tu here dayê, ez dixwazim hinekî din li vir bimînim". Agirînê got û hê jî li gora Egîd dinêrî.

"Temam, delala min, tu dikarî bimînî heya dilê te rehet bibe". Mercanê berê xwe da bûka xwe: *"Gelawêj, tu bi zarok û Kaniyê re here malê. Ez ê li cem wê bimînim".*

Agirîn nikarîbû xwe razî bike ku Egîd bi tenê bihêle, demeke dirêj man.

Mercanê got: *"Tu dizanî ku ew êdî ne bi êş û jan e keça min"* û hewl da ku wê rehet bike: *"Ev jiyan e. Eger tu êşa wê bi ser serê xwe neavêjî, tu yê bêtir cefayê bikişînî. Ka em bimeşin malê, tu dikarî sibê dîsa werî serdana wî".*

Agirîn serê xwe ji gorê rakir û Mercanê ax ji rûyê wê paqij kir û got: *"Keça min a feqîr, li xwe binêre".*

"Dayê, ez êdî nikarim van hemû êşan ragirim, ne edalet e".

Marcanê got: *"Ez dizanim, li vê dinyayê tiştek ne adil e... tiştek. Niha em te bibin malê".* Dest bi meşê kirin û vegeriyan konê xwe.

Dema Havînê Agirîn dît, ber bi wê ve bezî û xwe avêt hembêza wê. Bi hesreta dîtina wê bû û dest bi paqijkirina hêsrên wê kir û bi dengekî Şirîn û zarokane got: *"Dayê, êdî negirî. Min gelek bîriya te* kiriye û ez ê li te xwedî derkevim".

Agirînê serê xwe danî ser balgî û Havîn hişk hembêz kir: *"Baş e keça min a Şirîn, eger tu li min xwedî derkevî ez ê baş bim delal ê, binêre ez nagirîm û min jî bîriya te kiriye. Niha em herin razên".*

Çend meh di ser mirina Egîd re derbas bûbûn, xeber ji Mêvan tinebû, telefona wî pir caran qut bû.

Rojekê piştî nîvro Marcanê ji Kaniyê pirsî: *"Keça min, dîsa telefonî mamê xwe bike, ji roja ku Egîd mir, telefon nekiriye. Ez xemgîn im, em nizanin ka ew baş e yan na".*

"Na xaltîk, min çend caran telefon kir û çend peyam jê re şandin, lê bersiv neda. Carekê hevalekî wî telefon hilda û got: *"Mêvan şer dike û nikare biaxive, wê li te bigere".*

Gelawêjê got: *"Erê dayê, çêtir e ku Kanî telefon neke û em li benda wî bimînin".*

Marcanê axînek kişand: *"Baş e, bila weke ku tu dibêjî be. Ez hêvî dikim ku ew baş be".*

Agirînê ku hest dikir ku Mêvan ê qet wê efû neke, bê tehemul bû. Havîn hembêz kir û ji kon derket.

Marcanê pirsî: *"Tu bi ku ve diçî Agirîn?"*

Agirînê bi dengekî aram û xamgîn got: *"Ez ê tenê bi Havînê re biçim ser gora Egîd. Ez ê zû vegerim".*

Di rê de Havînê bi heyecan got: *"Dayê binêre! Binêre ez çend keviran berhev dikim. Tu jî dikarî berhev bikî. Em dikarin herin ser gora birayê xwe Egîd û karê ku duh dest pê kiribû biqedînin".*

Agirîn li rûyê Havînê yê bedew nihêrî û got: *"Tu rast dibêjî delalê, were em kevirên bedew berhev bikin. Her wiha em dikarin çend çiqilên deştan bibirin û ji wan çîçekên xweş mîna kulîlkan çêkin û dayînin ser gora Egîd".*

"Erê dayê, ez ê ji Egîd re rûyekî bişirîn çêkim".

"Ew gelek baş e, delalê".

Agirîn û Havînê demeke dirêj gora Egîd xemilandin. Di dawiyê de Agirînê got: "Temam Havîn, ez bawer im ku niha dema çûyîna malê ye. Tu pir westiyayî xuya dikî. Em ê careke din vegerin".

BEŞA 14

Piştî çend hefteyan, rojekê nêzî nîvro, Mercan û Gelawêj mijûlî paqijkirina qada derveyî kon bûn. Gelawêjê li jorê nihêrî, îşaret kir û got: *"Dayê, ew ne Mêvan ber bi me ve tê?"*

Mercanê pişta xwe rast kir, destê xwe danî ser eniya xwe û li dûr mêze kir. Piştî çend çirkeyan got: *"Erê, ew e! Mêvan e!"* Bi lez ber bi wî ve çû.

Hîn çend gav mabûn ku destên xwe ji Mêvan re vekir, ew hembêz kir. *"Şikur ji Xwedê re ku tu sax û silamet vegeriyayî kurê min! Min digot ku qey ez ê careke din rûyê te nebînim".*

Mêvan got: *"Silav dayê, tu çawa yî? Ji kerema xwe negirî. Ez naxwazim bibînim ku tu digiriyî. Bi dîtina te pir kefxweş im".* Mêvan bi nîşana rêzdarî û hezkirinê xwe xwar kir û destê Mercanê ramûsand.

Mercanê bi dilovanî got: *"Kurê min, çentê xwe bide min, ez ji te re hilgirim, tu westiyayî".* Çenteyê wî hilda û bi wî re meşiya.

Dema dimeşiyan, Mêvan pirsî: *"Tu çawa yî dayê?"*

"Ez baş im, kurê min. Niha ku tu vegeriyayî, ez pir çêtir im".

"Kanî û Agirîn çawa ne?"

"Kanî gelekî çêtir e. Êdî kabûsan nabîne û demeke dirêj e ku nagirî û li xwe nexistiye û êdî bêzariya xwe nake. Diçe dibistanê û Agirîn gelekî alîkariya wê dike".

Mêvan keniya: *"Xeberke pir xweş bû. Lê Agirîn bi xwe?"*

Mercan rawestiya û bi axîn got: *"Ez çi bibêjim kurê min? Heya ku kurê te sax bû, ew ji bo jiyanê ji nû ve bihêvî bû... dikeniya, ji bo siberojê plan çêdikir, her roj baştir dibû.* Lê piştî wefata Egîd dîsa xemgîn bûye. Pir caran bêdeng e. Hema bibêje her roj diçe ser gora wî û bi çavên werimî vedigere. Xwe pir aciz dike, meraq dike ku çawa dikare bi te re rû bi rû be, li şûna ku Egîd di hembêza xwe de bigire û bide destên te niha li bin axê hatiye veşartin. Nizanim kurê min, hema min hêviya xwe wenda kiriye ku dîsa bişirîna wê bibînim. Dîsa şikur ji Xwedê re, li dora wê Havîn heye ku xwe mijûl bike".

"Baş e dayê. Niha li ku ne?"

"Kanî çûye dibistanê. Agirîn jî di hindurê kon de firavînê dide zarokan".

Gava gihîştin ber derê kon, Gelawêjê pêşwaziya wî kir. *"Silav bira! Şikur ji Xwedê re tu baş î. Me pir mereqa te dikir".*

Mêvan got: *"Silav, xwîşka min, sipas,"* bişirî û ew hembêz kir. *"Tu û zarokên te çawa ne?"*

Gelawêjê bersiv da: *"Belê, sipas ji Xwedê re, em hemû baş in".*

Mêvan çend çirkeyan li ber derê kon sekinî, paşê çû hindur û got: *"Silav Agirîn".*

Bi dîtina wî, Agirînê tasa xwarina ku wê dida zarokan danî û rabû ser xwe. Serê xwe berda û tiştek negot, ji berteka Mêvan meraq kir.

Mêvan ber bi wê ve çû. *"Tu çawa yî Agirîn?"* Dengê wî tijî dilovanî bû.

Hêsir ji çavên wê hatin û li Mêvan nihêrî. *"Ez nizanim ...".*

Mêvan çû cem wê û ew hembêz kir, hêsir ji çavên wî diherikin. *"Min bibore Mêvan, min nikaribû lênêrîna wî bikim û niha ew çû".*

Mêvan bi nermî got: *"Ne sûcê te ye, ez dizanim ku te her tiştê ku dayikek dikare bike, kiriye. Ji kerema xwe negirî".*

Gelawêj û Mercanê Mêvan hembêz kirin û li ser milê wî giriyan.

Agirînê serê xwe rakir û got: *"Ev çi xwîn e? Cima cilên te xwînî ne? Tu birîndar î?"*

"Ez di şer de birîndar bûm. Di rê de hevalek bi tesadufî li sînga min ket û kêl û dirûyên birînên min vekirin. Min lênihêrî, lê dîsa dest bi xwînrijandinê dike". Mêvan dest danî ser sînga xwe û birîn pêça, xwest xwînrijandinê qut bike.

Marcanê got: *"Xwedayê min! Kuro tu çawa û kengî birîndar bûyî?"* Kirasê wî kontrol kir. *"Te çima tiştek ji me re negot?"*

Agirînê got: *"Tu nikarî bi xwe bigirî, xeter e. Eger ew vegirtî be çi? Divê tu a niha herî klînîkê".*

Mercanê got: *"Erê kurê min, hîna xwîn diherike. Divê tu doktorekî bibînî".*

Wî got: *"Baş e, tu rast dibêjî, ez ê herim".*

Marcanê got: *"Ez ê jî bi te re bêm, berê xwe da pêlavên xwe".*

Demjimêrekê şûnda Agirîn û Gelawêj li derveyê kon li benda vegera Mêvan û Mercanê bûn. Gava ku Mêvan û Mercan ji dûr ve dîtin, dîtin ku Mercan li çokên xwe dixe û di bin bêhê de diaxive.

Gava her du gihîştin ber kon, Gelawêjê pirsî: *"Ci bûye dayê?"*

Mercanê berê xwe da Mêvan. *"Ax kurê min ê feqîr, ma ez ê çi bibêjim?".* Mêvan bersiv neda, Mercanê berdewam kir: *"Em çûn doktor, kirasê Mêvan jê xist... Ax, diya te bimire lawê min! Te çi derbas kir, ha? Tevahiya laşê wî tijî şop û perçeyên mayîn û bombeyan e. Û ji bilî wê, du gule li wî ketine, yek li milê wî û yek jî li sînga wî".* Mercanê serê xwe hejand, paşê ji Mêvan pirsî: *"Te çima ji me re negot? We çima negot ku tu hatiyî gulebarankirin?"*

"Ji kerema xwe, dayê, raweste. Ez naxwazim ku tu niha qala vê yekê bikî. Ez baş im û eger min ji we re bigota, wê hûn bêtir xemgîn bûna".

Mercanê got: "Lê".

Mêvan li bendê nema ku ew gotina xwe biqedîne. *"Her roj li ber çavên min ewqas şervan û ciwanên qehreman birîndar dibûn û jiyana xwe ji dest didan, min şerm dikir ku ez li ser van birînan bi axivim an jî bifikirim. Niha ji kerema xwe dev ji nerehetiyê berde. Tu li klînîkê bûyî, te bihîst ku doktor got ku zêde xeter nîne. Ez baş bim".*

"Baş e kurê min. Şikur ji Xwedê re ku tu vegeriyayî. Ka ez ji te re xwarinekê bînim". Marcan wiha got û hêsirên xwe paqij kir.

Mêvan bi xemgînî got: *"Na dayê, ez niha ne birçî me. Ez dixwazim biçim ser gora kurê xwe"*.

Mercanê bi axîn got: *"Baş e lawo, bila Agirîn te bibe wir. Heta tu werî, ez ê xwarinê amade bikim"*.

Mêvan li bendê ma ku Agirîn Havînê hilde û wan bibe. Dema diçûn ser gora Egîd, Mêvan got: *"Agirîn, ji kerema xwe re behsa kurê min bike, behsa kêliya wî ya dawî bike. Wî gelek êş kişand?*

"Cend hefteyan berî ku ew biçe nexweşxaneyê, zû bi zû nexweş diket, helbet min ew bi rêkûpêk dibir doktor. Piştî ku li erdê ket û berdewam giriya, min û doktor ew rasterast bir nexweşxaneyê". Agirîn dema ku di nîvê rê de dimeşiya, Havînê bi destê wê girtibû, nikaribû xwe ji girî bigire. *"Ez pir xemgîn im, Mêvan. Ez hîn jî nikarim rasterast li çavên te binêrim. Min sozek da te û min nekarî bi cih bînim"*.

"Wisa nîne Agirîn, tu xwe sûcdar nebîne". Mêvan li Agirînê nihêrî. Dudil bû ku axiftina xwe bidomîne yan na, lê wî domand. *"Ez û Henan zêdetirî deh salan e zewicîbûn. Ew çend caran ducanî bû. Bijîşkan jê re gotin ku nabe zarokên me çêbin û heke me hebe jî zarok dirêj najî. Ducanîbûna Henanê jî dikare jiyana wê bike metirsiyê, piştî çend salan, Henanê ji ber ku me çaverê nedikir, bêhemdî xwe ducanî bû, dema me zanî êdî dereng bû, zarok nêzî du mehî bû, doktor dîsa jî got ku berterefkirina*

wê baştirîn encam e, berî ku zêde mezin bibe. Lê Henanê tehemul nekir ku zarokeke din ku her tim xeyal dikir, wenda bike. Bijîşk dûpat kir ku dibe ku zarok demeke dirêj nejî, lê dîsa jî Şirîniya hebûna wî di jiyana me de ewqasî mezin bû ku me hemû hêviya xwe ji mûcîzeyeke duyemîn bi wî re girêda. Piştî mirina Henanê, ez bawer bûm ku ew mûcîze çênabe. Şansê jiyanê, û ez li benda roja çûyîna wî ji vê jiyanê bûm. Cara ewil ez ji şer hatim serdana te, gava min dît ku Egîd mezin bûye û dikene, min ji xwe re piştrast kir ku tu yî mucîzeya ku min û jina xwe hêvî dikiri, lê..".. Hêsirên Agirîn paqij kirin.

"Bibore, Mêvan".

"Ti sedem tine ku tu ji min lêborînê bixwazî. Yê ku ne li vir bû ez bûm".

Bîstekê sekinî û got: *"Di vî şerî de min cesedê bi dehan zarok û pitikan hilgirt ... oh. Heta zarokên nû ji dayik bûbûn jî ku mîna kurê min bêguneh û bedew bûn.*

Laşên wan di destên min de bûn, hemû di bin xirbeyên şer de mabûn an ji birçîbûn, serma û germê miribûn, bê dayik bûn û wenda bûn. Agirîn, ez pir sipasdar im ku bi kêmanî kurê min heta kêliyên dawîn ên jiyana xwe di hembêza te de bû û êş nekişand. Ez heta dawiya jiyana xwe deyndarê te me, ez dizanim ku diviyabû min ji te re bigota û min xwest li rewşa Egîd te hişyar bikim, lê bi dîtina Egîd mezin û bextewar bû, min bawer kir ku metirsî derbas bûye û kurê min wê bijî. Bi te re bijî û mezin bibe. Min nedizanî ku ez ê wî wenda bikim, lê min nexwest ku te xemgîn bikim".

Agirînê got: *"Ez nizanim eger min bizaniya yan na wê baştir bûya, lê sipas dikim ku te ji min re got. Em herin cem wî... em hema li wir in".*

Gava gihîştin wir, Mêvan li kêleka gora kurê xwe rûnişt. *"Min hêvî dikir ku ew bi min re bimîne û bibînim ku bibe xort".* Dû re li Agirîn nihêrî û got: *"Tu bi Havînê re here malê".*

Agirînê got: *"Baş e".*

Dema Mêvan li Agirînê temaşe dikir ku dûr diçe, nikarîbû hêsirên xwe yên ku ji êşa kûr dibariyan rawestîne. Dest bi strana lorînan kir:

Hey lê wayê, wayê, wayê, Mêvanê jar û rebeno...
Tu mayî tenê dîsa, şivanê bê kepeno...
Ne hal e ne mal e, vê jiyanê...
Ser da girtin, lî kuştin bêrîvanê...
Hêvî danîbû li ser gula evînê...
Nezanî berfjî dibare nîva havînê...
Bibarîne lawo, derdê te giran e...
Ev resma jiyana wan nemêran e...
Ser agirê malê me de digirin...
Wan neyaran pê çênabe, hêlîn avakirin...
Lê hewar e, ay hewar e, hewar, dereng e...
Xwîn rijiya ser axa sar, dinya her bêdeng e...
Hey li wayê, wayê, wayê, Mêvanê jar û rebeno...
Tu mayî tenê dîsa, şivanê bê kepeno ...

Piştî demekê, nêzîkî rojavabûnê, Mêvan bi dilê şikestî li ser gora kurê xwe rabû. Nêzî kon bû û ji dûr ve dît ku Kanî bi lez û bez ber bi wî ve tê. Mêvan şa bû, bişirînek li rûyê xwe da û destên xwe vekirin.

Dema gihîşte Mêvan çavên wê tijî hêsir bûn û xwe avête hembêza wî. *"Mamê min ê delal, min pir bîriya te kiriye. Ez ji te re xemgîn bûm heya dilê min diêşya. Ji kerema xwe careke din me tenê nehêle".*

"Ez dizanim baba. Ez nû vegeriyam û tu dibînî ku ez baş im. Negirî delalê, bihêle ez li te binêrim... Ya Xwedê, lê binêre... tu bûyî çi keçeke bedew, keça min a Şirîn". Mêvan eniya wê maç kir.

"Mamo, ez ji ber wendakirina Egîd gelek xemgîn im. Ez pir bîriya wî dikim".

"Sipas baba, ez jî pir bîriya wî dikim".

"Em ji bo te dilgiran in ji ber ku em dizanin ku ew her gav Henanê tîne bîra te".

Mêvan got: "Belê, tu rast dibêjî, çavên wî weke yên diya wî bûn û her gava ku min li çavên wî dinêrî dilê min germ dibû. Ohh… keça min a delal, tu dikarî çi li vê jiyanê bikî? Niha jî mîna bi hezaran zarokên Şengalê yên ku jiyana xwe ji dest dane û malbatên xwe dilşikestî hîştine, çûye. Tu nikarî tiştê ku berê qewimî biguherî. Niha hêsirên xwe paqij bike. Ez naxwazim bibînim ku tu digiriyî. Qe nebe, min tu heyî, ez hîn jî ji bo te dijîm keça min".

Kaniyê bi dilê xwe yê dilovan got: "Û xaltîka Agirîn, te ew jî heye. Kesekî wî yê din tine".

Mêvan bi ken got: "Erê, bê guman, tu rast dibêjî. Min Agirîn jî heye ku niha li hewşê li benda me ye ku em herin malê".

Mêvan û Kanî bi hev re ber bi kon ve meşiyan. Agirîn, Gelawêj û Mercan li derveyî kon li benda wan bûn. Kurê Gelawêjê bazda cem Mêvan û Kaniyê, Mêvan xwe xwar kir, ew hembêz kir û çû hindur.

Mercanê got: "Were rûne kurê min, xwarin hazir e.

Keça min Kanî, ji kerema xwe sifrê amade bike".

Piştî şîvê, Kanî çû ba Mêvanê ku kûr ketibû fikran. Bi dudilî got: "Mamo tu dixwazî vîdeo û wêneyên Egîd bibînî? xaltîka Agirîn gelekî li wan dinêre, ji ber ku jê re dibe alîkar ku li ber xwe bide".

Mêvan bîstekê sekinî, paşê lê vegerand û got: "Erê, ez dixwazim bibînim, lê ne niha. Eger hûn telefonê bidin min, ez ê paşê binêrim".

Agirînê telefona xwe hilda û got: "Va ye, min hemû di bi navê Egîd, tomar kir".

Mêvan telefon girt û sipasiya wê kir û got: *"Ez ê sibê telefonê vegerînim"*.

Agirînê got: *"Baş e, lez neke, ne hewce ye"*. Mercanê got: *"Baş e kurê min, were li ser sifrê rûne"*.

Mêvan li tenişta Agirînê rûnişt û dest bi xwarinê kirin.

Mercanê jê pirsî: *"Kurê min, keça min û keçên din wê kengê werin serdana me?"*

Mêvan got: *"Kengî bixwazin dikarin ji nava pêşmergeyan vegerin dayê, lê niha li wir hewce ne. Ez îro li ser rêya vir bi wan re axivtîm. Ew hemû baş û silamet in"*.

Kaniyê pirsî: *"Mamo, Barîn çawa ye? Niha birîna wê baştir e?"*

"Erê baba, ew baş e, ew ne cidî bû. Min jê xwest ku bi min re vegere û demekê bêhna xwe vede, lê ew kêfxweş bû ku li wir bimîne". Mêvan xwarina xwe qedand, rabû ser xwe û got: *"Divê ez niha herim. Paşê dest bi amadekariya derketinê kir"*.

Mercanê pirsî: *"Kurê min tu diçî ku derê? Tu birîndar î, neçe. Ez ê li vir nivînekê ji te re çêkim ku tu li cem me bimîne"*.

Kaniyê got: *"Erê mamo, ji kerema xwe tu dikarî bimînî?"* Li vir gelek cihê me heye".

"Na keça min, ez ê îşev herim cem hevalên xwe; ew li benda min in. Ez ê sibê bi tiştekî din bifikirim". Li Mercanê zivirî. *"Dayê, xem neke, ez ê baş bibim. Ez ê sibê we bibînim. Şevxweş"*. Ji kon derket.

Mêvan bi hevalên xwe re hevdîtin kir û bi wan re li dora agir rûnişt.

Piştî demekê Mêvan çû cihê razanê û telefona xwe derxist. Li peldanka Egîd geriya û vekir. Peldank tijî wêne û vîdeoyên Egîd bû. Di vîdyoyekê de Agirînê hewl dida Egîd fêrî gotina *baba* bike. Dengê Egîd ku hewl dida wê peyvê dubare bike. Dîsa bişirîneke tal hat ser rûyê Mêvan. Di hemû dîmenan de Egîd dikeniya. Ew bi Agirînê re pir kêfxweş xuya bû. Bi dîtina wan wêneyan hê bêtir Mêvan piştrast kir ku wî tercîha xwe ya rast kiriye ku wî bihêle destê dayîkeke dilovan weke Agirînê.

Dotira rojê, Mêvan bi çend pakêt û çend çenteyên xwarinê hat kon.

Mercan bixêrhatina wî kir û got: *"Silav lawo, roj baş. Ka ez ji we re taştê amade bikim".*

"Sipêde baş dayê, min ji te re hinek xwarin û tiştên pêwîst anîn, ev jî konekî biçûk e ku min hilda. Eger hûn razî bin, ez ê li kêleka konê we vegirim".

"Erê, kurê min, vegire. Ka em biçin hindur û ji te re taştê çêkim".

Mêvan kete konê wan û zû taştê amade bû. Dûv re wî ji Kaniyê re got: *"Tu dixwazî alîkariya min bikî ku ez kon vekim?"*

"Erê, ez dixwazim". Kaniyê bersiv da û bi heyecan rabû ser xwe da ku alîkariyê bike.

BEŞA 15

Çend meh derbas bûn. Her sibê, Mêvan û hin zilamên din bi gelemperî ji bo xebatê ji kampê derdiketin û dawiya rojê vedigeriyan.

Rojekê piştî nîvro, Mêvan vegeriya kon û ji Mercanê re got: *"Îro Kejalê telefon kir û ji min xwest ku ji te re bibêjim".*

Mercanê dev jê berda û bi xemgînî jê pirsî: *"Baş e? Cima wê ji min re telefon nekir? Gelo nûçeyeke xirab e, tiştek hatî serê wê? Gelo wê bav û birayê xwe dîtine?"*

"Na, na, dayê, bîstekê bisekine. Ew baş e û tiştekî xirab tine. Kejal ji ber ku keçeke jêhatî ye û gelekî bi pêş ketiye duh terfî kirine. Gote min ku ew û Şirîn û Barîn dê li gel Pêşmergeyên Kurdistanê bimînin û vengerin".

"Lê ew nikare bimîne. Cawa dikare me li vir bihêle û vengere? Ma wê soz nedabû min?"

Mêvan got: *"Ew ê vegere dayê, ew dikare her dem were û serdana we bike, an jî her gava ku hûn bixwazin, dikarin herin û wê bibînin. Kejalê got min biryara xwe daye, ez ê bimînim. Lê ez naxwazim dilê diya min bişkê û xemgîn bibe, ez dixwazim ku ew ji min fêm bike û dayê, ez dizanim ku ew ê li wir ewqasî serkeftî be".*

Mercanê bi xemgînî got: *"Ez çi bêjim kurê min? Keçik jî weke bavê xwe dîn e. Ew qet guh nade min. Bila bimîne... Ez ji Xwedê dua dikim ku* ew û yên din sax bimînin".

Mêvan got: *"Ew ê baş bin, şer hema hema qediyaye û ew baş hatine perwerdekirin".*

Mercanê pirsî: *"Û Ronak çi kurê min? Demeke dirêj e me ji wê xeber tine û ez ji wê pir bi fikar im".*

"Niha tişta ku ez ê ji te re bibêjim ev e; Ronak di rê de ye, ew ê bi şev li vir be û keçika xwe jî dîtiye".

"Ey Xwedayê min, wê dît!? Oh, ev nûçeya herî xweş e. Ez ji bo wê pir kêfxweş im".

Gelawêj got: *"Ev e dayê. Ez nikarim bawer bikim ku wê piştî ewqas dem keçika xwe dîtiye".* Gelawêjê Marcan û paşê Agirîn hembêz kir û her kes pîroz kir.

Mercanê got: *"Binêre keça min, Agirîn, min duh ji te re got hêviya xwe wenda neke. Nûçeyên baş her gav li dora quncikê ne, lê hûn nikarin wê bibînin heya ku ew li ber çavan dernekeve".*

Agirînê got: *"Erê dayê, ez texmîn dikim ku tu rast dibêjî".*

Ji bo çayê rûniştin û dest bi axaftinê kirin. Mercanê bi ken got: *"Agirîn, ez difikirim ku Havîn naçe cem diya xwe. Ew ji her tiştî bêtir ji te hez dike".*

Kaniyê got: *"Erê, tu rast dibêjî dayê, Havîn jî jê re dibêje \`dayê\`. Xaltîk Ronak ji bo ku Havînê dîsa gazî diya xwe bike, wê gelek bixebite".*

Agirînê henek kir: *"Min ji Xwedê ye Ronak Havînê ji min bistîne. Ew niha keça min e. Ez difikirim ku gava ew vegere ez ê keça wê ya din jî bistînim".*

Gelawêj keniya û got: *"Belê, tu rast dibêjî xwîşka min. Di vê mijarê de ez bi te re me".*

Ber bi rojavabûnê ve Ronak gihîşt konê kampê yê navendî û silav da Mêvanê ku li benda wê bû. Vegeriyan konê xwe. Her kes li ber kon li bendê bû û bi germî ew pêşwazî kir.

Ronakê Agirîn dît, bezî cem wê û hembêz kir.

"Xwîşka min a delal, Agirîn, min pir bîriya te kiriye".

Agirînê dema ku hevdû bi hêz hembêz kiribûn, got: "Min jî bîriya te kiriye Ronak. Bi xêr hatî, delalê".

Ronakê îşaret bi keçikeke biçûk kir û got: "Ev keça min a biçûk, Nalan e".

Hemûyan xêrhatina Nalanê kir, lê wê xwe li pişt diya xwe veşart û li erdê nihêrî û neynûkên xwe xwarin.

Ronakê berê xwe da keça xwe û got: "De were keça min, çima xwe vedişêrî? Silavan li her kesî bike".

Nalanê nexwest silavê bike û nerehet bû ku diya wê jê xwest ku biaxive. Destên Nalanê dilerizîn, bi tirs û bi çavên hêsir xuya dikir.

Agirîn li rex wê rûnişt û bi dilovanî got: "Tu dixwazî xwîşka xwe, Havînê bibînî? Te pir bîriya wê kiriye".

Nalan bi şermokî serê xwe hejand. "Erê".

Agirînê bi aramî got: "Baş e, em herin bal xwîşka te, ew li hindur razaye. Tu dixwazî destê min bigirî?"

Nalanê serê xwe hejand. "Na".

Agirînê got: "Baş e. Were em herin hindur".

Nalan li pey Agirînê ket hindur û ber bi cuhê Havînê ve çû. Havîn razabû. Nalan li kêleka wê rûnişt.

Agirînê hêdî got: "Ka ez wê şiyar bikim ku tu pê re bilîzî".

Ronak ket hindurê kon, yên din jî li pey wê hatin.

Ronakê li Havînê nihêrî, paşê hêsiran ji çavên wê yên bedew dest pê kir. "Xwedayê min, lê binêre, ew pir mezin bûye. Ya Xwedê, min pir bîriya wê kiriye. Agirîn, ez nizanim çawa sipasiya te bikim".

Agirîn keniya û bi nermî ji Havînê re got: *"Delalê, binêre ka kî hatiye. Diya te û xwîşka te. Ka were, keçika min... çavên xwe veke".*

Havîn şiyar bû û Ronakê ew hembêz kir.

Nalan bêdeng ma û rûnişt.

Agirînê got: *"Keça min Nalan, tu çima tiştekî nabêjî delal? Tu dixwazî bi Kanî û zarokan re derkevî derve û berî ku tarî bibe hinekî bimeşî û bilîzî?"*

Nalanê tiştek negot. Kanî çû û bi nermî destê wê girt. *"Were Nalan, em derkevin derve. Were em bi hev re bilîzin".*

Nalanê li diya xwe nihêrî. Ronakê axîn kir. Berê xwe da Kaniyê û bi xemgînî got: *"Eger zilam nêz bibin, bila Nalan were hindur".* Nalan rahişt çenteyê xwe, şalekî reş ê mezin derxist, avêt ser xwe û bi Kaniyê re derket derve.

Gelawêjê pirsî: *"Ew ji bo çi bû? Cima Nalan li derve namîne û ew şala reş çi ye? Ew bi zorê dikare wê li ser serê xwe bigire. Ew ê çawa bilîze?"*

Ronakê li rûyê wan ê matmayî nihêrî û kir axîn: *"Ez bi xwe jî nizanim. Me êrîşî binkeyeke DAÎŞ`ê kir û bi ser ketin. Me di malekê de ji bîst kesan zêdtir girtî dîtin. Nalan yek ji wan bû. Min niqaba wê derxist û dîsa jî nikaribû rûyê wê bibînim, ji ber ku wê li rûye xwe digirt. Her çend ew li kêleka min rawestabû û ez nas dikirim jî, lê nedihat ba min. Qet çarşeva xwe nedixist, ji ber ku min nikarîbû li ber rondikên wê bibînim, me pê neda. Lê her dema ku ez wê bi vî rengî dibînim, can ê min dişewite û min dikuje".*

Agirînê got: *"Sebir bike. Xwedê dizane ku wê çi tiştên hovane derbas kirine".*

Ronakê got: *"Jineke ciwan a ku di nava wan de bû gote min ku wan gelek tecawiz lê kirine. Wê got ku ew li ser keçikên biçûk ên ji deh salî zêdetir şer dikin û keça min gelek êş kişandiye".* Dest bi girî kir û li lepên xwe xist. *"Xwedê dizane ku keça min a din di çi rewşeke xerab de ye. Min nekarî wê li ti derê bibînim. Wan got ku divê ew biribin bajar an welatekî din. Ez meraq dikim gelo ez ê careke din wê bibînim an na".

Mêvan got: "Em ê jî rojekê wê li xwe vegerînim. Min navê wê da çend komên ku li bajarên xwe li keç û jinên me digerin. Li bazarên ku lê difiroşin li wan digerin. Ez hêvî dikim ku ew ê di demek nêzîk de telefonî me bikin. Hin hevalên min hatin dîtin û vegeriyan malbatên xwe".

Paşê li Agirînê nihêrî û got: "Agirîn, min nexwest ez berî ku piştrast bibim ji te re bibêjim, lê duh êvarê ji min re telefon hat ku jineke bi nave Sorgul Miraz a çil û neh salî hefteya borî li sûkê hatiye firotin. Nikaribûn wêneyê wê bikişînin, lê wêneyê lîsteya firotanê kişandin ku navê diya te jî li ser bû".

Agirîn bi şok qîriya: "Ci! Tu dibêjî qey diya min sax e? Ez ji vî tiştî bawer nakim!"

Mêvan got: "Were vir, ez wêne nîşanî te bidim".

Agirîn li kêleka Mêvan rûnişt û li wêne mêze kir. "Erê, erê, ev navê diya min e, diya min sax e!" Mêvan hembêz kir. Min got qey ew jî çûye ... Sipas, Mêvan".

Mêvan ji Agirînê re got: "Heta ku ew sax bin, li ku bin, ez dev ji lêgerîna wan bernadim heya ku ew vegerin malên xwe. Niha negirî. Ji ber ku rojeke nêz dê dayika te jî wê li cem te be".

Hemû kêfxweş bûn û Agirîn pîroz kirin.

Mercanê bi hêsiran got: "Keça min, ez bi heyecan im! Min ji Xwedê re gelek dua kir ku bi kêmanî xizmekî te bibîne. Keça min a Şirîn, ez ji bo te pir kêfxweş im".

Agirînê got: Sipas dikim dayê, paşê berê xwe da Mêvan. "Ez nedifikirîm ku hûn ê bi vî rengî li wan bigerin û mirovan bişînin hindurê civata xwe ku malbat û mirovên me bibînin".

"Min wan neşand. Ew karekî pir xeternak bû û şansê serkeftinê dê kêm be, ji ber ku em pir li ser wan nizanin. Wekî din, ez ê bi xwe biçûma".

"Ev mirovên ku li wir dijîn in. Li wan digerin û hewl didin wan rizgar bikin an bikirin û ji me re bişînin. Gelek ji wan vê yekê ji bo mirovahiyê dikin, lê hinek jî wekî karsaziyekê dibînin. Bi hêviya ku em rastî mirovên baş bên. Niha ji bo diya te, ew nû hat firotin. Dibêjin dibe ku em karibin bibînin ka kê ew kiriye û nêzî wê bibin an jî, heke em nekarin, em ê li bendê bin ku ew dîsa wê bixin bazarê".

Agirîn her çend ji ewlekariya diya xwe pir bifikar bû jî got: "Belê, diya min sax e, ev ji bo min bes e, em ê we vegerînin, ti çarê din tine. Ma ne?"

Mêvan got: "Ez ê wê bibînim û vegerim ba te. Niha ji kerema xwe negirî û ji min bawer bike". Eniya Agirînê maç kir.

Çend roj derbas bûn û her kes ji reftarên Nalanê bêtir bifikar û nîgeran bû. Ew êdî ne keçeke biçûk a asayî bû. Diya wê nedikarî wê fêm bike û ew çiqasî guheriye.

Sibehekê pir zû, dengê bilind ê Ronakê hemû kesên di kon de hişyar kir.

Kanî bi tirs qêriya: "Çi diqewime?"

Agirîn rabû çû binêre ka çi diqewime.

Ronakê bi hers hewl dida şala Nalanê ji serê wê derxe. Nalanê hewl dida şala xwe bigire digiriya.

Ronakê got: "Cima tu bi vî awayî îşkenceyê li min dikî? Vê tişta mîrat bide min! Tu vê serê sibê zû çi dikî? Tu nimêja wan, ji bo ew xwedêyê wan ku bi xwîna me bêgunehan, xwedêtiya xwe nîşan didem dikî ha! Ma tu bûyî yek ji wan? Ma tu dixwazî bê dil û tijî nefret bî? Ma tu dixwazî bibî qatil û koletiyê bikî? Cima tu vê nabînî Nalan?"

"Na, min berde! Divê ez bikim. Niha dev jê berde, ji kerema xwe, dayê, min berde".

Agirîn bihêrs bû, destê Ronak girt û dûr kir û qêriya: "Ronak, dev jê berde! Tu çi dikî? Ma tu dîn î?"

Mêvan ji aliyê din ê deriyê çadirê ve deng veda: *"Ci qewimî? Li wir çi diqewime?"*

Mercanê got: *"Were hindur, kurê min. Ez nizanim li ser vê dîmenê çi bibêjim".*

Mêvan ket hindur û got: *"Ev çi ye? Bêdeng bin, cînar di xew de ne".*

Agirînê got: *"Ji Ronakê bipirse, ew ji ser hişê xwe çûye".*

Ronak giriya û li xwe xist. *"Piştî wê êşa ku ez tê de derbas bûme, min ew ji destê wan derxist û soz da xwe ku ez ê careke din wê wenda nekim. Îca lê binêre! Ez ne bawer im ka min Nalana xwe ya biçûkî qet nemaye, ew bûye weke wan".* Ronakê li Nalanê nihêrî û jê lava kir: *"Ma nayê bîra te wan çi li me kirin, ha? Bavê te li ber çavê te kuştin? Xwîşka te hîn di destê wan de ye! Ji kerema xwe Nalan, ez ji te ricayê dikim, bibe eynî Nalana berê".*

Agirînê got: *"Temam Ronak, bes e. Wan zor lê kirin ku bibe ya ku dixwestin, niha tu jî heman tiştî dikî. Zaroka reben divê çi bike? Ew heşt salî ye, ji bo Xwedê. Ma min ji te re negot bila azad bibe, bila dîsa xwe ewle hest bike?"*

Ronak giriya û got: *"Cima tu min fêm nakî Agirîn? Ez çawa dikarim wê aciz bikim? Tiştê ku ez dixwazim ew e ku dîsa bikene, bireqise, şa be, bilîze, lê li wê binêre... Ez tercîh dikim ku miriba heya ku wê di vî rengî de bibînim. Pir bieş e; Ez êdî nikarim. Ez nizanim çi bikim".*

Agirînê di çavên Nalanê de êş û tevliheviya ku diya wê lê dixist, didît. Bi dengekî hişk got: *"Ronak ji bilî girtina devê xwe ti tiştekî din neke. Tu çawa diwêrî vê yekê di rûyê wê de bibêjî!"*

Mêvan got: *"Hiş hiş, Agirîn ... aram be, ji kerema xwe,"* û Agirîn kişand.

"Lê tu li Nalanê binêre, lê binêre," Agirîn protesto kir. *"Ronaka dîn çawa dikare mirina wê bixwaze? Cawa dikare vê yekê bibêje?"*

Bertekên Agirînê li Ronak da fêmkirin ku çiqasî Nalan tirsandiye. Ronakê kêliyekê tiştek negot û paşê dest bi girî kir.

Dema Agirînê Ronak dît ku digirî, aramtir bû û li kêleka wê rûnişt. *"Ronak ez weke xwîşka xwe ya mezin ji te hez dikim û êşa te hest dikim. Dîsa jî, ez bi Xwedê sond dixwim, eger tu bera hêrsa xwe negirî, ti karê min bi te namîne".*

Ronak giriya: *"Ji kerema xwe wisa nebêje. Eger tu min bihêlî xwîşk, tu yekanê kesê min î di vê jiyanê de?*

Ji kerema xwe ji min re bibe alîkar ku keça xwe ya biçûk xilas bikim".

Agirînê got: *"Tu dikarî di destpêkê de wê azad bihêlî. Nebêje wê çi bike û çi neke. Bila ew hest bike ku ew xwedan helbijartin e di jiyana xwe de. Eger tu nikarî bijartinên wê fêm bikî, wê hingê, ji kerema xwe, ya herî hindik ku tu dikarî bikî rêzgirtina wan e. Ev hemû ji derekê tê ku di sala wê ya borî de bi wan re dijî. Wê gelek tişt derbas kirine; ew ê qet nebe Nalana berê. Ti yek ji me nabe kesê berê, lê ew ê baştir bibe. Ez soz didim we ku ew ê di dawiyê de dest bi axaftin û kenîn û dansê bike. Ew tenê dem û azadiyê hewce dike. Weke dayikekê, divê tu jê hez bikî çi dibe bila bibe".*

Ronakê got: *"Qebûlkirina wan pir biêş e, lê ez soz didim te ku ez ê wekî ku tu dibêjî bikim".*

"Ez dizanim dijwar e, ez fêm dikim. Ji ber vê yekê min duh ji te re got ku wê ji min re bihêle. Eger tu weke ku ez dibêjim bikî, ez ê alîkariya te bikim".

Ronakê dema ku li keça xwe ya bitirs û xerîb dinêrî hêsirên xwe paqij kirin. *"Baş e, ez soz didim ku ez ê li te guhdarî bikim".*

Mêvan bi aramî got: *"Temam Agirîn, Nalanê bibe konê min û li cem wê bimîne. Kanî, tu jî here".*

Agirînê Nalan derxist derve û alîkariya wê kir ku rû û destên xwe bi ava satileke biçûk bişo. Agirînê Nalan bir konê Mêvan. *"Negirî*

Nalan... *diya te tenê xema te ye. Ew şaş bû ku ji te aciz bû, delalê, lê divê tu bizanî ku ew pir ji te hez dike. Te soza wê bihîst ku êdî qet ji te aciz nabe".*

Agirînê Nalan ramûsand û alîkariya wê kir ku şalê xwe girê bide û bi awayê ku ew dixwaze wê ewle bike".

Kanî bi balgî û betaniyekê hat hindurê konê Mêvan, li kêleka Nalanê rûnişt. Mêvan hat hindur û li kêleka wan rûnişt. Ji Nalanê re got: *"Keça min a Şirîn, divê tu bizanî diya te naxwaze te biêşîne. Ew ji bo te xemgîn e, û wê ji min re soz da ku ew ê careke din dubare nebe".* Serê wê maç kir.

Agirînê got: *"Binêre, wê soz daye Mêvan jî. Niha xemgîn nebe. Ji min re bibêje, keça min, hîn zû û tarî ye, çima tu şiyar bûyî?"*

Nalanê bi rondikên çavên xwe, cara ewil dest bi axaftinê kir û got: *"Ji ber ku ez şiyar nebim û nimêj nekim, dê axayê min, min ceza bike. Dê xwarinê nedin min, ew ê min bibe sûkê û dîsa min bifroşe".*

Mêvan bifikar got: *"Kîjan axa? Li vir kes xwediyê te nîne. Em malbata te ne û kes li vir ne axa ye".*

Nalanê bersiv da: *"Erê, axayekî min heye ji ber ku Xwedê ez çêkirime ji bo mêrekî. Erka min a jiyanê ev e ku ez wî bextewar bikim, jê re zarokan bînim û ji Xwedê re îbadetê bikim".*

Agirînê pirsî: *"Tu ji wê baweriyê hez dikî? Ma tu dixwazî jiyana te hemû li ser wê be?"*

Nalanê dîsa dest bi girî kir. *"Na, ez ji tiştê ku bavê min hînî min kiriye hez dikim. Lê eger xwedanê min li pey min bê? Heger êrîşî me bike û mamê Mêvan jî weke bavê min bikuje û dîsa min bi xwe re bibe çi? Eger ez temrîn nekim, dibe ku ez duayên xwe ji bîr bikim. Paşê jî dê bibêje ez dîsa bûme kafir. Û eger ez dîsa bibim kafir, vê carê ez efû nabim... Lewma jî divê ez îbadetê ji bîr nekim".*

Agirînê destê Nalanê girt û bi tundî jê re got: *"Êdî nikarin xwe* bigihînin te û mamê te Mêvan li vir e. Kes newêre nêzî te bibe. Ma ne wisa Mêvan?"

Mêvan ji gotinên Nalan dîn bûbû, lê hat ser hişê xwe û got: "Helbet. Her kesê ku nêzîkî te bibe û bixwaze te bibe, divê bi min re rû bi rû be û rastî min bê".

Nalanê bi endîşe got: "Lê çek û kêrên wan ên mezin hene û pê mirovan dikujin. Eger ew nebûna, nikaribûn şerê bavê min bikin. Destê wî vala bû û wan ew girt. Mamo, tiştê ku me biparêze te heye?"

Mêvan dengê xwe bilind kir û got: "Helbet min heye". Çû ber çenteyê xwe û vekir. "Her tiştê ku ez hewce dikim her dem li kêleka min e ku te û malbatê biparêze". Bi germî li Nalanê keniya. "Were binêre... Ev çekên min in, ev jî xencer û çekên min ê din in. Ez ji wan hemûyan bi hêztir im".

Kaniyê got: "Erê, Nalan, rast e, mamê min hat û ez ji zindana wan rizgar kirim û her çar kes kuştin".

Rûyê Nalanê ronî bû û bi çavên xwe yên tijî hêvî li Mêvan nihêrî. "Mamo, tu bihêz xuya dikî... ji xwediyê min jî bi hêztir. Ew mezin bû, lê ji ber ku ew qelew bû". Keniya û got: "Ew nikare te bişkîne".

Mêvan got: "Erê, keça min". Kenî û ew maç kir. "Niha ji kerema xwe bi Agirîn û Kaniyê re di nava nivînên min de rehet razê û ez ê herim derve".

Agirînê pirsî: "Tu diçî ku? Hê tarî ye. Cima tu li vir bal keçan namînî, ez ê vegerim nava nivînên xwe?"

Mêvan got: "Na, ez nikarim razêm". Paşê ji kon derket.

Agirînê dît ku çiqasî xemgîn e, ji ber vê yekê keçik bi cih kirin, paşê li pey Mêvan çû derve. Ew li ser kevirekî rûniştî dît û li kêleka wî rûnişt. Wêran xuya bû. Wê bi nermî jê pirsî: "Mêvan, tu baş î?"

Wî bersiv da: "Bi vê êşê re, ez çawa dikarim baş bim? Dema wê qala wan nemêran dikir te dît ku destên wê yên biçûk çawa dilerizîn? Û dîsa jî bi hezaran weke Nalanê di destên wan de mane! Divê em çi bikin? Ji bo vegerandina wan em dikarin çi bikin?"

"Ez nizanim, lê çi ji destê me were em ê bikin. Heta ku ew hemû venegerin malên xwe, em dev ji hewldanan bernadin".

"Erê... ev dikare bibe sedem ku em hemû ji niha û pê ve bijîn". Dema wî hêsir di çavên Agirîn de dît sekinî. "Bibore, min nedixwest te xemgîn bikim".

Agirînê got û hêsirên xwe paqij kirin: "Ez baş im".

"Niha, tu here hindur û piştrast bike ku Nalan baş e. Hewa sar e. Ez ê ji hinekî herim meşê."

"Baş e, li xwe hişyar be". Agirîn vegeriya hindur û bi Nalan û Kaniyê re rûnişt. "Niha, em vegerin ser xewê û hinekî din bêhna xwe vedin".

Nalan bîstekê fikirî û dîsa rûnişt.

Agirînê bi nermî pirsî: "Tu dixwazî tiştekî bikî? Heke Dixwazî, rehet be û bike".

Nalanê çend kêliyan li Agirînê nihêrî, dû re got: "Na, baş e, ez ê paşê bikim". Nalanê serê xwe danî ser balgî û çavên xwe girtin.

Agirîn betaniya xwe kişand ser Nalan û Kaniyê, serê xwe danî ser balgiyê Nalanê û bi çavên hêsir û dilovan li rûyê Nalanê yê bêguneh nihêrî.

Serê sibê Agirîn bi dengê Mêvan şiyar bû ku digot: "Nalan, keça min, rabe, were derve. Min ji bo te tiştek heye".

Nalan rabû bi Kanî û Agirînê re derket derveyê kon.

Mêvan got: "Rojbaş Nalan, were binêre çi ji te re aniye delal".

Ronak, Mercan, Gelawêj û Havîn li pişt Mêvan sekinîbûn.

Ronakê got: "Nalan, delal, were binêre mamê te çi aniye".

Nalanê li hindurê çenteyê rengîn ê ku Mêvan dirêjî wê kiribû, nihêrî. Bişirînek hate ser rûyê Nalanê. dema ku wê dît ku wî jê re dolikek û hin pêlîstokên din anîne. Bi kêf û heyecan ew hildan û pêlîstokek jî da Havînê. Nalan Barbie Doll hembêz kir û dest bi ken kir.

Di destê Mêvan de çenteyekî din ê biçûk hebû û ew vekir. *"Bisekine, Nalan, min ev jî ji te re anîne".*

Nalanê li hindur mêze kir û dît ku tijî zengilên bedew, rengîn, bend û gerdenî ye. *"Ooh.."*. Ew her tiştê ku wê dikaribû bigota, bû.

Mêvan keniya û çente da Nalanê û ew maç kir. *"Ev hemû yên te ne, keça min. Baş e, de here û bilîze".*

Nalanê got: *"Sipas, mamê Mêvan,"* dema ku ew çû bi diyariyên xwe bilîze.

Mêvan berê xwe da Kaniyê û got: *"Diyariyeke min jî ji bo keça min a bedew heye ku diçe dibistanê û dibe xwendekareke jêhatî".* Pakêtek ji binê çakêtê xwe derxist. *"Ew ya te ye, veke, kanê bo te dibe?"*

"Sipas, mamê Mêvan!" Kaniyê got û bi kêfxweşiyeke naz li ser rûyê xwe bi heyecan diyarî vekir û dema dît ku ew cilûbergekî nû û xweşik e, pir kêfxweş bû. *"Binêre çiqas xweşik e, mamo! Ez nikarim li bendê bim ku biceribînim".* Kaniyê bi diyariya xwe bazda aliyê kon.

Paşê berê xwe da Gelawêjê û du çente dan wê û got: *"Xwîşkê, zarokên te hîn di xewê de ne, dema şiyar bûn van pêlîstokan bide wan".*

Mercan ji Mêvan re got: *"Sipas, kurê min, te roja wan xweş kir. Demeke dirêj e min ew bi vî rengî kêfxweş nedîtibûn.*

Niha werin em bi hev re taştêyeke xweş bixwin".

Piştî çend heftan, Mêvan rojekê zû ji kar vegeriya.

Çû konê jinan û Mercan bi hinekên din re li nêzî derî dît.

Mêvan got: *"Silav dayê, ez tiştekî ji te re bibêjim. Ji kerema xwe her kesî li hindur kom bike".*

"Ci bûye kurê min? Nûçeyeke baş heye?"

"Erê, dayê, nûçeyek baş heye".

Dema hemû li hev kom bûn, Mêvan got: *"Cara dawî ku ez vegeriyam, ez û Şirîn û Kejal çûn ofîsa kampê û navên her kesî nivîsandin da ku em ji vir herin welatekî din ê ewle. Niha em hemû hatine qebûlkirin. Divê em çend hefteyan li bendê bin ku Nalan vîzeya xwe bistîne û paşê em ê biçin".*

Ronakê pirsî: *"Em diçin ku derê?" Û Şilêr, keça min a din çawa be? Ez çawa dikarim wê li dû xwe bihêlim?*

Hema ku Nalan hinekî baş bibe, ez dixwazim biçim dû Şilêrê".

Mêvan got: *"DAÎŞ ji piraniya axa me hatiye derxistin. Zêde tiştek ji wan re nemaye. Di demeke nêzîk de hêzên kurd wê hemûyan ji holê rakin. Eger bi şens, hêzên me endamekî malbatên me bibînin, wê demê nav û navnîşanên me hene ku ji me re bînin".*

Gelawêjê pirsî: *"Lê bi çûyîna me, wê çawa alîkariya me bikin ku em malbatên xwe yên mayî bibînin?"*

Mêvan wiha bersiv da: *"Piraniya jin û zarokên ku heta niha nehatine dîtin, li sûkên bajarên wan û welatên din hatine firotin. Ya herî baş ew e ku meriv ji vir derkeve. Ya herî girîng, hûn û zarokên we dê ewle bin. Em ê li welatekî nû dest bi xebatê bikin û pere qezenc bikin. Kesê ku der barê dayika Agirînê de agahî da min got eger pereyê me têra me nebe, wê ji dêvla me kesekî din wan bikire. Û eger ew niha gazî me bikin, pereyê me têra nake û ji wan re xilasî tine û em nikarin wan bikirin. Em nikarin alîkariya wan bikin. Yekane hêviya ku em careke din wan bibînin ev e ku em bi komên ku li wan digerin re bixebitin. Eger ew hezkiriyên me bibînin, divê em amade bin, ji ber ku ew bêyî pere nikarin tiştekî bikin".*

Marcanê got: *"Tu rast dibêjî kurê min, lê keçik çawa ne, ew venagerin?"*

Mêvan got: *"Ez bi Kejalê re axivtim, ji min xwest ku ez te û Gelawêjê bi zarokan re bişînim, ji ber ku naxwaze were. Ew ê bi xwe telefonî te bike.*

Şirîn û Barîn jî dixwazin li gel hêzên pêşmerge bimînin".

Ronakê got: *"Em dikarin çi bikin? Em li ser welatekî din tiştekî nizanin. Em ê çawa li wir bi tenê bijîn?"*

Mêvan got: *"Hûn ê ne bi tenê bin, ji ber birîna xwe ez ê jî bi we re bêm. Ew ê nehêlin ez çend salan vegerim şer û êdî ewqasî hewcedariya wan bi min re tine"*.

Gelawêjê pirsî: *"Ew welatê nû çiqasî dûr e? Gelo cihekî baş e?"*

"Min pirs kir û gotin ku welatê nû dê me bihewîne û li me xwedî derkeve".

Mercanê got: *"Baş e kurê min, em ê guhdariya we bikin, ku tu çêtir dizanî"*.

Mêvan li Agirînê nihêrî. *"De ka tu çi dibêjî Agirîn? Tu bêdeng bûyî"*.

Agirînê serê xwe rakir û got: *"Erê, ez difikirim ku karekî pir baş e, bi taybet ji bo zarokan. Lê ez ne bawer im ku niha bo min ew dem e. Li vir hîn hinek karê min heye. Bihêle ez bibînim ka çi dibe û ez ê we agahdar bikim"*.

Mêvan pirsî: *"Karê çi? Hîn du sê hefte dema me heye, ji ber vê yekê heke tu ji min re qala wê bikî, dibe ku em bi hev re li ser wê bixebitin"*.

Agirînê bi mijûlî got: *"Niha na, ez ê paşê bibêjim. Ka em dev jê berdin, ji ber ku karê şuştina min heye"*. Selikeke şuştinê hilda û ji kon derket.

Piştî ku Agirîn çû, Mêvan berê xwe da Mercanê û jê pirsî: *"Tiştek bûye? Tiştek diqewime ku ez jê nizanim? Ji min re bibêje dayê!"* Marcanê bersiv da: *"Ez nizanim kurê min, wê ji me re tiştek negotiye"*.

Mêvan dudilî bû: *"Baş e, dayê. Ez ê hinekî bêhna xwe vedim û paşê vegerim ser karê xwe"*.

Çû hindurê kon ku li Agirînê bifikire. Piştî bîstekê, pencereya kon de dît ku bi selika cilan vedigere.

Agirîn çû konê xwe û got: *"Dayîka Mercan, min karê xwe qedand û nîv demjimêrî li ofîsa kampê karê min heye, ez ê di demeke nêzîk de vegerim"*.

Mercanê got: *"Baş e, keça min, dereng nemîne".*

Mêvan guhdariya Agirînê kir, piştî çend kêliyan li bendê ma ku ji dûr ve wê bişopîne. Agirîn çû hindurê ofîsa kampê ya sereke. Piştî demekê, bi fikr û xemgînî derket derve. Mêvan fêhm nedikir ku Agirîn li wir çi dike û dema ku vedigeriya konê xwe, xemgîn e. Mêvan biryar da ku dev jê berde, paşê meşiya ku here karê xwe. Çend gavan paş de, rawestiya û temaşe kir ku zilamek çû ba Agirînê û pê re biaxive.

Wê şevê, piştî xwarinê, Agirîn li kêleka Mêvan rûniştibû û jê pirsî: *"Em nikarin çend mehan bisekinin û paşê biçin?"*

Mêvan li Agirînê nihêrî û got: *"Dibe çend mehan muhlet bidin me, lê çima em li bendê bin? Çêtir e ku bi lez derkevin. Cima te çend meh lazim in?"* Mêvan hîn li mirovê ku Agirîn berê pê re axivîbû meraq dikir.

Agirîn serê xwe xwar kir û got: *"Tiştek nîne".*

Mêvan got: *"Piştrast î?"*

Agirînê bersiv da: *"Belê, hûn dikarin herin. Gava ku ez xilas bibim, ez ê dû we bêm".*

Marcanê got: *"Ci ye keça min? Ji me re bibêje, dibe ku em ji te re bibin alîkar".*

"Na, ez wisa nafikirim dayê. Min tenê hinek dem hewce ye û ez dixwazim hinekî zêdetir bimînim, heke karê min çêbe. Ez ê paşê werim".

Mêvan got: *"Na, tu vî tiştî nakî, em ê hemû bi hev re biçin. Tiştê ku divê tu bikî, yan ji me re bibêje ku em alîkariya te bikin, yan jî zû biqedîne".*

Agirînê got: *"Eger te bikarîba arîkarî bikira, min ê ji te re bigota, lê ev şexsî ye".*

Mêvan bi tundî got: *"Ci dibe bila bibe... em ê tev bi hev re diçin".*

Agirînê pirsî: *"Tu çima dengê xwe li min bilind dikî?"*

Mêvan got: *"Ji ber ku tu serhişkiyê dikî. Tu yê çawa li vir bi tenê bimînî? Cima ji me re nabêjî çi bûye?"*

Agirînê got û ji nişka ve çû: *"Ez naxwazim, baş e? Pirsgirêka min e".*

Mercanê ji Mêvan re got: *"Kuro, çima te ewqas zû sebra xwe wenda kir? Agirîn tu carî serhişk nebûye. Ez bawer im ku tiştek heye. Em ê sibê pê re bipeyivin û bizanin".*

"Dayê, ka tu ji min re bibêje, ma ew dikare li vir tenê bimîne? Ma ji bo wê ewle ye ku di vê rewşê de tenê bimîne? Ohhh ... ez wê fêm nakim. Ez ê lêborînê bixwazim. Min nexwest ez wê aciz bikim". Mêvan derkete û li Agirîn geriya.

Wî nikaribû wê bibîne, ji ber vê yekê bi nermî gazî kir: *"Agirîn, tu li ku yî?"*

"Ez li virim". Agirîn li kêleka konê Mêvan li ser zinarekî mezin rûniştibû.

Wî got: *"Derve sar e; çêtir e ku biçî hindur, gava ku li kêleka wê rûnişt: "Min bibore, divê ez bi te re wisa neaxivim".*

Agirîn tiştek negot.

Mêvan wiha dewam kir: *"Eger tu dixwazî bimînî, ez ê jî li cem te bimînim".*

"Na, tu nikarî yên din bi tenê bişînî, ew hewceyî te ne. Ez ê çend mehan bisekinim û paşê li pey te bêm. Ne tiştekî mezin e, Mêvan. Ez ne zarok im, ez dikarim debara xwe bikim".

"Ma kesek heye ku tu çend mehan pê re bimînî? Tu malbatekê ku bikarî pê re bimînî nas dikî?" Mêvan li zilamê ku bi Agirînê re dîtibû difikirî.

"Na, ez ê baş bim. Wekî ku min got hewcedariya min bi kesî tine".

Mêvan got: *"Lê Agirîn, wisa nîne, çima tu hewl nadî ku aliyê din ku em pê re rûbirû ne bibînin?"*

"Ez dizanim ku tu ji min xemgîn î Mêvan, ez dikarim xwe biparêzim.

Lewre bes e, ji kerema xwe".

"Ma tu yê tenê ... ?" Mêvan bi paş ve çû, paşê bêhneke kûr kişand.

"Ohhh Xwedê, tu çima ewqasî dijwarî...".

Wî dîsa xwe rawestand, paşê got: *"Temam, ez difikirim ku çêtir e ku meriv careke din li ser vê yekê biaxive. Ez niha diçim hinekî bigerim. Tu dixwazî werî?"*

"Na, sipas".

"Hingê divê tu biçî hindur. Li vir rûnene. Sar e". Mêvan rabû ser xwe û çû.

Hefteyek derbas bû. Rojekê piştî nîvro piştî xwarinê, Agirînê selikek tijî firaxên qirêj ji kon derxist ku bibe û bişo. Mêvan çend konan dûr bû, li ber tavê sekinîbû, bi hevalekî re dipeyivî. Dema ku Agirîn ji konê xwe dûr ket, bala xwe da zilamekî ku nêzîkî Agirînê dibe. Heman zilamê ku hefteyek berê ji ofîsa kampê derketibû, li pey wê bû. Mêvan xatir ji hevalê xwe xwest û çû lêkolînê.

Zilam ji cihê ku Agirîn li kêleka jineke din firax dişûştin, hinekî rawestiya. Jina din zû karê xwe qedand û xatir ji Agirînê xwest. Dema Agirîn bi tenê ma, mêrik ber bi wê ve çû.

Mêvan ji ber çavan nebû, piçekî xwe nêzî wan kir ku dengê wan bibihîze.

Mêrik got: *"Tu çawa yî Agirîn?"*

Agirînê serê xwe rakir û got: *"Ez baş im, sipas. Cima tu dîsa hatî ba min?"*

"Xwîşka min ji min re got bersiva te çi ye".

Wê pirsî: *"Ma çi heye ku em bibêjin?"*

Mêrik li Agirînê mêze kir û got: *"Min bi xwe xwest ji te re bêjim. Ez ji te hez dikim, tu pir xweşik î û ez dixwazim bi te re bizewicim".*

Mêvan bi bihîstina van gotinan bihêrs bû, tedaxul nekir û li bendê bû ku bersiva Agirînê bibihîze.

Agirînê got: *"Ez naxwazim bizewicim. Min ji xwîşka te rejî got, Ji ber vê yekê, ji kerema xwe careke din nepirse û neyê ser rêya min".*

Mêrik guh neda gotinên Agirînê. *"Lê tu min nas nakî. Qe nebe derfetekê bide ku em hevdu nas bikin. Heke tu hîn jî min naxwazî, wê hingê ... ez ê herim".*

Agirîn li ser îsrara wî bihêrs bû û dengê xwe bilind kir. *"Te qet guh nedaye min. Ez naxwazim, dê here!*

Paşê mêrik hat pêş û bi destê Agirînê girt. *"Na. Ez dizanim ku te kes tine. Divê zilamek hebe ku li te xwedî derkeve".*

"Ez hewcedarî xwedîderketina te û zilamekî din nînim. Min berde, de na ez ê gazî Mêvan bikim".

Mêrik berê xwe da Agirînê û bi dengekî bilind got: *"Mêvan kî ye? Ma ew zilamê ku bi we re dijî ye? Ez dizanim ku ew ne xizmê te ye, ji ber vê yekê ne karê wî ye".*

Sebra Mêvan nema û ji pişt dîwêr derket. Wî bi qêrîn got: *"Wê berde, de na ez ê te bikujim".*

Dema ku Mêvan bi ser de çû mêrik hişk bû û tiştek negot.

Mêvan qîriya: *"Tu çi dikî? Ma te nebihîst wî çi got?"*

Agirîn milê xwe ji mêrik kişand û çû cem Mêvan. Mêrik bi dîtina Mêvan mat ma û gavekê paşde çû. *"Tiştek tine! Ci tine. Ez bi Xwedê sond dixwim, min nedixwest wê biêşînim an jî bêhurmetiyê bikim. Lê ez dixwazim bizewicim ji ber ku ez jê hez dikim".*

Mêvan tinaz kir: *"Erê wisa ye... Ew ne hincet e ku meriv ewqas xwe xirab û tirsnak bike. Cima nikarî fêm bikî? Mêrê wê li ber çavên wê hatiye kuştin; zaroka wê di destên wê de miriye. Ew hîn jî nizane dê û bav û malbata wê sax in an na. Û tu ... ma tu li xwe nefretê nakî ku ew ji ber te xwe ewle hest nake û hêsiran diavêjî çavên wê?"* Mêvan bi pêsîra mêrik girt.

Mêrik got: *"Bibore, bira".*

Agirînê got: *"Mêvan, ji kerema xwe wî berde, giriya û milê wî kişand."Em herin malê".*

Mêvan got: *"Divê tu ji reftarên xwe şerm bikî, ev ne riya zilamekî camêr e".*

Mêrik li Agirîn nihêrî û serê xwe daxist. Got: *"Min bibore,"* û çû.

Mêvan berê xwe da Agirînê û got: *"Agirîn, niha ewlekarî tine. Ji kerema xwe fêm bike ka çi dibêjim... Ez naxwazim zorê li te bikim ku bi me re bêyî, ji ber vê yekê ez ê bi te re bimînim. Ew gotina min a dawî ye. Niha were, ez ê selikê ji te re hilgirim, em herin malê".*

Agirîn bêdeng bû dema ku bi Mêvan re vegeriya konê xwe. Gava nêzîkî kon bûn, Mercan derket pêş û bi xemgînî jê pirsî: *"Kurê min tu li ku bûyî? Min çay çêkir".*

Agirînê selika firaxan ji destê Mêvan girt û çû hindurê kon.

Mercanê Mêvan li derve girt û jê pirsî: *"Kuro çi bûye? Cima ew xemgîn e? Te ew aciz kiriye?"*

Berî ku Mêvan bersiva wê bide, jin û zilamekî bitemen bi lez û bez ber bi wan ve hatin. Mêrik rast hat cem Mêvan, destê wî girt û got: *"Silav, lawê min Şîro çend kêlî berê ji me re got. Em ji wî pir aciz bûn, em hatin vir ji bo ku lêborînê bixwazin".*

Piştî ku lêborîna mêrik bihîst, Mêvan ew vexwendin hindurê kon. *"Werin hindur, çay amade ye, Agirîn jî li hindur e".*

Dê û bavê Şîro ketin hindur û yekser lêborîna xwe ji Agirînê xwestin. Soz dan wê û Mêvan ku careke din tiştakî wisa neqewime. Piştî sohbeteke dostane, her duyan xatir xwestin û çûn.

Marcanê destê xwe da Agirînê û got: *"Keça min, divê tu bi me re werî. Ez nabêjim gelê me xerab e, lê mirovên nebaş li her derê têne dîtin. Bi me re were, li vir bi tena serê xwe wê ji bo te zehmet be".*

Mêvan got: *"Dayê, dema ku em vedigeriyan, min jê re got eger ew neyê, ez ê jî neyêm".*

Agirînê got: *"Bila be. Gotina we raste. Ji bo min çêtir e ku ez di gel we bêm û ez ê jî bêm".*

Marcanê got: *"Ez bi bihîstina wê biryarê kêfxweş im keça min".*

Mêvan jê re got: *"Eger tu bixwazî, ji kerema xwe ji me re bibêje ka çima te dixwest li vir bimînî? Dibe ku ez karibim tiştekî bikim".*

"Ez çûm ofîsê û min ji wan re got ku ez dixwazim biçim gundê xwe û serdana mala xwe bikim, lê ji ber ku heta niha mayîn paqij nekirine, nahêlin. Paqijkirina mayînan dibe ku du sê mehan bidome". Hêsirên Agirînê dest pê kirin.

"Tiştekî min ji malbata min nîne. Tiştê ku ji min re maye, memika Evînê ya sor û ev kêra mêrê min a biçûk e. Ez pir bîriya wan dikim. Bi kêmanî wêneyek an her tiştek ... ez nizanim". Hêsirên xwe paqij kirin.

Marcanê Agirîn hembêz kir û got: *"Ax, keça min a belengaz... Cima te zû ji me re negot?"*

"Tiştekî ku we bikira tinebû, ji ber vê yekê min nexwest we aciz bikim".

Mêvan got: *"Negirî, ji kerema xwe. Her çend em biçin jî, em dikarin dîsa vegerin û serdanê bikin. Lê niha, bila ez herim û bibînim ka dikarim çi bikim, baş e?"*

Çend roj derbas bûn. Agirîn di hindurê kon de bû. Mêvan ji derve hat û silav li Mercanê kir û jê re got: *"Dayê, Agirîn li ku ye?"*

Marcan bersivand: *"Ew li hindur e, firavînê çêdike. Were em herin û çayekê vexwin heya xwarin amade bibe".*

Mêvan bi Mercanê re kete hindur: *"Silav, Agirîn, ji kerema xwe were rûnê? Ez dixwazim bi te re biaxivim".*

Agirîn derê qasika xwarina ku wê çê dikir û dîsa danî, agirê wê temirand. Çû û li kêleka Mêvan rûnişt.

Mêvan got: "Min karî demekî ji te re çêkim, ku tu ji texmînan zûtir biçî gundê xwe. Min berpirs îqna kirin ku di rojên pêş de gundê we paqij bikin. Wê demê ew ê destûrê bidin ku ez te di bin çavdêriya xwe de bibim wir. Ji ber vê yekê divê tu ji min re soz bidî ku gava em herin wir, tu yê wekî ku ez dibêjim bikî, da ku ewlehî têk neçe".

Agirînê ew hembêz kir û got: "Baş e, ez soz didim. Gelek sipas. Niha, em kengî dikarin biçin?"

"Ez hîn nizanim, lê ew ê di demekê nêzîk de me agahdar bikin".

BEŞA 16

Çend roj şûnda, dema rojava, Mêvan çû konê Agirînê û jê xwest ku xwe amade bike û got: *"Wan gazî min kirin û em dikarin di demjimêrekê de herin".*

Mercan jê pirsî: *"Cima bi şev diçî kurê min?"*

"Rêyeke dûr e dayê û em ê bi çend hevalên xwe yên ku diçin wir re derkevin. Duh dest bi paqijkirina mayinan kirin, ji ber wê jî piraniya rê di bin kontrolê de ye. Lê ji bo rêwîtiya me ya li wir hîn jî demeke dirêj lazim e, ji ber vê yekê, eger em bi şev derkevin, em ê sibê li dora nîvro bigihîjin wir".

Agirînê got: *"Em herin, ez amade me".*

Mêvan û Agirînê xatir ji her kesî xwestin û heta navenda kampê meşiyan. Ajokar li kêleka erebeyê li benda wan bû. Bi lez û bez silav li hev kirin û bi rê ketin. Ajokar hevalê Mêvan bû. Ji Mêvan re got: "Birako, ji dema ku tu li eniya şer hatî gulebarankirin, min tu nedîtî. Şikur ji Xwedê re ku tu niha çêtir î. Gelo tu yê vegerin û dîsa bi me re bî?"

Mêvan got: *"Na, ez nikarim, piştî cara duyemîn ku gule li sîngê min ket, destûr nedan ku ez vegerim. Bi kêmanî ji bo salekê bi tevahî, dibe ku zêdetir nehêlên ez vegerim. Di vê demê de, ez dixwazim li xwîşka xwe û malbata xwe ya mayî bigerim, lê heke hûn hewceyê min bin, hingê min agahdar bikin. Ez ê tavilê werim alîkariyê".*

Wî bersivand: *"Ez dizanim, bira, dizanim tu çi dibêjî. Ez hêvî dikim* ku em wan hemûyan bibînin û di zûtirîn dem de wan vegerînin malê. Ma ev gundê we ye, yê ku em niha diçin? Û çima tu xwîşka me bi xwe re digerînî? Ev der xeternak e!"

Mêvan got: *"Divê em herin, dê di demek nêzîk de derkeve derveyî welat, wê hemû malbata xwe wenda kiriye. Ew dixwaze ji bo cara dawî mala xwe bibîne. Xem neke, ez ê her dem bi wê re bim".*

Piştî çend demjimêran, ajokar ji bo bêhnvedan û xwarinê berî ku riya xwe bidomîne li qerx rê sekinî.

Dema ku ew nêzî gund bûn, Agirîn ji pencereyê li derdorê dinêrî. Çiya û deverên derdora wan gelek bîranîn ji bo wê zindî kirin. Her ku nêzikî gund dibûn, tirsa wê zêdetir dibû. Wê bi giranî nefes dikişand, destên wê dest bi lerizînê kirin û lingên xwe bi stres li hev didan.

Mêvan ferq kir û destê wê girt. *"Tu baş î? Tu dixwazî otomobîlê rawestîne?"*

Agirînê got: "Na, ez baş im".

Ajokar got: *"Ez wê fehm dikim bira. Ew ê mala xwe bibîne, pir bi êş û jane. Xwezî te ew neaniya vir, tiştekî pir giran e".* Ajokar ji bo Agirînê şûşeyek av da Mêvan.

Mêvan got: *"Aram be û destê min bigire. Agirîn, li min binêre... Tu dixwazî zêdetir neçî û li vir bimînî? Ez dikarim herim û li mala te bigirim".*

Agirînê got: *"Na, ez dixwazim biçim. Ez ê baş bibim".*

Mêvan got: *"Baş e, ez ê her dem bi te re bim".*

Li destpêka gund çekdarek hat ber wan: *"Ez dikarim nasname û destûra we ya ketina gund bibînim?"*

Mêvan kaxezên wan da nobedar. Li wan mêze kir, kaxiz dîsa da Mêvan û got: *"Şiyar bin, ji ber ku hîn gund hemû nehatiye paqijkirin".*

Mêvan jê re piştrast kir ku ew ê hay ji xwe hebin, paşê ajotin hindur. Li kolanan gelek maşîn û leşker hebûn. Mêvan li Agirînê nihêrî û got: *"Em ê ji vir vekişin û bimeşin.*

Mala te nêzîk e?"

Agirînê got: *"Na, li aliyê din ê gund e".*

Piştî ku rawestiyan û ji otomobîlê derketin, leşkerek bi alav û amûrên taybet ve hat. Ji Agirînê re got: *"Baş e xwîşkê, riya mala xwe nîşanî me bide, lê li cem Mêvan bimîne û li pey min were".*

Di nava kolanên xaniyên wêrankirî de meşeke dirêj û teng hebû. Dema Agirînê herî dawî mala malbata xwe dît, dilê wê şikest. Hema hema her tişt wêran bû. Her ku nêzîk dibûn, Agirînê bêtir bêhna xwe digirt. Lingên wê ewqas lawaz bûn ku bi zorê dimeşiya. Milê Mêvan girt û bi alîkariya wî dest bi gavên ber bi tiştê ku ji malê mabû hilkişand.

Dergûşa Evînê hê li wir bû. Agirîn dema ku ber bi wê ve çû kûr naliya û hembêz kir. Destê xwe da mircanên Evînê û car din hest bi balgiyê biçûk a ku Evînê serê xwe ditanî ser, di tozê de mabû.

Her tiştê ku li ber tavê mabû, nemû û baranê toz û wêran bûbû. Agirîn ber bi oda wê ve çû û derî vekir. Amûrên odê li derve di rewşeke baştir de bûn.

Mêvan li pey wê ket odê. Wêneyekî daweta Dilovan û Agrînê ku bi dîwar ve daliqandîbû dît. Wî tu carî bişirînek wisa xweş li ser rûyê wê nedîtibû.

Agirînê dest da perdeyên çiryayî û çarçova wêneyan a şikestî. Tiştên wan ên biqîmet, tevî piraniya kincên wê hatibûn rakirin. Hîn hinek kincên Dilovan di dolabê de daliqandîbûn. Ew hildan û hembêz kirin. Dengê nalîna Agirînê ya hêdî, bi êş hêsir ji çavên wan barand.

Agirîn piştre kîsik ji bin xirbeyan derxist. Ji cil û bergên Evînê yên biçûk tijî bû. Mêvan ber bi wê ve çû, lê lingê wî çarçoveyeke biçûk a wêneyan perçiqand. Wî hilda û bi destê xwe toza qeraxê paqij kir. Wêneyê pitikeke spehî bi çavên reş ên mezin, porê kurîşk û bişirînek herî xweş bû.

Agirîn lê nihêrî û destê xwe dirêjî wî kir. *"Ka ez bibînim. Ax, keça min a Şirîn".* Agirîn giriya û wêne hembêz kir. *"Ew demê şeş mehî bû. Ji bo ku em bişirînin, neçar man ku em wê biqedînin".*

Piştî çend deqeyan Agirînê axîneke kûr kişand, li dora xwe nihêrî, paşê çenteyek dît û danî erdê û vekir. Wê ew bi hemû kincên wê yên mayî, Evîn û Dilovan pak kir. Wê hemû balîf û betaniyên wan danîn ser çarşefeke mezin, paşê dest bi girêdana wan kir.

Mêvan bi nermî got: *"Ez na fikirim ku em bikarin van bi xwe re bibin".* Agirîn got: *"Ev hîn jî tên bikaranîn. Şêniyên kampê dê hewcedariya wan bi wan hebe. Serma dibe û nivîn têr nakin".*

Mêvan çû alîkariya wê. Agirînê hemû tiştên giranbiha berhev dikirin. Di binê betaniyekê de, albûma wêneyên malbata xwe dît. Vekir ku li wêneyan binêre, lê zû poşman bû, albûm girt û xiste çenteyê.

Mêvan, ajokar û leşker alîkariya wê kirin ku kom bike. Agirîn çû ber dolaba xwe û xwest wê bizivirîne, lê pir giran bû. Sê zilam çûn ser û alîkariya wê kirin ku dolabê rake.

Li pişt dolaba paketeke pêçandî veşartî bû. Agirînê paket derxist û vekir û got: "Zêrînên daweta min. *"Şikur ji Xwedê re ku wan ev nedît".*

Ji nişka ve, wan li derve dengekî bilind bihîst. Her kesî dest ji karê xwe berda û bi lez û bez derket derve. Agirîn çû cihekî bilind û li dûr mêze kir. *"Ci diqewime?"*

Mêvan got: *"Ez nizanim".*

Paşê Agirîn pê hesiya ku hin leşker li cihê ku Dilovan û keça wê û yên din lê hatine definkirin, dikolin. Bi lez û bez ber bi wan ve bezî.

Mêvan gazî kir: *"Bisekine, Agirîn! Neçe... xeternak e!"* Li pey wê bezî. Di nîvê rê de, destê Agirînê girt. *"Bisekine, bisekine! Tu diçî ku? Min ji te re got ku ew xeter e".*

Agirînê bi nalîn got: *"Ew li wir dikolin, ma tu nabînî? Dilovan û keça min li wir hatine definkirin. Bihêle ez herim, ji kerema xwe".* Hewl da ku milê xwe ji destê Mêvan derxe.

"Temam, baş e, aram be, ji kerema xwe hinekî bisekine. Rûne, pêşî li min bibihîze". Li erdê rûnişt û ew jî bi xwe re erdê rûniştand û got: *"Bihêle ez pêşî herim. Tu li vir bimîne heta ez gazî te bikim".*

Agirîn li pêşiya xwe îşaret kir û qîriya: *"Ji bo xatirê Xwedê, Mêvan, ew leşker niha li cihê ku mêrê min û keça min hatine veşartin dikolin. Ji kerema xwe min berde, divê ez biçim wir".*

Mêvan kir axîn: *"Ez dibînim, niha ez te fêm dikim. Lê deqekê raweste û guhdarî bike. Min alîkariya kolandina gorên komî li gundê me kir, da ku ez bav û birayên xwe bibînim û ... niha ez poşman im. Xwezî min wan wisa nedîtiba. Xwezî wêneya wan a dawîn a ku di hişê min de hebû, rûyên wan ên bextewar û kenê wan bûya. Ji ber vê yekê, ji kerema xwe ... li ser vê yekê ji min bawer bike. Tu yê nikaribî li ber êşê bijî, pir giran e Agirîn, derdekî bê derman e Agirîn. Ti rê tine ku ez te berdim. Ez nikarim bibînim ku tu bêtir cefayê dikişînî".*

Ajokar got: *"Erê, xwîşka min, rast dibêje. Neçe, bi xêra te ye. Bes e êdî îşkenceya ewqasî giran nede canê xwe, bi Xwedê tu guneh î delalê".*

Agirîn dev ji hewldanê berda û tiştek negot.

Mêvan got: *"Ez ê herim wan derxim, amade bikim û paşê te bibim ba wan".*

Leşker got: *"Xwîşkê, nasname yan tiştekî ku alîkariya me bike heye? Eger na, ew ê DNA bistînin".*

Agirînê got: *"Li wê quncikê herî nêzîk li rastê defin kirin. Gor zêde ne kûr

e. Jina ku termê Evînê hildabû, danî kêleka Dilovan, di bin milê wî de. Porê Dilovan dirêj û qehweyî ye û gule li serê wî ketiye. Gerdeniyeke wî ku navên min û Evînê li ser e, heye. Cil û bergên Evînê sor in, di destê wê de zengileke biçûk jî heye..".. Agirînê nikaribû bidomîne û di nava hêsiran de bû.

Mêvan got: *"Baş e, ez diçim, dîsa jî, tu soz bide min, heta ez bêm pey te, tu yê li vir bimînî, baş e?"*

Agirîn serê xwe hejand: *"Baş e"*. Li erdê rûnişt û li leşkerên ku bi qasî sedan metreyan dûr dilkolan nihêrî.

Piştî bîstekê, erebeyên din hatin û li nêzî gorê rawestiyan û ber çavê Agirîn girtin. Wê êdî nikaribû wan bibîne, lewre li bendê ma. Li esman dinêrî û di bîranînên malbata xwe de wenda bû.

Piştî çend demjimêran, Agirînê destmaleke Evînê ya biçûk girtibû û serê xwe dabû dîwarekî. Dema ku dengê Mêvan li kêleka xwe bihîst, çavên xwe vekirin.

"Agirîn, Agirîn... çavên xwe veke. Halê te baş e? Amade yî em herin".

Aîkariya wê kir ku rabe û bimeşe

Gava hema hema li cihê goran bûn, Mêvan got: *"Agirîn, bisekine"*. Di cih de sekinî. Mêvan got: *"Ev gerdeniya Dilovan û tiştên din ên malbata te ne"*. Ew xistin destên Agirînê.

Berî ku ew bilezîne û li laşên wan bigere, Agirînê got: *"Sipas"*.

Çend zilamên din li ser goran rawestiyabûn. Mêvan du çenteyên biçûk, yek ji yê din pir biçûktir nîşan da. Agirînê matmayî jê pirsî: *"Ev! Ma ji mêr û keça min tenê ew maye?"*

Zilamekî bi xemgînî got: *"Erê xwîşka min"*.

Agirîn li kêleka çenteyan rûnişt. Dîsa li Mêvan nihêrî û got: *"Min digot qey ku laşê wan dê weke roja ku min ew dîtî be. Wê demê ez ê bikarim bi vê destmalê xwîna li rûyê Dilovan paqij bikim û wî bidim hembêza xwe. Min xeyal dikir ku ez ê keça xwe rakim û li ser dilê xwe maç bikim.

Min pir bîriya hembêza hevserê xwe û pitika xwe ya dawîn û kiribû, ku min her li ser dema derbasbûyî jî bîr nekir ku zêdeyî salekê ye ku ew çûne. Min nizanibû ku ji keça min a xweşik û Dilovanê min ê delal, êdî ji van her du çenteyên biçûk ên hestiyan wêdetir ti tiştekî din nemaye. Hêsir ji çavên wê bariyan.

Efserekî artêşê ji Agirînê re got: "Keça min, xwezî û hezar xwezî me karîba wan vegerînin ba te. Ez nizanim ji bo vê trajediyê çi peyvan bi kar bînim ku bi te re hevxemiyê bikim". Li kêleka Agirînê rûnişt, û dilê wî ji ber wendabûna wan ezîzan şikestî bû. "Gelê me pir êş kişand keça min". "Cima ev yek tê serê me, mamo, ha? Cima êşa me qet naqede? Dayikên me, çend carên din jî divê rûnin li ser goran û vê bibînin? Ji kerema xwe ji min re bibêje".

Wî got: "Ez nizanim, keça min a belengaz, ez ji wekî te nizanim".

Hemû jî têra xwe li bendê man ku Agirînê wextê şîna xwe hebe.

Mêvan û yên din hestiyên Dilovan û Evînê birin goristana gund û spartin axê. Agirîn li kêleka goran rûnişt.

Piştî demekê Mêvan rabû ser xwe û got: "Agirîn, tu bi tenê bimîne. Ez ê bi ajokar re herim ku tiştan amade bikim".

Agirînê serê xwe rakir û got: "Baş e, tu here".

Mêvan û ajokar çend gavan ji Agirînê dûr bûn, Mêvan li paş xwe nihêrî û ji ajokarê re got: "Bira, tu here dest bi amadekirina tiştan bike û hazir bibe. Ez ê li vir bi wê re bimînim, ditirsim wê bi tenê bihêlim. Belkî tiştekî bike?"

Ajokar got: "Erê bira, ez jî weke te difikirim, çêtir e ku tu bi wê re bimînî". Pakêteke biçûk ji berîka xwe derxist: "Û li vir tu dikarî van sedativan bidî wê ku wê aram bike".

Mêvan heb qebûl kir û vegeriya Agirînê. Li ser kevirekî çend metre dûrî wê rûnişt û li bendê ma.

Piştî du demjimêran, li kêleka Agirînê rûnişt û jê pirsî: *"Agirîn, tu amade yî ku biçî?"*

"Zehmet e ku meriv wan li vir bihêle. Ez hest dikim ku çîroka min a xemgîn jî divê li vir bi dawî bibe. Ez ê li cem wan bimînim," wiha got û nîşanî cihekî li kêleka gora Dilovan kir. Destê xwe danî ser gora Dilovan, tiliyên xwe di nava axa sar re derbas kirin. *"Ez pir bîriya wî dikim, ewqasî kûr ku canê min dişewite".* Rûyê xwe danî ser kevir.

Mêvan got: *"Ez ji kûr ve te fêm dikim. Lez neke ... tu dikarî heta ku hewce yî bimînî".*

Agirînê ku li goran mêze dikir axînek kişand. *"Na, ez difikirim ku çêtir e em derkevin".* Hêsirên xwe paqij kirin, rabû ser xwe û bi hev re çûn.

Dema ku Agirînê dixwest li erebeyê siwar bibe, dengek hat: *"Agirîn Xanim, Agirîn Xanim, bisekine!"*

Agirîn rawestiya û zivirî û dît ku xortek ber bi wê ve tê. Destpêkê ew nas nekir, lê her ku nêzîk bû, hat bîra Agirînê û got: *"Jiyar!"* Ber bi wî ve bezî û ew hembêz kir.

"Agirîn xanim, min pir bîriya te û birêz Dilovan kiriye".

"Ez dizanim, delal. Min jî bîriya te kiribû û pir mereqa te kiriye".

"Ez baş im, lê ez bîriya birêz Dilovan dikim. Xwezî ew hîn sax bûya".

"Ez dizanim, lê...".

Jiyar bi xemgînî got: *"Belê Agirîn xanim, ez dizanim. Wê rojê dema êrîş kirin me xwe ji dibistanê re amade dikir. Dilovan gelekî bi wan re şer kir, lê wan êrîşkerên tirsonek Hinar girt û got ku eger teslîm nebe, dê wê bikujin. Lewma Dilovan çeka xwe danî û teslîm bû. Bêtirs bû; Ez ti carî wî ji bîr nakim".*

Agirînê serê xwe hejand. Dîsa bi hêsiran got: *"Erê, ew wisa bû. Wan zaliman tu birî. Bi zorê tu siwar nekirî otobusekê û tu nebirî?"*

"Belê, wan em birin kampeke perwerdeyê ya giran. Ji me re gotin ku ji wê demê û pê ve em leşkerên wan in û divê em ji bo wan şer bikin. Bombe di nava cilên piraniya me de girêdan û ji bo şer bikin û biteqin birin eniya şer. Gelek zarok hatin kuştin. Carekê dema ku ez bi kesên din re ji bo êrîşê amade dibûm, bi şev min xwe di avahiyê de veşart û li bendê mam ku hemû derkevin, paşê ez reviyam".

Agirînê dîsa ew hembêz kir û got: *"Şikur ji Xwedê re ku tu baş î. Tu bi kê re yî? We kesek ji malbata xwe dît? Heke na, tu dikarî bi min re werî".*

Mêvan got: *"Erê lawo, eger te kesek tinebe, bi me re were".*

Jiyar sipasiya wî kir û got: *"Dayika min li cem me ye, me du xwîşkên xwe beriya çend mehan dîtin. Ez îro bi pismamê xwe re hatim ku cenazeyan teşxîs bikim û alîkariyê bidim".* Jiyar piştre nimreya telefona dayika xwe da Agirînê. *"Agirîn xanim, ez dikarim tiştekî ji te bixwazim?"*

"Bê guman, kurê min, çi?"

"Ez dikarim wêneyê mamosteyê xwe birêz Dilovan ji te bixwazim?"

"Erê, bê guman, bila ez albûma xwe bînim".

Mêvan albûm ji çenteyê Agirînê derxist û da destê Agirînê. Lê mêze kir û wêneyek derxist. Wêne roja dawîn, berî xilasbûna dibistanê, dema havînê hatibû girtin. Di wêneyê de Dilovan, Agirîn, Evîn û hemû zarok hebûn.

Jiyar sipasiya wê kir û dîsa ew hembêz kir û xatir xwest û berê xwe da pismamê xwe.

Nêzîkî rojavabûnê bû dema Agirîn, Mêvan û ajokarê wan ji bo ku ji gund derkevin, ketine rêya xwe. Lê belê leşkerek ber bi wan ve bezî û got: *"Bisekine! Wesayîtê rawestînin!"*

Ajokar got: *"Mijar çi ye?"*

"Ji kerema xwe van her du mêran bi xwe re bibin". Li pişt leşker, du

mêrik bi zehmet ber bi otomobîl ve dihtin. Leşker ji wan re got: "Pêwîstiya yekî bi doktor heye, tansiyona wî piştî dîtina hestiyên kur û birayê xwe daketiye. Divê biçe klînîkekê. Em ê çend demjimêran jî karê xwe neqedînin, ji ber vê yekê eger hûn dikarin wan jî bi xwe re bibin".

Mêvan got: "Ez ê bi yekî re li piştê rûnim, yê din ji sermayê bi Agirîn re li hindur rûne."

Agirînê got: "Na, bila her du jî werin vir. Ez jî dixwazim li pişta erebeyê rûnim. Hewcedariya min bi hewaya teze heye". Peya bû û hilkişiya piştê û serê xwe danî ser tiştên xwe.

Dema ku gund li pey xwe hîştin, Agirînê li xirbeyan dinêrî. Rûyê Dilovan û Evînê û kenê wan hat bîra wê. Ew hemû tenê çend demjimêr berê xuya bû. Niha hemû xewnên bextewariya wan a paşerojê veguherîbûn tişteke bilî bîranîna tal a rûyê wan êxwînî û gorên wan ên bê nav û bê xwedan. Ew jî di nava barîna hêsiran de bi canê xwe yê westiyayî bi rê dikir ku biçe cihekî nenas û xerîb.

Mêvan li kêleka wê rûniştibû. Betaniyek danî ser wê û heta ku Agirînê çavên xwe girtin, ew bêdeng ma. Mêvan bi dîtina rûyê wê yê bêsûc û bedew û xemgîn di xwe de şikest û wêran bû.

Wî nekarî tiştekî bike ku wêraniya wê rake. Ji bo her tiştekî dereng e, gelekî dereng e. Gelek dayikên welatê wî bêzar bûbûn; gelek sêwî hatibûn definkirin; gelek evîn hatibûn kuştin; gelek evîndar bi mirin û revandinê mehkûmî ezabê veqetînên hovane bûn; gelek malbat perçe perçe bûbûn; gelek keç rastî revandin û destavêtinê hatibûn. Her hêvi-yek ji bo vegera wan pûç bû. Wêran û perîşan, Mêvan li stêran dinêrî. Çawa dikaribû dîsa hêviyekê ji bo pêşerojeke nenas ava bike? Dê çawa mimkun be ku piştî van hilweşînên hovane dîsa li ber xwe bide? Çima ev tişt berdewam bûn? Piştî ku zêdeyî heftê ferman hatibûn ser gelê wî, wî meraq dikir ku gelê wî çawa dikare ji karesat û fermaneke din xilas bibe. Çawa dikaribû piştrast bibûya ku gelê wî dê car din rojên wiha xedar nebîne?

Diviyabû rêyek bidîta. Wî xwe spart goşeyekê û di dawiyê de di bin giraniya kedera xwe de ket xewê.

Serê sibê zû Mêvan çavê xwe vekir û dît ku Agirîn ji xewê şiyar bûye û betaniyê davêje ser wî. *"Sipêde baş Agirîn. Tu kangî şiyar bûyî?"*

"Cend demjimêran. Kabûsan nehîştin ez razêm".

"Cima te ez şiyar nekirim? Niha tu çawa yî?"

Agirîn got: *"Ez nizanim".*

"Dixwazî biaxivî? Belkî alîkariya te bike ku hinekî aram bibî".

Agirînê kir axîn: *"Ez nikarim sedemekê ji jiyana xwe re bibînim. Jiyana vê dinyayê ne hêjayî vê êşê ye".*

"Wisa nebêje, divê em bihêz bin. Wê wext êşê çêke, ez soz didim. Tu yê sedem jiyanê bibînî".

Ajokar li kêleka klînîkekê sekinî. Her du zilamên din daketin, sipasiya wan kirin û çûn. Ajokar berê xwe da Mêvan: *"Sipêde xweş bira, em bêhna xwe vedin û tiştekî bixwin".* Mêvan got: *"Erê bira, fikreke baş e".*

Ajokar got: *"Tu dizanî, dema ku em di rê da bûn, min hewl da ku xwarin an jî çayekê ji xwîşka xwe re pêşkêş bikim, lê wê got ku bila tu şiyar bibî, piştre".*

Mêvan li Agirînê nihêrî, lê wê tiştek negot. Piştî xwarinê, bêhna xwe vedan û ber bi kampa xwe ve bi rê ketin .

Dema gihîştin hindurê dergehên kampê, ajokar dît ku rê pir herî ye û nikarin bi otomobîlan herin.

Mêvan Kanî dît û gazî kir: *"Em vegeriyan, Kanî! Ji kerema xwe tu dikarî ji Ronak û yên din re bibêjî bila werin alîkariya me. Rê herî ye û otomobîla me nikare derbas bibe".*

Kanî bi dîtina wan kêfxweş bû û zû reviya ku yên din bîne. Hemû demildest ji bo alîkariyê hatin. Mercanê Agirîn dît û çû cem wê. *"Keça min a delal, bi xêr hatî! Tu çawa yî?"*

Agirînê bersivand: *"Ez baş im dayê. Werin em bibin alîkar ku van tiştan bibin malê".*

Mêvan got: *"Na, tu bi dayê re here malê, em ê her tiştî bînin".*

Marcanê got: *"Erê keça min, tu bi zorê radiwestî. Tu yê çawa arîkariyê bikî delal? Em herin malê".* Agirîn û Mercan bi hev re çûn konê xwe.

Agirîn çû hindur, li quncikekî rûnişt, serê xwe danî ser balgiyekê û çavên xwe girtin. Mercanê ji bo ku ew rehet be, betanî danî ser wê, dû re got: *"Erê keça min, hinekî bêhna xwe vede, tu westiyayî".*

Piştî çend kêliyan Mêvan li ber deriyê kon xuya bû. Çenteyekî mezin hilgirtibû. Mercan zû çû alîkariya wî bike, got: *"Kanê ez alîkariya te bikim, wê li derve dayîne li ser wî kevirî bila gemar nebe".*

Dema ku Mêvan çente danî ser kevir, got: *"Sipas, dayê. Ci hat serê Agirînê?"*

"Ew di xew de ye. Li wir çi qewimî kurê min? Cima ewqas xemgîn û nexweş xuya dike?"

Mêvan li hindurê konê Agirînê nihêrî, dû re derî daxist û ber bi Mercanê ve çû. Dengê xwe kêm kir û got: *"Hemû mala wê hilweşiya bû. Dilşikestî bû. Me duh hevserê wê û keça wê defin kirin. Ew di halekî xedar de bû û min çend heb dan wê ku hinekî razê".*

Mercan ku li tenişta çenteyê li ser kevir rûniştibû, got: *"Ey keça min a feqîr, belengaza reben".*

Mêvan got: *"Dayê Ji kerema xwe hayjê hebe". Nehêlin tenê bimîne. Ez naxwazim tiştek lê bê". "Ez ê lênêrîna wê bikim kurê min, ez lê şiyar im".*

Piştî du demjimêran Agirînê serê xwe ji xewê rakir.

Mercanê ew dît û got: *"Tu şiyar bûyî keça min. Werin em bi hev re firavînê bixwin".

Agirînê got: "Ez ne birçî me".

Ronak hat û got: "Wisa nebêje xwîşka min, em li bendê bûn ku tu şiyar bî û bi hev re bixwin. Niha, were û rûnê. Wekî din em jî nexwin".

Havîn ku li tenişta Mêvan rûniştibû, got: "Erê dayê Agirîn, ez pir birçî ne".

Agirîn keniya û bi nermî got: "Baş e, hûn dest bi xwarinê bikin. Ez herim dest û rûyê xwe bişom, hewaya teze bigirim û bêm".

"Xaltîka min bisekine, ez ê bi te re bêm," Kaniyê wiha got û bi Agirînê re çû.

Piştî nîvro, Agirînê sindoq, valîz û çenteyên nivînan ku ji gund anîbûn vekirin. Hin tişt xistin çenteyekê ku ji xwe re bihêle, paşê nivîn û cil û bergên mayî hildan û got: "Ez ê van bişom. Divê paqij bibin berî ku ez wan bidim ofîsa kampê da ku bigihînin kesên ku herî zêde hewcedarê wan in".

Gelawêjê got: "Em jî werin alîkariya te bikin".

Agirînê got: "Na, ez dixwazim wan bi xwe bişom" û piştre çû.

Mêvan li pey wê derket û jê pirsî: "Cima tu nahêlî ew alîkariya te bikin?"

"Ez dixwazim bi tenê bim".

"Lê ... baş e, heke tu wisa dixwazî".

Agirînê got: "Xem neke Mêvan".

"Ez dixwazim piştrast bim ku tu baş î û tu yê nebe ku ... yanî ez dibêjim, ditirsim ku..".

Agirînê got: "Ez li rêya Henanê naçim, ez soz didim te. Ez ê baş bibim".

Mêvan got: "Baş e, sipas. Ez ê vegerim ser karê xwe. Eger tiştek hewce be, min agahdar bike". Û çû.

BEŞA 17

Piştî çend rojan Agirîn li ber konê xwe rûniştibû û li lîstika Nalanê bi zarokên din re temaşe dikir. Gazî wê kir: *"Nalan, gula ciwan, were vir".*

"Ci ye xaltîka Agirîn?"

"Bi min re were, ez dixwazim tiştekî nîşanî te bidim". Agirînê destê Nalanê girt û çû hindur. Wê ji valîz sê perçeyên xweşreng derxistin û got: *"Li rengan binêre û dest bide wan. Binêre ka çiqasî nerm in. Tu dikarî rengan ji min re bibêjî?"* Nalanê got: *"Ev kesk e, ev şîn e û ev jî sor e".*

"Erê, delalê. Niha yekê hilbijêre ez bibînim ka tu ji kîjanê hez dikî".

"Belê, ez ji her tiştî bêtir ji rengê pembeyî hez dikim, lê ew tine û ez ji vê jî hez dikim". Nilan tiliya xwe da ser qumaşê şîn.

"Ci rengekî xweşik e".

"Erê, ew mîna esman e".

Agirîn keniya: *"Erê, ew heman rengê esman e".*

Nalanê got: *"Lê dema ku esman kêfxweş e, ne dema ku ew digirî yan bihêrs dibe, ji ber ku ew vediguhere ser rengên tarî û gewr û ez ji vê yekê qet hez nakim".*

Agirînê bi ken got: *"Ez dizanim, rast e. Carinan min ditirsîne, dema ku bi dengekî bilind dest bi giriyê dike û diqîre".*

Nalanê bi ken got: *"Ax xaltîk, tu jî weke min î".*

Agirînê got: *"Ka ez qebareya te bipîvim, îca ez ê ji te re cilekî xweşik bidirûm, baş e?"*

Nalanê bi nîşana baş e, serê xwe hejand.

"Baş e, niha tu qediyayî, dikarî biçî û bi hevalên xwe re bilîzî".

Nalan çû lîstika xwe, paşê Agirînê bang li Kaniyê kir: *"Were keça min a Şirîn, niha tu rengekî hilbijêre".*

Kanî çû cem wê û got: *"Xaltîka Agirîn, ez ji sor hez dikim, sor her dem rengê min ê hezkirî ye".*

Gava ku Gelawêjê çayê amade dikir, bihîst û ji Kaniyê re got: *"Sor, ciwan e û rengkekî bedew e, nemaze ji bo keçikeke weke te".*

Agirînê li Rondak û Havînê nihêrî û gazî wan jî kir: *"Niha, dora we ye. Ez dikarim du kincên din ên biçûk û xweşik jî bidirûm. Werin, lez bikin, rengên xwe hilbijêrin".*

Keçik ber bi wê ve reviyan û dest bi dest dan û bi qumaşan lîstin.

Agirînê piştî pîvandina wan çû cem Mercanê ku li derve li cem Mêvan rûniştibû. *"Dayê, ez ê makîneya cilikan a cîranê xwe deyn bikim".*

"Baş e, keça min. Divê tu ji xwe re hinek cilan bidirûyî".

"Min ne hewce ye, têra min heye. Em ê ji welatê xwe derkevin, ji ber vê yekê ez ji zarokan re cil û bergên teze dixwazim".

Mêvan pirsî: *"Tu dixwazî ez werim û makîneya dirûtinê ji te re hildim?"*

Agirînê got: *"Na, ne giran e, ez baş im. Ez ê zû vegerim".*

Piştî ku dirûn qedand, gazî keçan kir: *"Werin hindur, kincên we amade ne. Ka em biceribînin û bibînin ka xweş li hev dibin an hewceyê guhertinan in".*

Kaniyê piştî ku cilikên xwe ceribandin, bi zewq got: *"Oh, Xwedayê min, xaltîk, gelekî xweşik e, bê qusûr e!"* Û li dora xwe zivirî.

Ronakê got: *"Were vir, Kanî, ez porê te jî rast bikim".*

Kaniyê pirsî: *"Mamê Mêvan, tu jî jê hez dikî?"*

Mêvan got: *"Erê, prensesa min a delal, pir li te tê".*

Rondik û Havîji bo ceribandina cil û bergên xwe ewqas bi heyecan bûn ku dema li benda dora xwe bûn li dora Agirînê bazdidan.

Gelawêjê got: *"Baş e, baş e, hûn her du sebir bikin". Werin kincên xwe bînin vir û bihêlin ez alîkariya we bikim û li we bikim".*

Lêbelê, Nalanê cilê xwe di destê xwe de girtibû û nexwest wê biceribîne.

Agirînê pirsî: *"Delalê, çima tu wê neceribînî? Were vir, ez ê alîkariya te bikim".*

Nalan bêdeng ma. Ronakê jê re got: *"Xaltîka Agirîn tu tevahiya rojê dixebitî, eger tu neceribînî ew ê aciz bibe".*

Agirîn pirsî: *"Ci ye Nalan? Ma tu jê hez nakî?"*

Nalan xwe hejand û bi nermî got: *"Erê, ez jê hez dikim".*

Ronak pirsî: *"Wê demê tu çima cilikên xwe wekî yên din naceribînî?"*

Agirînê ji Ronakê re got: *"Hiş be"* û paşê berê xwe da Nalanê. *"Heke tu li xwe nekî ez aciz nabim. Dibe ku tu dixwazî wê ji bo rojeke taybet paqij helgirî. Tu dizanî çi ye? Cilê xwe têxe wê valîzê. Tu dikarî her gava ku bixwazî wê li xwe bikî, çawa ye?"*

Nalan rehet bû û got: *"Baş e".* Cilê xwe xiste çenteyê û derket derve ku bilîze.

Ronak axîn kir. *"Gelo ez ê qet roja ku ew jî mîna mirovên din azad û bextewar be bibînim?"*

Agirînê got: *"Ez bawer im tu yê bibînî. Tu yê bibînî ku mîna kulîlkeke herî xweşik şîn dibe û heta wê rojê tu neçar î tiştekî nekî ji bilî ku nîşanî wê bidî ku ew ewle ye û ji bo me pir ezîz e û em jê hez dikin".*

Ronak got: *"Erê, ez hêvî dikim ji bo wê rojê, tu rast dibêjî".*

Agirînê dest bi resetkirina makîneya cilikan kir û pirsî: *"Baş e* niha, kesekê tiştek heye ku bixwaze ez bidirûm?"

Mercanê kirasek da destê wê û got: "Erê keça min, va ye kirasê Mêvan . Ji kerema xwe ji her du aliyan ve ji nû ve bidirû. Min bi derziyê çi kir, lê ciwan xuya nake".

Piştî ku Agirînê kirasê Mêvan qedand, makîneya cilikan hilda, amade bû ku vegerîne cîrana xwe, hê pêlavên xwe li pê nekiribûn, Mêvan got: "Derve tarî ye, ka ez bibim". Makîne ji destên Agirînê stand. Roja derketina ji welêt hat. Hemû tiştên xwe yên pêwîst kom kirin û xatir ji cîranan xwestin. Siwar bûn û berê xwe dan balafirgehê.

Mercanê pirsî: "Kurê min, em ê çiqasî dûr herin? Ez ji keça xwe Kejal hinekî aciz im, diviya bi me re bihata".

Mêvan got: "Ez bi rastî nizanim dê rêwîtiya me çiqasî bikişîne, lê ji min re gotin ku dibe ku tevahiya rojekê bikişîne. Ez bawer im ku Kejal dê baş bibe. Ez demjimêrekê berê pê re axivîm da ku wê û keçikan kontrol bikim".

Ronakê gotina Mêvan bihîst û jê pirsî: "Rêyeke pir dirêj e? Min nizanibû ku ewqasî dûr e. Ma me nikaribû herin welatekî ku pir nêzî me ye?"

Mêvan got: "Me dikaribû, lê vî em hemû weke malbat qebûl kirin û yên ku berê li wir in jî ji min re gotin ku em dikarin li wir karekî bibînin".

Kaniyê got: "Lê eger mirovên li wê derê ji me hez nekin, ji ber ku em ne weke wan xuya dikin û zimanê wan nizanin û hê bêtir in çi? Ez ditirsim mamo".

Mêvan bêdeng çû û li Agirînê mêze kir ku tiştekî bibêje.

Agirînê got: "Ez bawer nakim ku wisa be Kanî. Ez bawer im ew dixwazin alîkariya me bikin. Xema vê yekê neke, ji ber ku em wan nas nakin, lê çi dibe bila bibe, me hevdu girtiye û em ê li hev şiyar bin".

Hatin balafirgehê û li balafirê siwar bûn. Gelawêj û zarokên xwe li hev rûniştin, Ronak û keçên xwe bi hev re, Mêvan û Agirîn jî li kêleka Kanî û Mercanê bûn.

Dema ku balafir radibû Agirînê ji pencereyê li jêr niherî. Ew aram û ewqas ji xerîb bû ku êdî li ser erdê nebû.

Wê nizanibû çima, lê li cihekî kûr di hindurê dilê wê de dengek dihat: *"Ev riya rast e ku tu diçî".*

Piştî demekê Mercanê ji Mêvan re got: *"Kurê min, lingê min ji ber rûniştina ewqasî dirêj li ser vê kursiyê diêşe. Ciqas rêya me maye?"*

Mêvan got: "Dayê, rabe piçekî bimeşe".

Mercanê axîn kir: *"Min keça xwe Kejal tenê hişt. Xwezî ew li vir bi me re bûya. Kurê min, tu difikirî ku heya ez dîsa Kejalê bibînim wê çend dem derbas bibe?"*

Mêvan alîkariya Mercanê kir ku rabe ser piyan. *"Ez dizanim tu çi dibêjî dayê, lê li her du neviyên xwe bifikire, ew heq dikin ku li cîhekî ewle bijîn û mezin bibin. Wekî din, tu her gav dikarî vegerî û serdana Kejalê bikî".*

Mercanê got: *"Tu rast dibêjî kurê min".*

"Niha, rêyeke dirêj li pêşiya me heye. Ji kerema xwe hinekî bimeşe, paşê hewl bide ku hinekî razêyî". Mêvan dîsa hat cihê xwe û bêhneke kûr kişand.

Agirînê pirsî: *"Mêvan, tu baş î?"*

"Erê, ez baş im".

Agirîn dîsa pirsî: *"Piştrast bim?"*

Mêvan piştrast kir ku Kanî di xew de ye, paşê hêdî got: *"Ez nizanim vê yekê çawa bibêjim Agirîn, lê ... tu bi van hemû guherînan re çawa yî? Ji her tiştê ku em dizanin û nas dikin, dûr dikevin?"*

"Ez pir baş im. Yanî bi demjimêran berê destên min dilerzîn ji ber tirsa ku ew guhertinek mezin e, lê ez hest dikim ku em ber bi riya rast ve diçin".

"Tu bi rastî hest dikî?"

Agirînê got: *"Belê, ez hest dikim. Bê guman em ê tûşî hin pirsgirêkan* bibin ji ber ku ew welatekî nû ye, lê heya ku tu bi me re bî, ez xwe ewle hest dikim".

"Bêguman ez ê bi canê xwe te û malbatê biparêzim. Lêbelê, ez teqez bawer nînim ku derketina ji mala me hilbijartineke aqilane bû".

Agirîn matmayî ma. "Cima tu hatî ser vê baweriyê?" "Ez naxwazim ku tu û yên din bêtir cefayê bikişînin û we ber bi pirsgirêkên nû yên ku dibe ku wêranker bin bibînim. Ez dixwazim ku hûn di dawiyê de jiyanek aştiyane hebe". Agirînê dît ku Mêvan tengav bûye, destê wî girt: "Ez dizanim ji bo te berpirsiyariyeke mezin e, lê em hemû li kêleka te ne, ez li kêleka te me. Em ê bi hev re vê yekê derbas bikin".

Mêvan keniya: "Sipas Agirîn".

Dema gihîştin cihê xwe, li balafirgehê çend kes li benda wan bûn. Di nava wan de zilamek derket pêş û got: "Silav, bi xêr hatin, navê min Diyar e. Ez li vir im ku alîkariya we bikim".

Dema ku Diyar gotinên xwe ji bo yên din ên di koma xwe de wergerand, hemûyan silav dan wan. Dû re wî ji kesên nû re got: "Ez û hevalên xwe pir kêfxweş in ku em bixêrhatina we hemûyan li Melbourne`a Avusturalya`yê dikin. Me cîhek amade kiriye ku hûn bixêrhatinê bikin. Niha hûn hemû westiyayî ne, ji kerema xwe li pey min werin, mînîbusek li derve li benda me ye".

Mêvan pirsî: "Tu me dibî kuderê birayê Diyar?"

Diyar got: "Em ê te bibin mala we".

Ronak pirsî: "Mala me?"

Diyar got: "Erê xwîşka min, hikûmeta Australiayê ji ber rewşa we, ji we re mal girtiye. Wan dixwest ku hûn rehet bin û bi hev re bimînin. Li wir ji hejmareke mezin a xwîşk û birayên me heye, di dema şer de hatine. Mala we li taxa wan e da ku hûn bi civata xwe re bin".

Dema mînîbus sekinî, Diyar derket û derî vekir û ji Mercanê re got: *"Dayê dakeve, ev mala te ya nû ye. Ka em herin hindur û ez nîşanî we bidim".*

Marcanê got: *"Sipas lawo".*

Ketin hindur û dîtin ku her tişt organîze bûye, ji gaz û elektrîkê bigire heya nivîn, xwarin û cilan.

Ronakê got: *"Xwedayê min, maleke pir xweş e".*

Diyar got: *"Belê xwîşkê wisa ye".* Li Mêvan zivirî: *"Li derva odeyeke cihê heye Mêvan, ez bawer im ku ji bo te baş e. Ka em derkevin û nîşanî te bidim".*

Mêvan got: *"Sipas, birayê min".*

Piştî ku ode li derve nîşanî Mêvan da, Diyar vegeriya hindur û ji Mercanê re got: *"Temam dayê, ez bawer im dereng e. Sibê ez ê vegerim te bibînim. Bextê te xweş be. Şeva te baş".*

Marcanê got: *"Ji bo her tiştî sipas, kurê min, şev baş".*

Mêvan got: *"Bihêle ez bi te re heta mînîbusê bêm".*

Diyar got: *"Temam, sipas".*

Gava ew li derva bûn, Mêvan got: *"Bira, perê me ewqas nîne ku em mesrefa xwe bidin. Tu dikarî ji min re karekî bibînî?"*

Diyar: *"Dizanim çi dibêjî bira, lê xem neke, hikûmeta Awustralyayê dê piştgiriya te û malbata te bike".*

"Wan ji têra xwe zêdetir kiriye û ez ji bo wê pir sipasdar im, lê heke tu karekî ji min re bibînî, dê bibe alîkar".

"Bêguman bira, her sibe gelek mirovên me diçin kar. Eger hûn bixwazin, ew li ser baxçeyê fêkiyan in, pir ji vir dûr nin e". Mêvan got: *"Belê bira, kar çi hebe ez dixwazim".*

"Baş e, ez ê ji hevalekî xwe re bibêjim ku sibê zû were û te bibe, paşê tu dikarî biçî û bibînî ka ji kar hez dikî".

"Gelekî sipasiya we dikim".

Diyar got: *"Pirsgirêk nîne, şeva we xweş be"*.

Mêvan vegeriya hindur û gava dît ku her kes ji malê çiqas bi heyecan e, keniya. Zarok bi kontrolkirina her tiştî re mijûl bûn.

Mercanê got: *"Were vir, kurê min. Te bi Diyar re behsa çi kir? Dil mijûlî heye?"*

Mêvan, Agirîn û Ronak li kêleka wê rûniştin. *"Na dayê, min jê pirsî ka ez dikarim karekî bibînim".*

Ronakê pirsî: *"Îca wî çi got?"*

"Belê, ez ê sibê bi wan re biçim kar. Wî got ku kar têra her kesî heye".

Agirînê got: *"Wê demê em ê jî bên".*

Mêvan got: *"Na, hê na. Ez ê sibê bi xwe herim ku bibînim ka çawa ye".*

Ronak got: *"Heke karek ji bo me hebe, çima li bendê bin?"*

Mêvan israr kir: *"Na, heya destpêkê ez neçim û nizanim ka ji we re ewle ye yan na, hûn nayên".*

Marcanê got: *"Erê keça min, rast dibêje. Bila pêşî here û bibîne. Hin kar û hin cih ne li gor her kesî ne".*

Ronak got: *"Baş e bira, bila bi gotina te be".*

Li zengila derî xist.

Kaniyê pirsî: *"Gelo kî ye?"*

Gelawêjê got: *"Dibe ku Diyar be".*

Dengê zilamekî bi kurdî ji pişt derî hat ku gazî dikir: *"Silav, em cîranên we ne".*

Mêvan got: *"Bihêle ez derî vekim".*

Li ber derî zilamek bi bişirîneke mezin sekinîbû: *"Silav bira, ez cîranê te me û hatim xêrhatina te bikim û te nas bikim".*

Mêvan got: *"Silav bira, ji kerema xwe were hindur".*

Mercanê got: *"Ax, çiqasî xweş e ku hûn hatin, bi deng û axivtina te dilê min rehet bû, kurê min, were hindur, ji kerema xwe".*

Xatûneke ciwan bi potekî di destê wê de li pey zilam ket. *"Silav dayê, ez Şermîn im û ez jî bi mêrê xwe re hatim pêşwaziya we".* Dû re li Ronakê zivirî û got: *"Min xwarin ji we re çêkir. Şiyar bin, hê germ e".*

Ronakê got: *"Ax, gelek sipas,"* pot hilda û li hindur nihêrî. *"Keça min Nalan di rê de tiştek nexwariye, û ev gelek kêfa wê ji xwarinê re te".*

Şarmîn şert û mercên jiyan û kar û xebatê ji Agirînê û yên din re vegot.

Mêrê wê bi Mêvan re rûnişt û dest bi axaftinê kir. *"Navê min Mîran e. Cend meh in ez û malbata xwe li vir in. Diyar gazî min kir ku sibê te bi xwe re bibim kar. Min ji xanima xwe re got em herin wan bibînin û piştrast bin ku wan ti tişt hewce nîne û rehet in".*

Mêvan got: *"Birako, sipas ji bo fikra te".*

Piştî ku Mîran û Şarmîn çûn, her kes xwe ji bo razanê amade kir, paşê razan.

Serê sibê zû Mêvan di oda xwe de şiyar bû û perde vekir. Ji xwe re got *"dema çûyîna kar e"*, paşê çû hindurê xaniyê sereke.

Berê xwe da Ronak, Mercan û Agirînê ku li metbexê bûn. Ronakê tasek xwarinê danî ser masê û got: *"Taştê hazir bûye".*

Mêvan li ser masê rûnişt û got: *"Sipêde baş, min nedixwest te şiyar bikim, hîn zû ye".*

Mercanê çayek jê re rijand. *"Tu dibêjî qey ez ê bihêlim kurê min bê taştê biçe ser kar?"*

"Sipas dayê, ev xwarin xweş xuya dike".

Marcanê got: *"Tu bi xêr hatî kurê min, lê Agirînê ew çêkiriye. Wê ji çayê pê ve nehişt ez tiştekî bikim".*

"Sipas, Agirîn, ez sipas dikim".

Agirînê bersiv da: *"Noşî can be".*

Wê nîvro, Mêvan bi kîsikekî biçûk ê fêkiyên teze ve hat malê. Di ber derî re meşiya, lê nikaribû kesekî bibîne, lewra gazî kir: *"Silav, hûn hemû li ku ne?"*

Kaniyê gazî kir: *"Em vir in mamo, li hewşa me ya nû".*

Mêvan ji piştê derket û dît ku Mercan û keçik li bin dareke mezin rûniştine, got: *"Silav û rez."*

Mercanê got: *"Silav, kurê min ê jehatî, bi xêr hatî".*

Ronakê pirsî: *"Kar çawa bû?"*

Mêvan got: *"Pir baş bû, me fêkî û sebze berhev dikirin. Cîhekî xweş e û dawiya rojê heqê me didin".*

Kaniyê pirsî: *"Mamo te fêkiyên di çenteyê de çinîn?"*

"Na delalê, min ew li ser rêya malê kirîn. Here wan bişo û ji xwe û zarokan re bîne".

Kaniyê got *"baş e"* û çente hilda û çû hindur.

Mêvan got: *"Dayê, eger tu lîsteya tiştên ku ji me re lazim in amade bikî, ez ê sibê piştî kar bistînim".*

Agirîn pirsî: *"Tu yê sibê me bi xwe re bibî?"*

Mêvan got: *"Erê sibê tu û Ronak dikarin werin".*

Gelawêj got: *"Lê ez bira? Ez jî dixwazim werim".*

Mêvan got: *"Lê li zarokên te wê çawa bin xwîşka min a delal?"*

Marcanê got: *"Belê, ez ê li wan miqat bim. Nalan û Kanî jî li vir in, ew têra xwe mezin bûne ku beşeke rojê ji dayîka xwe dûr bikevin".*

Gelawêjê got: *"Erê û gelek caran, ew bi hev re dilîzin û tu pirsgirêk dernakevin".*

Mêvan got: *"Baş e, sibê zu em hemû diçin, lê ji bîr nekin ku divê em firavîna xwe bi xwe re bînin".*

Gelawêjê got: *"Baş e, em ê her tiştî bikin Mêvan".*

Mêvan got: *"Pir baş e, niha em şîvê bixwin. Ez pir birçî me û bêhna xwarinê pir xweş tê".*

BEŞA 18

Çend meh derbas bûn û jiyan pir xweş derbas bû. Zarok ji bo hînbûnê diçûn dibistanê, Mercan li malê dima û debara malê dikir. Agirîn, Mêvan, Ronak û Gelawêj jî her roj diçûn ser kar.

Şevekê gava her kes li ser maseya xwarinê bû, Ronakê ji Mêvan pirsî: *"Mêvan, wî zilamê ku te navê diya Agirînê jê re şandibû bersiv negirt?"*

Mêvan li Agirînê nihêrî û got: *"Hefteya borî em axivîn û got ku rojên bazarên firotinê kêm in. Divê em li bendê bimînin û bi sebir bin".*

Gelawêjê got: *"Ez bawer im em ê wê û yên din bibînin".*

Mêvan ji Gelawêjê re got: *"Erê, wî jî wilo got, min hem hejmara Agirînê û hem jî ya te da wî, eger ez berdest nebûm ew ê ji we re telefon bike".*

"Dibe ku wan ew kuştibe, an wê xwe kuştibe". Nalanê serê xwe daxist.

Mercanê axînek kişand û got: *"Keça min, tu çima wisa dibêjî? Wisa nefikire, keça min a Şirîn".*

Nalanê bi xemgîniyeke kûr got: *"Ez nizanim dapîr, min bibore".*

Agirînê pirsî: *"Tu çima wisa difikirî Nalan?"*

"Him... çunkî, carekê hevalekî min nîvê şevê hate odê. Birîndar bû û gelek êş dikişand. Kesî alîkariya wê nekir û roja din mir. Careke din, zilamekî ez bi keçek mezin a mîna Kanî re kirîm. Keçikê her tim ji min re digot 'ez ê li te xwedî derkevim û em ê rojekê ji vir derkevin." Dilovan û pir

wêrek bû. Cend caran li ber axayê min rawesta û nehîşt ku min biêşîne. Carekê jî li jina wî ku ji me re got kafir û li min xist, da. Wê soz da min ku eger rêyeke revê bi dest bixe, dê li min vegere, lê wan ew girt û çend rojan birin. Dema ku vegeriya, mîna keseke din bû. Bi şev diqîriya û her tim xwe paqij dikir, pir digiriya û ew tijî hêrs bû. Ez jî carinan jê ditirsiyam, min nezanî çi lê hatiye û min hîn jî lênihêrîna wê dikir û hemû karên wê dikirin ku zêde bi wan re rûbirû nemîne. Min pir jê hez dikir û hewl dida ku alîkariya wê bikim ku baştir bibe. Ew li teniştâ min razabû heta ku sibehekê ez ji xewê rabûm û min dît ku cilên min û nivînên me tev xwîn bûne. Ez rabûm min dît ku damarê destê xwe biriye û xwe kuştiye. Piştî wê ez demeke dirêj tenê bûm. Ez pir bîriya wê dikim".

Ronak giriya: *"Ax, keça min a belengaz, te çi derbas kiriye?"*

Nalanê bi xemgînî serê xwe daxist.

Agirîn ku li kêleka wê rûniştibû, ew bi aramî hembêz kir, maç kir, serê wê rakir, li çavên wê nihêrî û got: *"Ez bawer im dê rojekê hemû vegerin. Dê dem bibe, lê em ê wan bibînin û wan bi xwe re vegerînin vir, diya min, xwîşka te Şilêr û dayîk û xwîşkên Kaniyê. Her yek ji wan dê rojekê zû were malê, mîna we".*

Nalanê got: *"Belê, dibe ku ew sax in û li benda me bin ku em wan rizgar bikin".*

Agirînê got: *"Bê guman û em ê ti carî dev jê bernedin, bi ti awayî".* Hinek xwarin da Nalanê û got: *"Vê bixwin. Paşê ez dixwazim ku tu herî û wêneyekî xwe yê ciwan ji min re bikişînî. Baş nazdarê".*

Nalanê got: *"Xaltîk, tu dixwazî ez ji te re wêneyê kulîlkekê bikişînim? Ez li dibistanê fêrî yekî nû bûm".*

Agirînê got: *"Belê, kerem bike".*

Nalan berî ku ji odeyê derkeve, got: *"Tu dikarî wê mîna yên din li ser nivînên xwe daliqînî".*

Ronak got: *"Te dengê wê bihîst?"* Dest bi girî kir.

"Dojeha ku keça min a belengaz tê de bû..".

Agirînê hêdî got: *"Ez dizanim xwîşka min, pir biêş e, lê ji kerema xwe, xwe kontrol bike. Ew li ser textê odeya din e û dibe ku te bibihîze. Eger tu bigirî, dibe ku ew qet qala serpêhatiya xwe ya tarî neke û ji xwe re bihêle ku te xemgîn neke. Dema tu digirî ew hesas dibe û xwe sûcdar dike".*

Ronakê rondikên xwe paqij kirin û got: *"Temam Agirîn, tu rast dibêjî".*

Piştî xwarina şîvê, li ser sifrê diaxivîn û çay vedixwarin, yekî li ber derî gazî Agirînê kir. Agirînê derî vekir, silav li hevala xwe kir û jê re got: *"Bila bisekine ez xwe amade bikim û derkevim derve".* Çentê xwe hilda, xatir xwest û çû.

Mêvan pirsî: *"Dayê ev jinik kî ye? Ew çend caran ji bo Agirînê hatiye vir? Û vê derengiyê wê bi ku ve dibe?"*

Mercanê got: *"Ew cîrana me ye ji çend taxan dûrtir e kurê min".*

Kaniyê got: *"Ew diçin Avahiya Civakê, li wir kesên din jî hene. Bi hev re diaxivin û demeke xweş derbas dikin. Mamosteyê min dibêje ku ew dikare bibe alîkar".*

Mêvan pirsî: *"Cima bi şev, ew nikarin bi roj biçin? Ez naxwazim ew bi şev derkeve. Ew ne rast e û dibe xeternak be".*

Mercanê got: *"Na kurê min, birayê hevala wê wan bi otomobîla xwe dibe. Lê heke tu hez nakî, ez ê bi wê re bipeyivim".*

Mêvan li ser masê rabû û got: *"Na, wê ji min re bihêle dayê".*

Kaniyê pirsî: *"Tu diçî ku derê mamo?"*

"Ez diçim razêm. Pir westiyayî me. Ji bo çayê sipas dayê. Şeva herkesî baş". Mêvan derket oda xwe.

Piştî çend şevan, Mêvan dît ku Agirîn li ber derî sekiniye. Jê pirsî: *"Tu li benda hevala xwe yî?"*

"Erê, divê ew heta niha li vir ba. Ez bawer im ji bîr kiriye ku ez ê îşev gel wê biçim".

"Cara paşîn ku hûn ewqas dereng vegeriyan, ez xemgîn bûm. Biceribînin ku vê carê zûtir vegerin malê. Piştî rojeke dirêj a xebatê, divê tu bêhna xwe bidî û rehet bî".

Agirînê got: "Ez dizanim, bibore. Em gelekî peyivîn û ewqasî kêfa me hat ku min wext ji bîr kir. Dê careke din dubare nebe".

"Henek! Kêfa çi? Hûn bi demjimêran qala çi dikin?"

"Her cure tişt. Tu dizanî, em li vir nû ne, û fêrbûna çand û zimanekî nû dikare dijwar be. Divê em di gelek tengasiyan re derbas bibin û hinek ji wan hinekî pêkenok in."

Wî pirsî: "Ew din kî ye?"

Gelek kes, lê pirê caran ez û hevala xwe li cihekî bêdeng rûdiniştin, da ku ew bikare min fêrî tiştê ku li dibistanê hîn bûye bike".

Mêvan pirsî: "Mîna çi? Ez dixwazim vî çand û zimanî hîn bibim".

Agirîn pirsî: "Cima tu nayê ku bibînî çawa ye?"

"Baş e, em herin," Mêvan got û ew bi hev re ji derî derketin.

Agirînê got: "Em bimeşin, zêde ne dûr e. Dayîka Mercan ji birayê hevalê min xwest ku me bigire, bila ewle be, lê ez û tu ewle ne".

Mêvan bersivand: "Baş e, heke tu bixwazî, em ê bimeşin".

Di rê de dest bi axaftinê kirin: Mêvan pirsî: "Hûn li vir çi fêr dibin?"

"Zimanê wan. Eger em zimanê wan hîn bibin, wê demê jiyan û danûstandin dê hêsatir bibe. Di heman demê de, em gelek tiştên din ên balkêş hîn dibin".

Mêvan pirsî: "Weke çi?"

Canda wan ji ya me pir cida ye. Te dizanibû ku ev welat tenê dora 200 salî ye? Pir ecêb e ku wan ew di demeke ewqasî kurt de welatê xwe ava kirine. Gelek ziman û bawerîyên din hene û ji bilî van hemû cidahî û cihêrengiyan çiqasî mesafe heye. Binêrin jiyan li vir çiqasî aram û bi aştî ye.

Mêvan got: "Ez dibînim, heke ez bikarim wexteke vala peyda bikim, ez ê jî werim hîn bibim, an ez ê li bendê bim ku tu min hîn bikî".

Agirîn keniya: "Ronak û Gelawêj jî ji min re heman tişt dibijên".

"Agirîn, tu çû yî dibistanê?"

"Belê, min zanîngeh qedandiye".

Wî got: "Pir baş".

"Lê te?"

Wî got: "Ez jî diçûm dibistanê lê min nekarî biçim zanîngehê. Dîsa jî, min her gav dixwest biçim".

Wê got: "Tu dikarî li vir biçî zanîngehê".

"Ez nafikirim ku ew ê karekî zihmet be".

"Ez ê gav bi gav alîkariya te bikim. Eger tu dest pê bikî, tu yê rojekê bi ser bikevî".

Wî bersiv da: "Baş e, lê ji bo niha divê ez piştrast bim ku malbat di vê hawîrdora nû de ewle ne û ber bi riya rast ve diçin".

Agirîn keniya: "Dayika Mercan rast dibêje ..".

Mêvan sekinî: "Rast e li ser çi?"

"Bêyî te, em ê li vir ne ewqas rehet û kêfxweş bin, tu dizanî. Her tişt xweş e, lê dîsa jî ez carinan ditirsim. Ji ber vê yekê ku tu bi me re bî, baş e ... ew e ... oh, ez nizanim çawa ji we re vebêjim, lê divê tu bizanî ku em hemû ji hebûna we pir sipasdar in, Mêvan"

Mêvan keniya û bi wê re meşiya.

Dema gihîştin ber derî, Agirînê got: "Va, ev avahî ye, em herin hindur. Ez difikirim ku hin kes tê de ne, ew otomobîl a birayê hevalê min e".

Agirînê Mêvan ji hevala xwe re da nasandin, paşê rûniştin ku bi hev re dema xwe xweş bikin.

Dotira rojê weke her car çûn ser kar. Ked û enerjiya Agirînê bala xwedanê baxçe kişand. Gazî wê kir û xwe da nasandin. Agirînê got: *"Ez nikarim we baş fêm bikim"*. Wî gazî karkerekî kir ku wergerîne.

Zilamek tevlî wan bû û ji Agirîn re got: *"Dibêje ewqasî zêde nexebite û hinekî bêhna xwe vede"*.

Agirîn sipasiya wî kir û ji wergêr re got: *"Ji wî re bibêje ez newestiyame. Ev ne karekî giran e û pêdiviya min pê heye"*.

Wergêr pirsî: *"Ma hûn ji aliyê hikumetê ve nayên piştgirîkirin?"*

Agirînê axîn kir. *"Belê, lê dayîka min hîn di destê DAÎŞ`ê de ye. Li wir dîsa wekî kole tê firotin. Eger em wê bibînin, divê ez bikarim wê bikirim an jî ji bo vegerandina wê alîkariyê bikim"*.

Wergêr ev yek ji patron re vegot û ku bersiv da: *"Ez bi bihîstina vê xeberê gelekî xemgîn bûm. Ez hêvî dikim ku hûn di zûtirîn dem de malbata xwe bibînin, serkeftin ji we re"*. Patron bîstekê rawestiya, di hizirên de kûr bû, dû re got: *"Lê dîsa jî, ez dixwazim ku hûn vî wê karî hêsan bigirî û li tenduristiya xwe miqate bî"*.

Agirînê sipasiya wî kir û vegeriya cihê ku Mêvan lê dixebitî.

Mêvan jê pirsî: *"Wî ji te re çi digot?"*

"Ew dixwaze ku em bi vî şiklî nexebitin û hinekî bêhna xwe bidin".

Mêvan got: *"Ew rast dibêje, tu û Ronak pir dixebitin. Carinan hûn nîvro jî ranawestin. Ez ji we her duyan re xemgîn im"*.

"Belê, tu hîn ji me bêtir dixebitî!"

"Erê, lê ez mêr im û ji bo min cida ye ji ber ku ez bi karê giran re fêr bûm e û dikarim wê tehemul bikim. Ka em herin û bêhna xwe bidin û hem jî avê vexwin".

Dotira rojê piştî ku kar bi dawî bû û karkeran heqdestê xwe standin, wergêr beriya ku Agirîn biçe, çû cem wê. Agirîn bi Mêvan,

Ronak û Gelawêj re dipeyivî. Wergêr gotina wê qut kir û got: *"Xwîşka min, patron dixwaze te li ofîsa xwe bibîne".*

Agirîn û wergêr ber bi wir ve meşiyan, ketin hindurê ofîsa patron. Wî got: *"Dîsa silav, were û rûne".*

Agirîn bi rêya wergêr bersiv da: *"Na, sipas, hevalên min li benda min in".*

Patronê got: *"Ax, baş e,"* paşê ji wergêr re got " *here wan jî bîne hindur".*

Wergêr ji ofîsê derket. Patron ji Agirînê re got: *"Ji kerema xwe rûne. Rûnişt li bendê man, wergêr bi Mêvan re vegeriya".*

Patron bi rêya wergêr got: *"Min nekarî li ser rewşa te nefikirim. Ji duh ve ez bi malbata xwe re axivîm. Du keçên min ên bedew hene ku ji te hinekî biçûktir in. Ez ji ber tiştên ku hatine serê malbata te pir xemgîn im. Ez û malbata xwe dixwazin alîkariya we bikin. Eger hûn hezkiriyên xwe bibînin, wê hingê em dikarin ji we re bibin alîkar ku hûn wan bikirin".*

Mêvan ji wergêr re got: *"Jê re bibêje em ji wî û malbata wî re sipasdar in, em bi mihrebaniya wî pir dilxweş in. Lê hîna jî me ti nûçe negirtiye û em nizanin em ê kengê wan bibînin. Eger em wan bibînin, hin rêxistin hene ku dê alîkariya me bikin. Ji xwe bi dayîna vî karî gelekî alîkariya me dike".*

Patron bi rêya wergêr bersiv da: *"Ez fêm dikim û ez hêvî dikim ku hûn zû wan bibînin. Ji kerema xwe ji bîr nekin ku ez her dem ji bo alîkariyê li vir im. Em êşa vê tirajediya dilşikestî bi we re parve dikin. Piştrast bin, hûn û malbata we ne bi tenê ne".*

"Gelek sipas, bira. Em hemû piştgiriya we teqdîr dikin, ev hêvî û hêzê dide me ku em vê yekê derbas bikin," Mêvan wiha got û ew hembêz kir.

Çend meh derbas bûn. Rojekê piştî nîvro, Mêvan kete hewşa mala wan a pêşiyê û dît ku Mercan û Agirîn bi jinekê re li balkonê rûniştine û diaxivin. Silav li Agirîn û Mercanê kir û xêrhatin lê kir û mêvan paşê derbasî hindur bû.

Piştî ku jinik çûn, Agirîn çû qedehan bişo. Mercan çû ba Mêvan û jê pirsî: *"Tu dizanî çima ew li vir bû?"*

"Na, dayê, çima?"

"Ew li vir bû ku ji bo birayê xwe pêşniyara zewacê li Agirînê bike".

Mêvan got: *"Ci çi..".. Sekinî, paşê pirsî: "Îca Agirînê çi got? Ew eleqedar bû?"*

Mercanê got: *"Na, kurê min, wê qebûl nekir; dibêje ku naxwaze bizewice. Heta niha sê xwezginî ji bo wê hatine û wê hemû jî red kirine".*

"Sê! Heke? Cima kesî tiştek ji min re negotiye?"

Marcanê axîn da: *"Ez dizanim kurê min, wê nedixwest tiştekî mezin li çêbe û xwest ku kesek li ser wê neaxive, lê birayê vê xanimê zilamekî pir baş û hêja ye. Agirîn divê rojekê bizewice û bibe xwedî malbat, nikare heta dawiya jiyana xwe bi tenê bimîne".*

"Ez nizanim çi bêjim dayê...".

Marcanê got: *"Tu baş î kurê min? Rûyê te zer bûye".*

"Erê, ez baş im ... ez tenê li hêviya vê yekê nebûm". Hişê Mêvan li ser Mercanê çû û kûr fikirî.

"Lawo ... lawo... tu bawer î ku tu baş î?"

"He... erê ... bibore, dayê. Divê ez biçim seyranê, paşê em ê li ser vê yekê biaxivin, baş e?"

"Temam". Mercanê lê temaşe kir û Mêvan ji wir dûr ket.

Ew şaş ma ku çi tiştekî xelet çêbû, demek dirêj meraq kir berî ku Mêvan vegere. *"Ax, kurê min, tu vegeriyayî. Cima tu ewqas dereng may? Ez çavlirê bûm".*

Mêvan got: *"Min bibore dayê, em dikarin bi ewle biaxivin? Divê ez tiştekî ji te re bibêjim".*

"Baş e, kurê min".

Mêvan derî girt û li kêleka wê rûnişt.

Wê got: "Ji min re bibêje çi diqewime, kurê min, tu pir aciz xuya dikî".

Mêvan dest pê kir: "Belê, ez nizanim çawa bibêjim".

Mercanê li çavên wî nihêrî: "Ez weke diya te me û weke dayikekê, ez ji her tiştî bêtir ji te hez dikim, lewra her tiştê ku tê serê te ji min re bibêje delal".

"Ew Agirîn e... ez pir jê hez dikim. Min nexwest tiştekî bibêjim, ji ber ku eger ew ji min hez neke û bizane ez li ser wê çi hest dikim, ji ber ku em di heman malê de dijîn û ez naxwazim ji bo wê pir xemgîn be". Mêvan sekinî ku ramanên xwe berhev bike. "Lê, oh ... niha ez ditirsim ku heke ew xwezginiyekî xwe qebûl bike, ez ê wê her û her wenda bikim".

"Ez çi bibêjim kurê min? Ew jineke bedew, dilovan û biaqil e. Lê eger tu nêrîna min dixwazî, ez dibêjim çêtir e ku tu pê re bipeyivî û bibînî ka ew çawa hest dike".

Mêvan serê xwe hejand û got: "Lê ez dizanim ku ew ne amade ye. Ew hîn jî bi demjimêran li albûma wêneyên xwe dinêre. Ez naxwazim ku ew li dora min nerehet bibe".

"Kuro, di vê rewşê de, ez bawer im ku ew ne ciyê dilmijûliyê ye. Ew dizane ku tu çi mirovekî baş î û wê her û her ba te xwe rehet hest bike. Bi rastî, min û keçan dizanibû ku hestên te ji wê re hene û ez dikarim bibînim ku ew li dora te çiqas rehet û bextewar e. Dema ku rewş rast be, jê re bibêje ka tu çawa hest dikî û ez bawer im ku tiştekî baş dê ji vê yekê derkeve".

"Baş e dayê, ez ê pê re biaxivim".

Rojekê piştî nîvro Mêvan ji pencereya odeya xwe li hewşa malê li Agirînê temaşe dikir. Li binê dara mezin rûniştibû û Mercanê porê wê yê bedew şeh dikir. Mêvan biryar da ku êdî dema axaftina bi Agirînê re ye û ji odeya xwe derkete hewşê.

Mercan li Mêvan nihêrî û jê re got: *"Silav lawo, tu xweş razayî?"*
"Erê, sipas, dayê".
"Were, min hema porê Agirîn qedand, paşê em çayê vexwin".
"Sipas dayê, lê min xwest bi Agirînê re biaxivim".
Mercanê dizanibû ku çi diqewime. Rabû ser xwe û got: *"Baş e, ez ê çayê çêkim û we her duyan bihêlim ku hûn biaxivin".*
Mêvan got: *"Na dayê, ez dixwazim tu bimînî".*
Agirînê pirsî: *"Tu dixwazî çi bibêjî? Gelo nûçeyek li ser diya min heye?"*
Mêvan got: *"Na, na, ne li ser vê yekê ye".* Paşê hinekî sekinî: *"Agirîn, zêdeyî du sal in em hevûdu nas dikin. Demeke dirêj bû min dixwest tiştekî ji te re bibêjim, lê ez li benda dema rast bûm".* Serê xwe xwar kir û wiha domand: *"Piştî mirina Henanê, min qet bawer nedikir ku rojekê ez ê dîsa ji malbatê hez bikim û bixwazim jiyaneke din ava bikim. Lê ji wê demê ve ez ewqasî ji te hez dikim ku ez dixwazim tevahiya jiyana xwe bi te re derbas bikim û jiyanê bi te re ava bikim. Ez difikirîm ku ew xewn bi Henanê re hatiye veşartin... lê her gava ku ez li çavên te yên xweşik dinêrim, ji xwe re dibêjim dibe ku şansekî min hebe ku ez van hemû xweşiyan dîsa bibînim".*

Agirîn bersiv da: *"Ez nizanim çi bêjim. Ez ne li hêviya vê bûm".*

Mercanê got: *"Agirîn, ez dizanim, te got ka naxwazî careke din bizewicî, lê delalê, tu nikarî tevahiya jiyana xwe bi tenê bimînî. Tu ciwan î û jiyaneke dirêj li pêşiya te ye".*

Agirîn bê deng ma û serê xwe danî.

Mêvan got: *"Agirîn, rast bibêje, çi di dilê te de ye. Heke tu ji min hez nakî û min naxwazî, ji kerema xwe ji min re bibêje. Ez soz didim te ku ez ê fêm bikim û ez ê careke din behs nekim".*

"Mijar ne ew e ... kêfa min ji te tê, lê ez ne amade me û nizanim ka ez ê rojekê hebim yan na".

Mêvan got: "Ez dizanim... û min nexwest zû bînim ziman, lê bi dîtina vî daxwazkarê ku ji bo te hat, ez tirsiyam ku rojekê te wenda bikim. Min xwest ku tu bi kêmanî bizanî ku ez ji te re çi hest dikim".

Mercanê got: "Agirîn, ez we her duyan jî demeke dirêj e nas dikim, bila ez ji we re bibêjim ku hûn hevrêyên baş in û tu dizanî Mêvan wê te kêfxweş bike. Ez dizanim ku hûn dikarin bi hev re jiyaneke xweş dest pê bikin".

"Ez dixwazim ku tu di jiyana min de bî Mêvan, lê ez niha ne amade me".

"Ew ji min re ne pirsgirêk e, heya ku ez bizanim ku ez ê te wenda nekim, ez amade me heya ku tu hewce yî li bendê te bimînim". Ji berîka xwe gerdeniyek derxist. "Han, cara dawî te ev li ser gora kurê min da min. Min ev ji bo Henanê çêkiribû û niha ez dixwazim tu vê bikî gerdena xwe. Tişta ku ez dixwazim tu bikî ev e, paşê wextê xwe bigire. Ez soz didim ku eger tevahiya jiyana min bigire, ez ê li bendê bim".

Agirînê gerdenî bi rondikên çavan qebûl kir.

Marcanê got: "Te biryara rast da, keça min, Mêvan merivekî baş e û ez bawer im ew ê te şad bike. Niha, tu yê gerdenê li xwe nekî?»

Agirînê tiştek negot.

Mêvan got: "Baş e, ecele tine, gava ku tu amade bûyî wê li xwe bike".

Mercan rabû ser xwe, çû cem Mêvan û serê wî maç kir. "Pîroz be kurê min, ez ji te û Agirînê re ji bo jiyaneke şirîn dua dikim".

Mêvan bi hurmet destê wê maç kir. "Sipas dayê". Paşê çû ba Agirînê.

Agirîn rawestiya, paşê Mêvan ew hembêz kir û eniya wê maç kir û li çavên wê mêze kir. "Baş e delal, ez ê te û diya xwe tenê bihêlim. Ez diçim hinekî bigerim." Mêvan got û ji hewşê derket.

Marcanê Agirîn pîroz kir. "Keça min, tu yê ji vê yekê poşman nebî, ew zilamekî rastîn e. Binêre ku wî çawa em kirine malbet û çiqasî baş e ku ew xema me hemûyan dike. Ev zilam dikare bi zarokên xweşik re *jiyaneke xweş bide te. Te dît ku te çi bişirîneke hêvîdar xiste rûyê wî? Te baş kir, delalê Şirînê".*

Agirînê tiştek negot û bi zor keniya. Ji wê demê û pê ve, Agirînê xwe vedikişand û pir caran wextê xwe tenê derbas dikir. Wê ji Mêvan cuda muamele kir û dema ku ji destê wî hat jê dûr ket.

Rojekê li ser kar, dema Gelawêj û Ronakê xwarina firavînê amade dikirin, Mêvan jê pirsî: *"Agirîn li ku ye? Cima hîn nehatiye?"*

Ronakê got: *"Ew li aliyê din e. Ez ê gazî wê bikim bila were".*

Mêvan got: *"Tu telefon neke Ronak. Ez ê bibînim ka ez dikarim bala wê bikişînim. Cima ew êdî nêzî me naxebite?"*

Mêvan ber bi wê ve çû û gazî kir: *"Agirîn! Dema nîvro ye, em herin. Gelawêj û Ronak li benda me ne".*

Agirînê dîsa bang kir: *"Ez ne birçî me".*

Mêvan ber bi wê ve çû. *"Baş e, qe nebe were û bêhna xwe vede. Tu nikarî di vê germê de li derve bimînî. Bihêle ez selikê ji te re hilgirim".*

Agirînê got: *"Na, ez bi xwe dikarim bigirim. Tu here, ez ê selika xwe tijî bikim ez ê bêm".*

"Hingê bila ez alîkariya te bikim û em dikarin bi hev re biçin".

"Na, tu here. Min got ez têm".

"Agirîn... her tişt baş e? Tu van rojên dawîn ecêb tevdigerî. Ma min tiştek xelet kiriye?"

"Na, tu na, ew tiştek e ku divê ez wextê xwe pê re danyînim".

Mêvan pirsî: *"Ew çi ye?"*

"Ez naxwazim li ser biaxivim. Ka em selikê bihêlin û biçin. Ronak û Gelawêj li bendê ne".

Mêvan destê wê girt. *"Belê, ji min re bibêje çi te aciz dike?"*

Wê got: *"Ez hîn nizanim, ez ê bibêjim, lê ne niha. "*

Her çar bi hev re rûniştin û dest bi xwarin û axaftinê kirin. Lê

Agirînê bi xwarina xwe dilîst, di hizirê de kûr bû û beşdarî sohbeta wan nebû.

Mêvan got: *"Temam, Agirîn, tu guheriyî. Ji dema ku min ew pêşniyarli te kir tu ji min dûr dikevî. Ez ji te pir hez dikim, lê heke tu nexwazî ez ê ti carî zorê nekim ku bi min re bimînî".*

Ronakê got: *"Rast dibêje xwîşka min, tu guheriyî. Tu êdî ne weke xwe yî".*

Mêvan bi dengekî kûr got: *"Agirîn, ez hest dikim ku te fikra xwe guhertiye... ".*

Agirînê serê xwe daxist û tiştek negot. Mêvan zanibû ku fikra wî rast e û bê deng çû.

Gelawêjê li rûyê Mêvan ê xemgîn nihêrî. Ew jî aciz bû û got: *"Agirîn ji me re bibêje sedema rastî çi ye. Ez dizanim ku tu ji Mêvan hez dikî".*

Agirînê got: *"Erê, ez ji wî hez dikim. Ew ne ji xatira Mêvan ye, ew ez im, tenê derfeteke din bide min ku ez hestên xwe rast bikim... ".*

Mêvan got: *"Qe nebe tiştekî bibêje. Heke tu ji min bawer nakî yan rehet nînî ku ji min re êşa xwe bibêjî ...".*

Agirînê wiha got: *"Min got ez ê bibêjim, lê ne niha.*

Bila ez bi xwe bi wê re mijûl bibim. Eger hewceyê şîretan be, ez ê te agahdar bikim. Heta wê demê, ji kerema xwe".

Mêvan got: *"Baş e, tu çi dibêjî".*

Agirînê got: *"Sipas".*

Mêvan got û li wan mêze kir: *"Bi texmîna min, min dîsa dengê xwe bilind kir".*

Bişirînek li rûyê Agirînê ket û got: *"Erê... piçek hêrsa te heye".*

Mêvan pirsî: *"Hêrsa min heye...?"*

Agirînê bi henek got: *"Erê û ez jî divê heta dawaiya jiyana xwe bi vî exlaqî re bijîm".*

Mêvan bi bişirîn got: *"Dilê min pir rehet bû ku min ev yek ji te bihîst"*.

Piştî çendekê, Mêvan rojekê piştî nîvro hat malê û bihîst ku Agirîn li hewşê bi kesekî re dipeyîve. Wî gazî kir: "Kanê saniyekê dakeve vir û wê biceribînin. Were vir, em bibin heval, ey delalê, xweşikê dê were vir, ji min re nazan neke pêso. Binêre... Min ji te re xwarin û av aniye... Ahhh, bêkêr e. Di welatê min de ewqas dijwar nebû ku hevaltî çêbibe, lê dibe ku tu ji kurdî fêm nekî ... Her wisa, ez ji we re dibêjim ha..., tu yê poşman bibî. Dibe ku ne ji bo hevaltiya min, lê ji bo xwarinê. Erê, ji ber ku ez ê vê xwarinê bibim û bi xwe bixwim. Erê pexîluk, ji min re nabî heval, ji dest te çû, dê were".

Mêvan got: *"Merheba Agirîn"*.

Agirînê matmayî ma û got: *"Ya Xwedê ... tu kengî vegeriyayî?"*

Mêvan li dora hewşê nihêrî û got: *"Bibore, min nedixwest te bitirsînim. Tu bi kî re diaxivî?"*

"Ti kes ... bi xwe re".

Mêvan li darê nihêrî û îşaret kir. *"Ma ew tûtî ye?"*

"Erê, ne xweşik e?"

"Tu bi tûtiyê re dipeyivî?"

Agirînê şerm kir. *"Na, ez nebûm"*.

"Baş e, yên din li ku derê ne?"

"Wan zarok birin parkê û Dayika Mercan xewa xwe dike û min dixwest ez li malê bimînim".

Mêvan keniya û îşaretî tûtiyê kir û got: *"Ez dizanim ... da ku hevalek nû peyda bikî"*.

"Tu yê rawestî yan ne!" Agirîn qîriya, paşê keniya.

Mêvan henek kir: *"Baş e keçê, baş e... niha kî bi hêrs e? Were vir û rûne. Min tiştek ji te re anî"*. Mêvan çenteyekî biçûk da destê wê.

"Ev çi ye?"

"Bibîne, bi xew bênire".

Agirîn çenteyê biçûk vekir, paşê keniya. "Oh, şal ... pir xweşik e".

"Tu piştrast î? Lê rûyê te tiştekî din dibêje".

Agirînê got: "Na, na, bê guman ez jê hez dikim, lê gelekên min hene. Divê tu wê bidî Kaniyê".

"Min ji bo wê jî tiştek standiye".

"Oh, baş e, hingê ez ê vê hildim".

"Agirîn, em dikarin kêliyekê cidî bin û biaxivin. Ez dizanim ku min ji te re got heta ku tu hewce bî ez ê li benda te bimînim. Dîsa jî, ji xeynî vê, ez dixwazim ku tu bihêlî ez hezkirina xwe nîşanî te bidim, li dora te bim, evîna xwe nîşanî te bidim û te bextewar bikim, ez hewce dikim. Ji ber vê yekê ji kerema xwe ji min re bibêje çima tu ji hezkirin û lênihêrîna min dûr dikevî ... ".

"Ev e ... ez difikirim ku ew ji te re ne adil e ku ji te re bibêjim ku ez bi çi re mijûl im. Ji ber vê yekê ez bi xwe hewl didim vê yekê derbas bikim, ji ber ku ez naxwazim zirarê bidim te û dilê te biêşînim".

"Lê ez dixwazim bizanim. Ez bawer im ku ew ê bi qasî dîtina te ya bi vî rengî û nezanîna ku ez dikarim li ser vê yekê çi bikim, zirarê nade min. Fikrên min ên li ser vê yekê çima tu wiha dikî, min dikuje".

Agirîn piçekî hişyar bû û pirsiyar kir: "Fikra çi?"

"Ez nizanim ... ez bala xwe didim ku tu xwe ji min dûr dixî û ev yek min dike ku bi hezar awayan meraq bikim ka ez çawa dikarim te wenda bikim".

"Ji dema ku te pêşniyar kir, hesteke tirsnak di dilê min de dest pê kir, hesteke sûcbar ku ez xiyanetê li mêr û keça xwe dikim û wan li dû xwe dihêlim û ku ez xwehez im û bêyî wan li bextewariya xwe bi tenê digerim. Ez hîn jî her roj, her dem bi wan re dijîm. Ez dixwazim ku ew di jiyana min û dilê min de bin. Ez nikarim û naxwazim ti carî Dilovan ji bîr bikim û ez bawer nakim ku ev ji te re ne adil be".

"Agirîn, ez qet naxwazim an hêvî nakim ku tu wan ji bîr bikî. Ez dixwazim ku tu wan her û her di dil û jiyana xwe de bihêlî, wekî ku ez ê Henan û Egîd di dilê xwe de dihêlim..". Mêvan destê xwe avêt ser dilê xwe û got: "Bihêle ez tiştekî bidim te". Paşê dest da gerdena xwe û tiştekî ku bi gerdena wî ve daleqandî bû dirêjî Agirîn kir. "Ev ya te ye".

"Ev çi ye?"

"Ez çawa bêjim... dayê ji min re got ku te ji bo hewcedariyên Egîd gustîla zewaca xwe firotiye. Lê min ew kesê ku te ew firotî dît û ji nû ve kirî".

Agirîn matmayî ma. "Te dîsa kirî?"

"Erê, niha destê xwe bide min". Mêvan gustîl dîsa kir tiliya wê.

Agirîn demekê bê deng ma.

Mêvan keniya: "Û heke rojekê, tu evîna min qebûl bikî, wê hingê gustîla min dê li kêleka wê bikeve".

Agirînê got: "Min got qet ku ez ê careke din vê nebînim".

"Diviyabû ku min zûtir ew bida te, lê min dixwest ku li benda dema rast bisekinim. Îcar hêsirên xwe wiha nebarîne û bişirî, delala min a Şirîn. Ez bi evînê bawer dikim û ew evîna rastîn qet namire. Ez vê yekê di dilê te de ji bo Dilovan dibînim û ji bilî hurmeta min tiştekî din di dilê min de jê re tine".

Agirînê ew hembêz kir". Sipas, Mêvan, ji bo ku ewqas min fêm dikî".

BEŞA 19

Mehek derbas bû. Şevekê, piştî şîvê, dema ku hemû li hev rûniştibûn û çay vedixwarin, telefona Mêvan lêxist. Lî nihêrî û got: *"Zilamê ku li malbata me digere ye!"* Wisa got û bersiva telefonê da.

Mêvan got: *"Silav?"* Telefona xwe danî ser spîkêrê ku hemû bibhîzin.

"Silav kekê Mêvan, mizgîniya min heye. Li sûkê wêneyê keçeke ciwan heye û ez bawer im ew yek ji wan kesan e ku te wêneyê wê ji min re şandiye. Ez ê wêneyê bişînim, tu binêre bila em piştrast bibin".

Mêvan got: *"Baş e, ez li bendê me"*. Wêne bi pingê hat. Mêvan vekir.

Kanî çû û li kêleka wî rûnişt. Dema wêne dît, bi heyecan qêriya: *"Mamo, Narîn e! Wêneyê Narînê ye!"*

Mêvan serê wê hejand, dû re di telefona xwe de got: *"Erê bira, ew xwîşka min e. Niha li ku ye?"*

"Ew ê di nava du rojan de derkeve bazarê. Bihayê ku ew jê dixwazin li binê wêneyê ye. Eger tu bikarî pereyan bidî, em ê bikarin wê bikirin".

Mêvan got: *"Ez ê di zûtirîn dem de amadê bikim".*

"Bira, piştrast be ku pere amade ye, nexwe dibe ku kesek din were û wê bikire".

Mêvan got: *"Baş e, xem neke. Ji kerema xwe wê wenda neke".* Paşê telefon qut kir. Çend caran li wêneyê xwîşka xwe nihêrî û bêdeng ma. Gelawêj ji bo dîtina wêneyê hat. *"Ya Xwedê, lê binêre… Narîna reben".*

Ronakê pirsî: *"Bira, ew çiqas pere ji bo wê dixwazin?"*

Mêvan got: *"Ew pir e û ez tam nizanim ka çiqas pereyê me heye".*

Marcanê got: *"Ji ber vê yekê, bila ez li dravê ku me kom kiriye binêrim".*

Mêvan got: *"Bi qasî ku ez dizanim me çend heye, têrê nake".*

Agirîn çû oda xwe û bi çenteyekî biçûk derket derve. Li kêleka Mêvan rûnişt: *"Li virbinêre, ev zêrên min in. Bi vê yekê ez difikirim ku yê têrê bike".*

"Sipas, sipas, Agirîn, û ji we hemûyan re…". Mêvan got û nefeseke kûr kişand.

Ronakê got: *"Zêde tiştekî nebêje bira, em hêvîdar in bes e ku em wê vegerînin".*

Mêvan got: *"Temam, sipas, sibê ez ê bibînim ka dikarim vê bi çiqasî bifroşim".*

Şevê din Mêvan dereng vegeriya.

Marcanê got: *"Bi xêr hatî malê, lawo. Niha bes pereyê me heye?"*

"Belê dayê. Min zêrên Agirînê firotin û bes bû".

Mêvan rûnişt. *"Ez bi Diyar re çûm da ku bi rayedarekî re biaxivim ku alîkariya me bike ku em riya rast ji bo vê yekê bibînin".* Telefona wî dest pê kir. Mêvan got: *"Silav?"*

Mêrik got: *"We pere amade kir?"*

"Erê, min pere hene. Ez ê ji te re bişînim. Tu yê kengê xwîşka min bibînî?"

"Sibê li dora 10 an 11an, ez ê biçim wê bibînim û danûstendinê bikim ku wê bikirim, paşê ez ê ji te re bibêjim ka em ê piştî wê çi bikin. Xem neke, eger tiştek hebe, ez ê telefonî te bikim".

Dotira rojê, dema ku mêrik gotibû, her kes rûniştibû û li benda lêdana telefonê bû.

Di dawiyê de, telefona Mêvan deng da, Mêvan pirsî: *"Silav, çi bû? We ew anî?"*

mêrik got: *"Na, ez li ser rêya sûkê me. Min profîla wê kontrol kir, wan dîsa bihayê wê zêde kiriye".*

"Bira, ji kerema xwe, ev ne dema lîstikan e. hemû pere min ev bû".

"Tu difikirî ku ez fêlbaziyan dikim? Min jiyana xwe û malbata xwe xist xeterê ku xwîşka te rizgar bikim". Mêrik telefon birî.

Mêvan di cih de ji gotinên xwe poşman bû û çend caran telefonî zilam kir, lê wî bersiv neda.

Piştî deh deqeyan, Mêvan dîsa hewl da. Vê carê mêrik hilda, lê Agirînê dît ku Mêvan çiqasî tengezar e û bi lez got: *"Telefonê bide min, bihêle ez biaxivim".*

Mêvan bê gotin telefon da wê.

Agirînê got: *"Silav? Ji kerema xwe telefonê negire. Mêvan nexwest ku tund biaxive, ew tenê ji ber xwîşka xwe xemgîn e. Pereyên te hene ku tu bi xwe li yên me zêde bikî? Em ê berdêla te bidin".*

"Na xwîşkê, min hemû pereyên ku di meha borî de hebûn ji bo dayna keçeke deh salî ku min vegerand malbata wê bi kar anî".

Tiştekî bala mêrik kişand û ji Agirînê re got: *"Ka bisekine xwîşkê".*

Agirîn li piştê hin deng bihîstin. Ji nişkê ve, mêrik gazî kir: *"Hey, hey, neçe wir! Ez beriya te li benda wê bûm. Di rêzê de bimîne bira. Dibe ku em we nebînin, lê Xwedê te dibîne icar li me rêz bigire, em beriya te bo vê keçikê rawestayne".* Mêrik telefona xwe nebirî û berdewam diaxivî.

Mêvan ji Agirînê re bi pistepist got: *"Telefonê dayîne ser spîkêrê".*

Agirîn wisa kir û û wan guh da mêran ku nîqaş dikirin.

Dengekî kûr qîr kir: *"Tu xerîdar î yan na?"*

"Erê, xerîdar im, lê dîsa jî pir biha ye. Werin em danûstandinekê bikin ku em her du jî kêfxweş bibin".

"Na, bira, ez vê yekê erzan nafiroşim. Ew spehî ye. Li çavên wê yên şîn û porê wê binêre, min ji bo wê gelek pere daye".

"Lê li rûyê wê binêre, hemû laşê wê birîndar e. Ez neçar im wê bibim cem doktor û ew ê ji min re mesrefeke mezin bike".

Firoşkar got: "Na, na, bira! Min xirab nekiriye, ez we piştrast dikim. Ti hestiyên wê neşikestine û min zirar nedaye laşê wê. Cilê wê jê bixe û bi xwe bibîne".

Mêvan nikaribû hêrsa biêş ku hest dikir, veşêre. Wî dest bi geriyana li dora odeyê kir.

Agirîn guhê xwe dida dengê mêran dema ku wan danûstendin dikir.

"Baş e, lê ev ji min re dibêje ku ew ne koleyeke îtaetkar e. Divê ew hinekî dest nexweş be".

firoşkar bi ken got: "Temam, bira, heke tu naxwazî wê bikirî, wextê min wenda neke".

Bi vê yekê re telefon qut bû. Agrinê dîsa telefon kit, lê mêrilbersiv neda. Mêvan ber bi derî ve çû.

Marcan pirsî: "Tu diçî ku derê, kurê min?"

"Pêdiviya min bi hewaya teze heye, ez difetisim". Mêvan wiha got û derket derve.

Mercanê got: "Agirîn, li pey wî here, alîkariya wî bike. Mêvanê reben. Ez ditirsim tiştek were serê wî."

Kanî li kêleka pencereyê rawestiyabû: "Li derve li binê darê rûniştiye".

Agirînê got: "Çêtir e ku meriv wî demekê bi tenê bihêle".

Piştî demeke kurt Agirîn derket derve û li kêleka Mêvan rûnişt û got: *"Naxwazî werî hindur? Hemû xemgîn in".*

Mêvan pirsî: *"Wî dîsa telefon kir?"*

"Na. Li vir, hinek av ê vexwe". Wê hewl da ku qedehekê bide wî.

"Na, ez baş im. Cima wî heta niha telefon nekir? Eger me dîsa ew wenda kiribe?"

"Em ê wê vegerînin, em pir nêzîk in û em dizanin ew li ku ye".

Mêvan got: *"Eger ew nikaribe Narînê vegerîne, ez ê li pey wê vegerim. Niha ku ez dizanim ew li kîjan bajarî ye derfeteke me heye ku em wê xilas bikin".*

Ronak ji pencerê qêriya: *"Agirîn, Mêvan, lez bikin! Zilam vedigere, zû!"*

Agirîn û Mêvan dîsa reviyan hindurê malê û Agirînê bersiva telefonê da: *"Silav, çi bûye? Cima te bersiva telefona xwe neda?"*

Mêrik got: *"Mizgînî xwîşka min, Narîn li vir bi min re ye. Ez wê dibim malê".*

Agirînê bi çavên tijî hêsir lê bişirînekek ê got: *"Oh, sipas ji Xwedê re!"*

Mêrik pirsî: *"Birayê min Mêvan li ku ye?"*

Mêvan got: *"Ez li vir im bira, ez li te guhdarî dikim. Ez canê xwe deyndarê te me, bibore, min tu şaş nirxandî. Niha ew çawa ye?"*

"Ez dizanim bira, min guhdarî bike. Dema ku min muzakere dikir, ew vereşiya û mêrik qebûl kir ku wê bi pereyekî pir kêmtir bifiroşe. Min ew stand û dema ew dibir erebeya xwe, Narînê dest bi lêdana xwe kir û dixwest xwe bikuje. Min hewl da ku wê razî bikim ku guhdarî bike û dev ji lêdana xwe berde. Wê got bi şertekî ez ê guh bidim te, ku tu bi Xwedayê xwe sond bixwî, eger tu ji min bêzar bibî, tu yê min bikujî. Ez qet naxwazim vê bazarê careke din bibînim. Birayê min, tenê kesên bêwîjdan û nemirov dikarin ji rewşa wê sûdê wergirin. Ez ê hinek ji

pereyên mayî, ji bo lênêrîna wê bi kar bînim û yên mayî jî pê re ji te re bişînim".

Mêvan pirsî: *"Tu mirovekî baş î hevalê min. Wekî ku min ji te re got, ez jiyana xwe deyndarê te me. Ew niha çawa ye? Ez dikarim pê re bipeyivim?"*

"Min hewl da ku jê re bibêjim ku ez wê xilas dikim. Dîsa jî bêfeyde bû, belê wê dîsa dest bi vereşînê kir û ji ser xwe çû. Niha bêhiş e. Ez di rê de diçim doktor ku piştrast bim ku tiştek bi giranî pê re tine".

Mêvan tika kir: *"Her bi vîdyoyê telefon bike da ku ez wê bibînim".*

"Ez dizanim ku tu xemgîn î bira, lê ji min bawer bike, çêtir e ku meriv wê di vê rewşê de nebîne û ez bawer im ku ew naxwaze birayê wê, wê bi vî halî bibîne. Piştî ku ez wê bibim cem doktor, ez ê wê bibim mala xwe, paşê ez ê telefona te bikim ku pê re biaxivî".

Mêvan pirsî: *"Tu yê çawa wê bi silametî ji bajêr derxînî?"*

"Ev ne cara yekem e bira. Ew ê bi malbata min re bimîne û diya min û jina min dê wê xwedî bikin heya ku ez rêyeke ewle bibînim ku wê derxim derve. Tu li ser wê xwe xemgîn neke. Ew mîna xwîşka min e û ez ê nehêlim careke din tişteke xirab were serê wê".

Mêvan got: *"Temam bira, ez ji te bawer im".*

"Niha ez li klînîkê me. Dema em vegerin malê ez ê telefon bikim". Wiha got û telefon girt.

Mercan hat û Mêvan hembêz kir. *"Lawo, li te û me hemûyan pîroz be. Niha Narîn li cihekî ewle ye".*

Kaniyê got: *"Ez pir kêfxweş im mamo, nikarim sebir bikim ku wê dîsa bibînim. Ez pir bîriya wê dikim".*

Mêvan got: *"Ez dizanim delal, em ê ji nêzîk ve wê bibînin. Êdî negirî, ew ewle ye û lê hişyar dibin".*

Her kes pir kêfxweş bû û hevdu hembêz kirin.

Gelawêjê got: *"Ez ê sifrê amade bikim. Ji dema ku mêrik telefon kiriye ve we tiştek xwariye birawo".*

Mêvan got: *"Hûn bixwin, ez ê bi Diyar re biaxivim û jê re bibêjim çi bûye".*

Marcanê got: *"Lê te tiştek nexwariye Lawo".*

"Ez niha nikarim bixwim. Ez ê zû vegerim".

Mêvan wiha bersiv da û ji deriyê pêşiyê derdiket, lê dema ku Agirînê gazî wî kir sekinî. Wî got: *"Belê, çi bûye?"*

Agirînê xwarin da wî û got: *"Tiştek nîne, min ev pariyê nan ji te re anî".*

Mêvan got: *"Sipas, delala min. Eger tiştek bibe, ez ê gazî te bikim".*

Mêvan dora nîvê şevê vegeriya malê. Gava ku wî deriyê hewşê li pişt xwe girt, dengekî hêdî bang kir: *"Tu yî Mêvan?"* Ronak hat ber derî.

Mêvan got: *"Erê, lê tu çima hîn şiyar î? Min gazî Agirînê kir ku ez ê dereng bêm."*

Ronakê got: *"Erê, wê ji me re got zarok di xew de ne û Gelawêj nû çûye kurê xwe dubare razîne".*

Mêvan û Ronak ketin salona ku Marcan û Agirîn tê de li benda wî bûn. Mercanê got: *"Were lawo, li wir nesekine, were bi me re rûne".*

Agirînê pirsî: *"Hê te ji mêrik telefonek wergirtiye?"*

Mêvan got: *"Wî ji min re peyamek şand ku wê telefon bike, lê hîn telefon nekiriye".*

Mercanê got: *"Ka ez ji te re xwarinê germ bikim".*

"Ez ne birçî me, sipas, lê ez ê çayekê vexwim".

Piştî çend demjimêran Mêvan telefona xwe hilda û telefon kir. *"Silav bira, xwîşka min çawa ye?"*

Mêrik got: *"Ah... ew baş e. Min jê xwest ku bi te re bipeyive, lê ew dîsa jî ji min bawer nake û digirî".*

Mêvan pirsî: *"Niha tu dikarî telefonê bidî wê, ji kerema xwe?"*

Mêrik got: *"Wê xwe li pişt diya min veşartiye, ji telefonê direve bira".*

"Baş e, telefonê deyîne ser spîkerê".

Mêrik got: *"Temam, ew niha dikare te bibihîze".*

"Narîn, xwîşkê, bi min re bipeyive, ez pir bîriya te dikim, xwîşka min a delal, Narîn, Narîn, tu naxwazî bi birayê xwe re biaxivî? Narîna min a delal, ji kerema xwe tiştekî bibêje, ez dengê te bibihîzim".

"Silav Mêvan..". dengê Narînê bi telefonê hat û dilê Mêvan şil kir.

"Silav, xwîşka min a xweşik".

"Mêvan, min digot qey wan tu jî kuştiyî. Min digot qey ez ê careke din te nebînim". Narîn giriya. "Niha hûn li ku ne? Ez pir ditirsim".

"Tu niha ewle yî, ez soz didim te, êdî kes zirarê nade te. Sibê ez ê bikevim rê û xwe bigihînim te".

Sohbeteke dirêj û bihest bû û di dawiyê de, her duyan bi hêviyek mezin xatir xwestin.

Serê sibê zû, piştî taştê, Mêvan ji malbatê re got: *"Ez ê bi Diyar re herim ku bizanim ka ez çawa dikarim xwîşka xwe vegerînim".*

Piştî du demjimêran vegeriya. Agirîn pirsî: *"Ci bûye? Tu yê kengî hrtî?"*

"Wan got ez nikarim biçim, lê min her tiştê ku dixwestin zanibin ji wan re got û hemû agahiyên ku ji wan re hewce bû, dan wan. Gotin ku ew ê hemû karan bikin û hewl bidin wê bînin vir".

BEŞA 20

Çend hefte di ser dîtina Narîn re derbas bûn, niha ew di balafirê de bû û dihate Melbourne`ê. Her kes pir kêfxweş bû û amade bû ku pêşwaziyek germ lê bikin. Kanî bi taybetî tijî heyecan û şahî bû û ji xaltîka xwe Narînê re diyariyeke xweş kirîbû. Mêvan ji wan re mînîbusek saz kiribû ku Narînê hildin. Wî gazî malbatê kir ku bi wî re bin û ber bi balafirgehê ve herin.

Li hindurê termînala navneteweyî, ji bo pêşwazîkirina Narînê, bi komeke karbidestan û wergêrekî re civiyan. Her kes dostane û bi dirêjî peyivî da ku ji bo derbaskirina wextê ku wekî temenekî dirêj xuya dibû alîkariyê bikin.

Di dawiyê de Narîn ji pişt dîwarên gumrukê derket. Pêngavên wê yên hêdî û dudilî nerehetiya wê nîşan didan. Ew pir bi tirs û guman bû, lê gava ku wê Mêvan dît, sekinî û bişirînekê dest pê kir.

Mêvan zû çû pêş û ew hembêz kir. *"Narîn! Xwîşka min, delala min, ezîza dilê min, şikur ji Xwedê re!"*

Narînê jî ew hembêz kir. *"Ez hîn jî bawer nakim ku tu yî Mêvan, ez nikarim ji çavên xwe bawer bikim. Eger ev xewnek din be? Eger ez dîsa bi kabûsên xwe şiyar bibim? Dîsa di nava êş û jan û îşkenceyan da..."*. Narînê dest bi girî kir.

"Hey, hey ... gula min, ew hemû çûn, xilas bûn, ez niha li vir im. Ez ê

careke din nehêlim ku tiştek xirab were serê we, baş e? Mêvan bi girî got: "Niha em te bibin malê". *Destê Narînê girt û ew bir nik Agirînê, Kanî û yên din ew bi hembêza vekirî pêşwaziya Narîna xwe kirin.*

Dema hatin malê, her kes pir kêfxweş bû ku di dawiyê de Narîn bi wan re bû.

Mercanê got: *"Keça min, tu ji rêyeke dirêj hatiyî, tu westiyayî. Here hemamê û kincekî rehet li xwe bike bila rehet bî. Heya ku em şîvê çêkin, tu hinekî bêhna xwe vede".*

Mêvan got: *"Bihêle ez te bibim oda xwe. Li wir hemam jî heye û tu yê rehettir bî"*

Agirînê got: *"Kanî çend kincan ji te re bînim".* Wê ji Narînê hemû tiştên ku pêdiviya wê bihatana anî.

Narînê got: *"Sipas ji bo her kesî. Agirîn tu dikarî bi min re werî?"*

Agirînê got: *"Helbet, em herin".*

Agirîn hemamê amade kir, Mêvan jî nivîna xwe ji Narînê re amade kir. Gava ku her tişt ji bo Narînê amade bû, Mêvan got: *"Temam, ez ê vegerim hindur û alîkariya kesên din bikim, heke tiştek hewce bike, gazî min bike".* Deriyê odeya xwe girt û vegeriya hindurê malê.

Agirînê ber bi Narînê ve got: *"Her tişt amade ye".*

Narînê got: *"Temam, sipas".*

Agirînê got: *"Ez ê li derve bisekinim, da ku tu rehettir bî".*

Narînê got: *"Na, ji kerema xwe re bimîne pêwîst e tu alîkariya min bikî ku kincên xwe derxim, ez bi tenê nikarim".*

Dema ku wê alîkarî kir û kincê Narînê jê xist, dît ku piraniya laşê Narînê şewitî û birîndar e. Li ser mil û pişta wê hîn birîn xuya bûn, nedihatin jimartin. Agirînê pirsî: *"Ey Xwedayê min, hewar e, wan çi bi te kiriye?"*

\- "Min gelek êş kişand, xwîşka min a delal, ji wê îşkenceyê wêdetir, bîranînên wan rojan in. Ew ê her û her weke şûna van birînên min bi min re bimînin".

Agirîn bi girî got: "Narîn, ez pir xemgîn im, ji ber tiştên ku hatine ser te û te derbas kirine".

Narînê bi kenekî tal got: "Belê, ew berdêla jiyana vê dinyayê bû ku min da. Ez ne keseke bextewar bûm".

"Niha tu li cîhekî ewle yî û em hemû ji bo te li vir in. Ez bi hemû dilê xwe ji bo te li vir im. Tu yê vê êşê derbas bikî, ez soz didim te xwîşka min". Agirînê rondikên Narînê paqij kirin. "Bihêle ez te bibim hemamê û alîkariya te bikim".

Agrînê piştî hemamê jê re got: "Niha tu li vir rûne ez ê alîkariya te bikim ku cilên xwe li xwe bikî".

"Ji bo her tiştî sipas Agirîn, tu pir dilovan û Şirîn î". Agirîn bi Narînê re keniya.

Narînê got: "Kaniyê bi telefonê ji min re got ku te hemû zêrên xwe ji min re firotine, te çawa alîkariya birayê min kiriye û biraziyê min Egîd xwedî kiriye û çawa jê re bûyî weke dayikekê".

Agirînê bersiv neda û dest bi şehkirina porê Narînê kir.

Narînê wiha berdewam kir: "Tenê çend demjimêr derbas bûn ku min tu nas kirî, lê tu ji min re weke xwîşkeke mezin bûyî. Tu dilmezin î Agirîn".

Mêvan Li derî xist. "Ez dikarim bêm hindur?" Agirînê got: "Belê, derî vekirî ye.

"Tu çawa yî delal, tu xwe baştir hest dikî?" Mêvan wiha got û Narîn hembêz kir.

Narînê got: "Belê, sipas".

Agirînê got: "Temam Narîn, porê te qediya, heta ziha bibe ez ê vê destmalê dayînim ser milên te".

Mêvan di çavên Narînê de hêsir dît. *"Tu çima digiriyî, tiştekê tu aciz kiriyî?"*

Narînê got: *"Ax, na, na, ez baş im. Tenê şuştina porê min û axivtina Agirînê diya me anî bîra min û ez pir bîriya wê dikim".*

Mêvan hembêz kir. *"Ez dizanim, xwîşka min a Şirîn, ez dizanim…".*

Agirînê pirsî: *"Te tiştek hewce ye, ez ji te re binim?"*

"Na, lê ez niha pir westiyayî me". Narînê bêyî ku tişteke din bibêje, serê xwe danî ser çoka Agirîn û çavên xwe girtin.

Agirînê hêdî got: *"Mêvan, wê betaniya biçûk dayîne ser wê bila piştî hemamê serma neke".*

"Temam".

Ji pişt derî, Kaniyê pirsî: *"Ez dikarim werim hindur?"* *"Erê, delal".* Mêvan derî vekir. Kaniyê got: *"Ey…! Ez dibînim xaltîka Narîn di xew de ye, ew westiyayî ye".* Kanî li tenişta Agirînê rûnişt, paşê weke Narînê raza û serê xwe jî danî ser çoka Agirînê.

Mêvan got: *"Kanî, delal, Agirîn dê wisa biweste. Li vir, ez ê ji te re balîfekê dayînim".*

Kaniyê got: *"Na mamo, ez wiha hez dikim. Xaltîk Agirînê bêhna diya min heye".* Destê Agirînê girt, maç kir, pişt re da ser çavên xwe.

Narînê hêdî de got: *"Rast dibêje".*

Agirînê bi germî got: *"Baş e, ne xema min e".*

Agirîn ji bo her kesê li dora xwe, bi taybet jî ji bo Mêvan, ku êdî bi hestên kûr lê dinihêrî, bûbû çavkaniya aramî û rihetiyê. Agirînê jê re got: *"Tu li ser vê balgiyê razê û heta wextê şîvê hewil bide ku hinekî razêyî. Ji bo we jî rojek dirêj bû û hîn jî gelek tişt hene ku tu bikî".*

Mêvan destê Agirînê girt: *"Na canê, ez baş im, ez ê herim alîkariya dayê Mercan û yên din bikim".*

Çend roj derbas bûn. Lê şevekê, dema ku her kes di xew de bû,

Narînê xewnek dît ku wê di nava tarîtiyê de dikir hawar. Agirîn bi lez û bez çû cem wê û got: *"Narîn, Narîn, şiyar bibe...! Narîn hejand û şiyar kir".*

Narînê got: *"Ya Xwedê, çi kabûseke tirsnak bû!"* Nefeseke giran hilda, bi hêsirên di çavan de dewam kir: *"Ez ji xewê nefret dikim ... nefret dikim".*

Agirînê got: *"Bihêle ez ji te re avê bînim".*

Narînê, zikê xwe hest kir û nefesek kûr kişand, got: *"Na, na, ez baş im, sipas ji bo ku te ez şiyar kirim".* *"Gelo em dikarin derkevin derve û hewaya nû bistînin, ji kerema xwe?"*

"Bê guman delalê, were em herin bin darê rûnên, lê bêdeng, bila em yên din hişyar nekin".

Agirînê li derva, li bin dara hewşa piştê, ji bo Narînê cihekî rûniştinê amade kir. *"Were Narîn, rûne û bibêje ka kabûs çi bû".*

Lê Narîn bêdeng ma û çû nava ramanên xwe.

Agirînê got: *"Eger tu nexwazî li ser biaxivî baş e.*
Were em çend deqeyan rehet bin û paşê vegerin nava nivînan".

Narînê got: *"Ez dixwazim biaxivim, lê ez nizanim piştî ku ez ji we re bibêjim, hûn ê li ser min çawa tevbigerin û çawa bifikirin".*

"Mebesta te çi ye?"

Narînê got: *"Tenê çend rojên din derfetê bide min, paşê ez ê ji te re bêjim".*

"Baş e, her gava ku tu amade bî, ez ji bo te li vir im".

Dengê Mêvan di tarîtiyê de hat: *"Silav! Hûn nîvê şevê li wir çi dikin? Her tişt baş e?"* Mêvan ber bi wan ve çû.

Narînê got: *"Belê, min hewaya teze lazim bû, bira. Bibore ku min tu hişyar kirî".*

Mêvan pirsî: *"Ew baş e. Hûn dixwazin ez bêm cem we?"*

Agirînê got: *"Erê, eger tu bixwazî".*

Narînê got: *"Min çakêtê Agirînê li xwe kir û ji ber ku Agirîn sar dibe, em ê di demeke nêz de herin hindur".*

Mêvan dema ku diçû, got: *"Hingê ez ê herim û sibê te bibînim".*

Agirînê got: *"Narîn ez dikarim tiştekî ji te bipirsim?"*

"Erê, bibêje?"

Agirînê got: *"Ez wisa hest dikim ku tu hewl didî ji birayê xwe dûr bikevî. Ez dibêjim, ew pir ji te hez dike û her tiştê ku ji destê wî tê dike ku têkiliyeke mîna berê ava bike, çawa ku Kaniyê ji min re got, tiştek heye ku em pê nizanin?"*

Narînê got: *"Ew kesê min ê herî hezkirî yê cîhanê ye. Ez ji her tiştî bêtir li vê dinyayê ji wî hez dikim".*

"Nexwe çima tu bi wî re ewqas sar bûyî?"

"Ez ditirsim ku wî dîsa wenda bikim".

Narînê dema dît ku Mêvan li hewşê vedigere bal wan, dev ji axaftinê berda.

Agirînê pirsî: *"Ci bû, Mêvan?"*

Mêvan çakêtê xwe da Agirînê û got: *"Min çakêtê xwe ji te re anî. Han, li xwe bike".*

Agirînê got *"çêtir bû, sipas,"* û çakêt li xwe kir.

Mêvan dema çûyînê got: *"Pirsgirêk tine, ez diçim nava nivînan".*

Narînê got: *"Ew pir ji te hez dike, Agirîn".* Li Mêvan temaşe kir ku dûr diçû. Agirîn keniya û lê nihêrî.

Narînê got: *"Ew mirovekî ecêb e, bihêz, hizirmend û xemxwar. Ez soz didim te, tu yê tu carî poşman nebî ku bi wî re bizewcî".*

Agirînê got: *"Ez dizanim, lê hê amade nînim. Te dixwest bibêjî ku çima tu ditirsî ku wî wenda bikî?"*

"Nizanim çawa bibêjim. Ez ji mirinê zêdetir ji gotinê ditirsim. Eger piştî

bihîstina wê, tu êdî min naxwazî?

Agirînê destê Narînê girt û got: *"Hey, hey, aram be. Bibêje û ez soz didim te ku ez ê li kêleka te bim, çi dibe bila bibe".*

"Ez ... ez . . ". Narînê hêdî ji xwe re kir mizemiz.

"Tu çi?"

Narînê li çavên Agirînê mêze kir û got: *"Ez hamîle me".*

Agirînê bi xof pirsî: *"Tu hamîle yî? Ji aliyê kê ve? Ciqas e?".*

"Ji zilamê paşîn ku ez firotim. Berî ku ez bêm vir min fêm kir. Min ji wan xwest ku ji birayê min re tiştekî nebêjin heta ku ez wextê rast nebînim".

Agirîn demekê sekinî û got: *"Ez nizanim çi bibêjim. Qet li hêviya vê yekê nebûm. Niha dixwazî çi bikî?"*

"Ez wê dixwazim, ez dixwazim bibim dayîk. Ji kerema xwe Agirîn, te soz da min ku tu yê alîkariya min bikî. Ez ji te lava dikim... min bi tenê nehêle".

"Bê guman, ez ê alîkariya te bikim. Em ê hemû bibin alîkar ku tu rêyekê bibînî. Niha divê ez bifikirim".

Narînê got: *"Baş e, tu çi bibêjî, ez ê bi şîreta te bikim".*

Agirîn wiha got: *"Ez hîn tam nizanim ez ê çi bikim, lê bila sibê bi dayîka Mercan re biaxivin û Mêvan bila vê tiştê nezane. Em niha herin razên û sibê, piştî kar, em ê jê re bibêjin".*

Roja din, nîvro Narîn li ber derî li hêviya Agirînê, Mêvan û yên din bû. Got: *"Silav, bi xêr hatî malê".*

Mêvan pirsî: *"Silav, gula bira, tu çima li vir sekiniyî?"*

Narînê bersiv da: *"Bê sedem, bira. Ez dikarim sibêjî bi te re bixebitim?"*

"Tu dikarî Şirînê, lê dibe ku ji we re çêtir be çend hefteyan bisekinî, ji ber ku ji te re hin dem hewce ye ku çêtir bibî. Li vir, vê çenteyê bigire, tiriyê reş e, tu pir jê hez dikî û min ji te re anî".

Narînê got: *"Sipas, bira"*, paşê li bendê ma ku ew bi Gelawêj û

Ronakê re bimeşe, Agirîn jî li paş ma.

Agirîn pirsî: *"De, we îro çi kir?"*

Narînê got: *"Ne zêde. Tevahiya rojê ez ewqas aciz û parîşan bûm ku min nikaribû tiştekî bixwim".*

Agirînê got: *"Em herin gazî dayika Mercan bikin û jê re bibêjin. Ew ketin hindurê malê". Dayê, tu dikarî bîstekê were odeya min?"*

"Erê keça min, ez têm, lê bila ez pêşî çayê ji Mêvan re amade bikim".

Agirînê got: *"Na dayê, ew çû oda xwe da ku hemamê bike".*

Mercan çû oda Agirînê û bi Narînê re rûnişt: *"Baş e, niha ji min re bibêje ka tu dixwazî çi bibêjî".*

Narînê dest pê kir û got: *"Belê dayê... ez emmm ez".*

Mercanê pirsî: *"Ci, keça min, te nûçeyeke xirab heye?"*

Narînê got: *"Ez hamîle me dayê".*

-*"Ci? Cawa? Heke?"*

Narînê bi hêsiran got: *"Ew jî zilamê ku cara dawî ez firotim".*

"Ya Xwedê, ya Xwedê, wê ev kabûs li pey me bê ser gorên me! Ew ê tu carî bi dawî nebe... ". Marcan giriya û dest li çokên xwe da.

Agirînê got: *"Aram dayê, ji kerema xwe. Dibe ku Mêvan me bibihîze".*

Gelawêj û Ronak bi bez ketin oda Agirînê.

Gelawêjê pirsî: *"Ci? Ev deng ji bo çi ye?"*

Ronak pirsî: *"Ci bû dayê?"*

Piştî ku Agirînê rewş ji wan re vegot. Gelawêj li kêleka Narînê rûnişt û got: *"Niha tu yê çi bikî? Ey Xwedayê min, eger Mêvan bizane dê xwe bikuje".*

Agirînê got: *"Raweste Gelawêj, xerabtir neke, li Narînê binêre! Divê em rêyekê bibînin û alîkariyê bixwazin".*

Ronakê got: *"Eger ez li şûna te bûma, gava min zanibû ku xwîna wan a gemar di laşê min de mezin dibe, min ê kurtaj bikiriba."*

Narînê got: *"Lê ez dixwazim bihêlim, ew jî pitika min e".*

Marcanê got: *"Negirî, keça min, em tiştan bêdeng bikin û şîvê bixwin. Piştî ku zarok razên, em ê ji Mêvan re bibêjin".*

Narînê got: *"Îro êvarê! Lê ez pir ditirsim dayê... ".*

Marcanê got: *"Em hemû ditirsin, keça min, lê em ê bi hev re rêyekê bibînin. Niha here û rûyê xwe bişo, dibe ku ew niha were".*

Piştî şîvê, Mêvan bi Kaniyê re rûniştibû û guhdariya wê dikir ku pirtûk jê re dixwand, "Û bi vî rengî çîrok qediya mamê Mêvan". Kaniyê Pirtûka xwe girt û got: *"Ji bo sibê şev, min pirtûkeke hêja hilbijartiye ku di hefteya pêş de bixwînim".*

Mêvan got: *"Bijî keça min a delal, ez bi te serbilind im. Tu zû fêrî vî zimanê nû bûyî û sipas ji bo xwendina pirtûkê ji min re. Niha dereng e û divê tu razêyî. Nalan li benda te ye, ew xew xuya dike".* Mêvan her du keçik maç kirin şevbaş got.

Mêvan got: *"Niha Narîn li ku ye? Min ji şîvê ve ew nedîtiye".*

Narînê gazî kir: *"Ez li vir im bira, li metbexê".*

"Cima tu nayê vir û li cem min rûnanêyî? Min bîriya te kiriye xwîşkê. Rabe were ba min".

Narîn ji mitbaxê derket lê li pişt Agirîn û Mercanê rûnişt.

Mêvan pirsî: *"Her tişt baş e?"*

Marcanê got: *"Kurê min, divê em tiştekî ji te re bibêjin".*

"Erê....?"

"Em çawa vê yekê dibêjin?" Mercanê dest pê kir: *"Xwedê, alîkariya min bike, hmmm... kurê min... Narîn... Narîn hamîle ye".*

Mêvan serê xwe rakir. *"Ci? Hamîle?"*

Marcanê got: *"Erê, kurê min, hamîle ye".*

Mêvan berê xwe da Narînê. *"Tu?"*

Narînê serê xwe xwar kir û bersiv neda. Mêvan, ji ber ku haya wî jê tinebû, qêriya: *"Narîn, min got tu hamîle yî?"*

"Erê," Narînê got û bi girî serê xwe hejand.

Rûyê Mêvan ji hêrsê tijî bû. Li ber Narînê rawestiya û Agirîn û Gelawêjê destên wî girtin ku nehêlin.

"Kê ev yek kiriye? Bav kî ye? Narîn, bersiva min bide... min ji te pirsî... kê ev yek bi te kiriye?"

Narînê bi tirs paşde gav avêt û xwe li pişt Mercanê veşart. Ronakê bi tirs bersiv da: *"Ji bi xwediyê dawî ye ku Narîn girtiyê wê bû".*

Mêvan matmayî mabû, bêhna xwe digirt. Mercanê got: *"Aram be lawo, em ê çareseriyekê bibînin".*

Mêvan, bi çavên sor, tijî hêsir, ji hêrsê lerizî, li Narînê nihêrî û ji malê derket. Mercan li pey wî bezî û piştî çend deqeyan vegeriya.

"Ew bi ku ve çû, dayê?" Narînê pirsî û bi dengekî bilind giriya.

Marcan hat û derî girt û got: *"Ew ewqas zû çû, min nekarî wî bigirim".*

Ronak pirsî: *"Niha, dê çi bibe?"*

Agirînê got: *"Niha divê em li bendê bin û bibînin ka ew çi biryarê dide".* Û li pencereyê temaşe kir.

Çend demjimêr derbas bûn dengê derî bihîstin. Ronakê li pencereyê nihêrî û got: *"Ka ez bibînim. Mêvan e, Mêvan e".*

Marcanê jê re got: *"Narîn, tu li pişt keçikan bisekine û ew her çi bibêje, tu tiştekî nebêje". Bihêle em pê re bipeyivin".*

Mêvan bi rûyekî zer li ber derî rawesta, li jêrê nihêrî.

" sibê zu, em ê herin cem doktor, tu yê kurtajê bikî".

Narîn dema ku gotina Mêvan bihîst ji pişt Ronakê derket û got: *"Lê bira... ".*

Mêvan dev jê berda û qêriya: *"Narîn, min got sibê em ê herin cem doktor û jê xilas bibin. Bi Xwedê sond dixwim xwîşkê, eger tu tiştekî din bibêjî. Ez ê li hewşê rûnim û heta sibê bisekinim, tu fêm dikî?*

Narînê dengê xwe bilind kir û got: *"Na, ez dixwazim wê bihêlim. Ez ê pitika xwe bihêlim".*

"Ci pitik? Tu xwe dibihîzî? Tu dizanî ku tu ji min re çi dibêjî?" Mêvan qîriya, ber bi wê ve bazda.

Mercan, Gelawêj û Ronakê hewil dan ku ew nêzî hev nebe û Narîn jî bi girî reviya pişt Agirînê.

Mêvan giriya: *"Tu dixwazî zaroka wan bihêlî? Hestên te ji xwîna wan re hene? Welatê me hîna jî bi xwîna gelê me sor bûye, bi hezaran zarok, jin û mêr bi destê wan hatine serjêkirin, tu dixwazî zaroka wan mezin bikî? Tu çawa diwêrî... tu çawa diwêrî li çavên min binerî û wisa bibêjî!"*

Narîn bi hêsiran qêriya: *"Ew ne zaroka wan e, zaroka min e, ne yê kesekî din e ji bilî min! Ji kerema xwe bira, ez dixwazim pitika xwe bihêlim".*

"Ma tu dixwazî min bikujî Narîn, ha, ma tu...? Bersiv bide... were... ji ber ku tu min dikujî xwîşkê".

Narînê bi girî got: *"Na, na, min bibihîze bira...".*

"Tu dibihîzî ji bo çi, ha? Vê yekê têxe serê xwe, rê tine, tu min dibihîzî? Bi ti awayî ez xwîna wan qatilên gemar di nava malbata xwe de qebûl nakim".

Mêvan hewl da xwe bigihîne Agirînê ku Narînê bigire. Agirîn qêriya: *"Na, na... paşde vegere Mêvan! Dest nede wê!"* Agirînê ew paşve kişand. *"Tu nikarî niha rast bifikirî. Berî ku tu xetayekî mezin bikî, tu yê heta dawiya jiyana xwe poşman bibî, ji vir here.."*. Agirînê milê wî girt û bi zorê bir.

Mêvan çend saniyeyan sekinî, li çavên Agirîn nihêrî û derî li pişt xwe girt.

Ronaka ku heta wê kêliyê bêdeng mabû wiha got: *"Xwîşka min, xwe têxe şûna wî. Zarok ji êrîşkarên dijmin e ku bi hovanetirîn rêbazan her tişt jê standine. Ma tu çi ji wê belengaza pir birîn hêvî dikî?"*

Narîn li erdê rûniştibû, bêçare digiriya. *"Ez dizanim, lê nikarim pitikeke din wenda bikim. Pir biêş e, dilê min vê carê jî nikare tehemul bike. Ev cara çaran e ku ez hamîle me".*

Agirîn qîriya: *"Ci...? Cara çaremîn!"*

"Dema êrîşî gundê me kirin, bav û birayên min kom kirin û hemû kuştin. Min ev bûyer ji paş pencereya otobusê dît. Dayîka min jî kuştin, gule berdan sîngê wê, paşê ez bi xwe re birim û wisa li min kirin ku ez teslîmî daxwazên wan bûm, hemû laşê min bi cixarê şewitandin. Cara yekem min fêm kir ku ez hamîle me, min her tişt hewl da ku wê wenda bikim, û min kir. Nefret û kerba ku min hest dikir, nedihîşt ku heta bigire xeyala bûyîna zaroka wan di canê xwe da jî bikim. Piştî betalbûna zarokê ji ber xwînrijîna zêde ez birim cem doktor û pê hesiyan ku bi qestî bûye. Ewqasî li min xistin ku ez ji ser hişê xwe çûm. Dotira rojê, wan ez danîm ji bo firotanê. Ez çend rojan li sûkê mam, heta ku kalekî ez kirîm û ez birime mala xwe. Ez her dem dixebitîm. Wî ez mecbûr kirim ku Xwedayê wî biparêzim, û eger min xeletiyek heba, ez ceza dikirim. Ez dîsa hamîle bûm, lê piştî sê mehan ji ber enfeksiyoneke xirab di laşê min ê qels de zarok ji dest min çû. Wî jî ez firotim û piştî wê jî gelek caran ez hatim firotin. Her car ji ya berê xerabtir bû. Heta ku ez dîsa hamîle bûm. Ez di hamîliyeke dijwar re derbas bûm, piştî heşt mehan. Rojekê min nûçeya têkçûna DAÎŞ`ê û kuştina gelek çekdarên wan bihîst. Yek ji miriyan birayê jina xwediyê min bû. Jinikê û diya xwe dest bi lêdana min kirin, ji hêrsa ji min re dijûn û gotinên pîs gotin. Wê şevê ez li korîdora sar mam, roja din ez avêtim jêrzemîna xwe ya tarî û qirêj. Ez çend rojan li wir mam, bê nan û bê av, êşeke xedar di pişta min de dest pê kir. Min her tim alîkarî xwest û lava kir, lê kes nehat cem min".

Narînê nefeseke kûr kişand û wiha berdewam kir: *"Di dawiyê de jinik hat ber pencereya jêrzemînê, rûnişt û li camê mêze kir. Wê li min kir qêrîn û got ji bo alîkariyê neqêrîn e! Ti kes alîkariya te nake. Ez ji bihîstina* dengê te nefret dikim. Min birayê xwe ji ber kafirên wekî te wenda kir. Wî dixwest we ji dojehê xilas bike, lê we ew kuşt. Hûn ne layîqî xilasbûnê ne, hûn layiqî dînê Xwedê yê mezin nînin. Hema ku mêrê min vegere, divê te bifroşe... lê min jê lava kir ... na, ji kerema xwe bisekine, ez pir diêşim. Tiştek bi zarokê re heye... Tiştê ku wê got ev bû, di gorê de ... Min xwe kaş kir ber pencereyê, dû re got ev zaroka mêrê te ye, qe nebe jê re bibêje... Lê wê bi qêrîn got çi? Ma tu dîn î? Tu kole yî. Ew bi te re nezewiciye... zaroka te jî dê bibe koleyeke weke te. Ew ê te bifroşe. Ti qîmeteke te li cem wî tine. Jinikê ez li jêrzemînê bi tenê hîştim. Di nîvê şevê de zaroka min hat dinyayê. Piştî ku min fêm kir ku pitika min miriye, ez bi tirs jê dûr ketim. Ez bi tenê bûm û ji mirina wê ditirsiyam. Min li laşê wê her û her nihêrî, rûyê wê di ronahiya heyvê de dît ... pir xweşik bû. Min ew rakir û bi şala xwe paqij kir, û bi demjimêran bedena wê ya biçûk û sar hembêz kir. Dotira rojê xwediyê min hat xwarê, derî vekir û ez dîtim. Bi hevjîna xwe û xesûya xwe re şerekî mezin kir, bi sedema ku ziyana malê dane wî, got ku bi firotina min a bi vî rengî dê gelek pere wenda bibe. Bi zorê zarok ji min stand. Ewqasî bi êş û jan bû û jana wê canê min parçe parçe dikir...".

Narînê nikaribû zêdetir bidomîne û di nava hêsirên xwe da wenda bû.

Ronak hembêz kir û got: "Hawar e, hawar e ji derdê giran, Xwîşka min a xerîb û bêbext. Bila ez kor bim ji bo keça xwe Şilêr û hemû keçên ku niha di nava destê wan bêxwedêyan de mane, Xwedêyo em çawa wan xilas bikin."

Agirînê Narîn hembêz kir û got: "Tu careke din wê êşê derbas nakî, ez soz didim te".

Marcanê got: "Erê, keça min, ne rast e ku em ji te bixwazin ku tu ji pitika xwe xilas bibî, niha ku em hemû çîroka we fêm dikin, em ê rêyekê bibînin ku wê biparêzin".

Agirînê got: *"Sibê em ê biçin bi rayedaran re biaxivin û alîkariyê ji wan bixwazin."*

Dotira rojê Mercan ji Mêvan re taştê amade kir û bir oda xwe. *"Derî veke kurê min. Min ji te re taştê aniye. Ka em biaxivin"*. Agirîn hat pişt Marcanê. *"Dibe ku ew şeva borî vengeriyabe, ka ez bibînim"*. Agirîn li derdorê geriya û ji pencerê mêze kir. *"Ew ne li odeya xwe ye"*.

Mercanê bi xemgînî got: *"Em ji cîranê xwe Berwar bipirsin. Dibe ku ew bizane Mêvan çûye ku derê yan jî dikare alîkariya me bike em wî bibînin"*.

Agirîn çû cînar û Berwar vexwendin malê. Hema ku Berwar û Agirîn ketin salonê, Mercanê jê pirsî: *"Berwar, kurê min, em nizanin Mêvan li ku ye. Tu dizanî?"*

"Xem neke dayê. Ew li baxa ku hefteya borî lê dixebitî ye. Şeva borî dema ku diçû me rê li hev girt. Wî xemgîn xuya kir û ji min re got ku ew ê demekê li baxê bimîne".

Marcanê got: *"Sipas, bi kêmanî em niha dizanin ew li ku ye"*.

Berwar pirsî: *"Ci bûye xaltîk? Cima hûn hemû ewqasî xemgîn in?"*

Marcanê got: *"Baş e, kurê min, were û rûne. Mijar li ser keça me Narînê ye"*.

Berwar got: *"Ci bûye?"* Li Narînê nihêrî.

Marcanê got: *"Ew ji mêrê paşîn ê ku ew anîbûye hamîle ye. Me şeva borî ji Mêvan re got û wekî te dît, vê nûçeyê bi rastî ew xemgîn kiriye"*.

-*"Ez çi bibêjim, xaltîk? Wer dixuye ku em ti carî nikarin ji wan rojên xedar xilas bibin. Ew me dişopînin û bêtir êşan li me didin kişandin. Mixabin piraniya keç û jinên ku me karîbûn vegerînin hamîle bûn an jî zarokên wan ji wan cinawiran çêbûn"*.

Agirînê got: *"Niha, divê em çi bikin?"*

"Hûn dizanin, di çanda me de, pejirandina zarokekê bê zewac dijwar e, û ev celebek şermezarî ye di nava piraniya malbatan de. Dibêjin her cara ku çavê wan zarokan dibînin êş û eşkenceya bavên wan li wan hatiye kirin tên bîra wan".

Dema ku Narînê li gotinên Berwar guhdarî kir hêsirên Narînê dest pê kir.

"Lê çend tişt hene ku em dikarin bikin. Ez ê lê binêrim û bibînim ka rêîarên me çi ne. Ez ê we agahdar bikim". Berwar rasterast li Narînê nihêrî. "Û tu Narîn, xwîşka min a delal, ji kerema xwe negirî. Ez Mêvan nas dikim û ez bawer im ku ew ê ti carî xwîşka xwe tenê nehêle. Demekê bide wî, baş e?"

Narînê got: "Baş e birayê Berwar, sipas".

"Heta ku Mêvan vegere malê, çi pêwîst be, min agahdar bike. Hay ji xwe hebin, ez ê di demeke nêzîk de dîsa we bibînim". Berwar wiha got û çû.

Sê roj derbas bûn, dû re rojekê dereng, Nalan bezî hindur û got: "Dayê, dayê, mamê Mêvan vegeriyaye, li derve ye!"

Agirînê sipasiya Nalanê kir, paşê berê xwe da Narînê. "Tu dernekeve Narîn. Ez û Mercan ê herin".

Marcan û Agirîn derketin hewşa pêşiyê. Mêvan serê xwe li her duyan kir, lê silav neda. Mercanê bêdengî şikand û got: "Silav lawo! Li kû bûyî? Em ji bo te pir xemgîn bûn. Werin em herin hindur û bêhna xwe vedin".

Mêvan got: "Na, sipas". Rasterast çû odeya xwe, derî li pişt xwe girt.

Agirînê dît ku Narîn ji pişt perdeya pêşiyê li wan temaşe dike. Narîn wêran bû.

Agirîn bi lez û bez vegeriya hindur, dû re got: "Binêre, ew vegeriya û êdî aramtir e. Ji kerema xwe em herin mitbaxê û tiştekî bixwin Narîn. Tu niha ne bi tenê yî, zarokeke te heye".

"Ez nikarim Agirîn, ma te nedît ku ew çiqas xemgîn bû, hemû ji ber min bû. Ez pir xirab mam û nizanim çi bikim!" Narînê giriya û bezî oda xwe.

Agirîn çû mitbaxê û hinek xwarin danî ser temsiyekê.

Mercan di mitbaxê de bû û jê pirsî: "Keça min tu yê çi bikî? Gelo xwarina Mêvan e?"

"Erê, ez ê pê re bipeyivim". Agirînê wiha got û temsî derxist.

"Baş e, lê hay ji xwe hebe û bi aqilane biaxive. Ew biêş e û hewceyî alîkariyê ye. Weke cara berê tu jî bi hêrs nebî. Ne fikreke baş e ku meriv mêrê bihêrs bêtir hêrs bike".

"Baş e dayê, xem neke". Agirînê got û çû hewşa paşîn. Li ber deriyê Mêvan sekinî û lêxist. Bersiv nehat, nîvê derî vekir û pirsî: "Ez dikarim bihêm hindur?"

Mêvan got: "Erê, were". Li erdê rûniştî, kûr di fikran de bû. Agirînê bi halê Mêvan nizanibû, bêyî ku tiştekî din bibêje, li kêleka wî rûnişt û bê deng ma. Piştî demekê Mêvan jê pirsî: "Te ew qanî kir?"

"Na".

"Ji ber vê yekê, ew hîn jî dixwaze wê biparêze?"

Agirînê got: "Erê".

"Cima hûn wê ji vê yekê nazivirînin? Cima hûn vê fêm nakin, bînin bîra wê ku ew dixwaze zaroka çi cûreyê cinawiran mezin bike".

"Ez nikarim jê re bibêjim zaroka xwe bikuje. Ez ne bawer im eger ez bûma min ê bikarîba wisa bikira".

-"Hiş be... Agirîn, bêdeng be, ez te hişyar dikim ku haya te ji gotinên te hebe..". Mêvan bi destê wê girt

Agirînê got: "Ez dizanim, ez bi Xwedê sond dixwim, ez êşa te hest dikim û nefreta te fêm dikim, lê ew jî di rewşeke dijwar de ye. Bi vî awayî lê binêre; Wan dê û bav û birayên wê kuştin, firotin, tecawiz kirin, lê dan û hemû laşê wê di nava birînên wisa de ye ku tu her nikarî xeyal bikî. Eger kesek ji wê zarokê nefret bike, ji Narînê zêdetir kes nikare jê nefret bike".

Mêvan pirsî: "Nexwe çima ew li ser vê yekê bi min re şer dike?"

"Ji ber ku ew êdî nikare wê janê bikşîne, Heta niha 3 caran hamîle bûye û her carê jî zaroka xwe ji ber êş û azarê wenda kiriye. Ew nikare dîsa wenda bike, ji bo wê pir zor e".

"Ez jî nikarim, Agirîn. Her cara ku ez wî zarokî bibînim, dê her tişt li min vegere. Ev zarok ya wî mirovî ye ku her tiştê min hilweşand".

"Lê Narîn çi ye? Cima tu tiştan bi awayê wê nabînî? Ya ku jiyanê dide zarokê, mezin dike û navan lê dike, Narîn e. Zarok ji bavê xwe, yê ku qet wî nabîne û pê nizane jî tiştekî nagire. Zarok wê bibe weke Narînê, bêhna wê bide, mîna wê biaxive û mîna wê tevbigere. Eger ji te re bigotana xwîşka te hatiye kuştin an miriye û ev zarok tenê jê maye, dîsa jî te dê nexwastiba? Ha?"

Mêvan ji bo ku hêsirên xwe veşêre, berê xwe da aliyê din. Wê destên wî girtin û wiha domand: *"Narîn naxwaze tu zarokê qebûl bikî; kes vê yekê ji te hêvî nake. Ew dixwaze ku tu bizanî ku duh em ji bo alîkariyê çûn û çîroka xwe ji rayedarên kampê re got. Eger tu nikarî wê bi zaroka wê re qebûl bikî, dê Narînê ji vir bibin cihekî din ku bi zaroka xwe re bijî".*

Mêvan lê nihêrî û tiştek negot.

"Ew li benda biryara te ye. Eger tu bibêjî ku ew biçe, wê sibê bi rayedaran re biçe". Agirînê temsiya xwarinê da ber wî û got: "Niha were, tiştek bixwe, te tiştek nexwariye".

Mêvan got: "Ez ne birçî me".

"Narînê ji min xwest ku ez peyamekê bidim te. Gote min bibêje ku min heta niha tiştek ji te nexwestiye. Heke dixwazî weke ku te soz daye min bikî, îro heman roj e ku pêwîstiya min bi te heye".

Mêvan pirsî: *"Narînê got?"*

"Erê, şeva borî got. Ka tu dest bi xwarinê bike. Nebêje tu birçî nînî".

Mêvan bêdeng bû, kete nava fikran. Agirînê hinek xwarin da destê wî. *"Divê tu bixwî. Narîna reben tiştek nexwariye. Dibêje nikare nan bixwe, heya ku birayê xwe bi vî rengî dibîne"*. Qedeha avê hilda û da Mêvan. Mêvan şûşe hilda û av vexwar, paşê bêyî ku tiştekî bibêje dest bi xwarinê kir.

"Baş e, çêtir e ku ez biçim û pê re biaxivim". Agirînê wiha got û rabû ku here.

Mêvan got: *"Bisekine"*.

Agirînê got: *"Te tiştek hewce ye?"*

Mêvan lava kir: *"Na, bi min re bimîne"*. Agirîn dîsa li kêleka wî rûnişt. Mêvan pariyeke xwarinê da Agirîn û got: *"Ez ji xwarina bi tenê hez nakim"*.

Bi hev re dest bi xwarinê kirin. Piştî ku wan xwarin qedand, Mêvan got: *"Sipas Agirîn"*.

Agirînê pirsî: *"Dixwazî werî û bi yên din re çayê vexwî?"*

Mêvan got *"Na,"* û li ser balîfê raza û çavên xwe girtin.

Agirînê betaniyek li ser nivîna wî derxist û avêt ser wî, serê wî ramûsand, temsî hilda, paşê derî girt. Dotira rojê her kes bi amadekirina taştê re mijûl bû. Mêvan hat hindur û li ser sifrê rûnişt. Bêyî ku li Narînê binêre got: *"Sipêde baş"*.

Narîn ji ber vê yekê nerehet nebû, hema ya ku birayê wê hatiye û bi wan re nan dixwe, jê re pir xweş bû. Çû cem Mercanê û ew hembêz kir.

Mercanê di guhê wê de got: *"Min ji te re got ku dilê birayê te mezin e, keça min. Lêbelê, divê tu hurmeta wî bigirî. Bila wextê wî hebe. Heya wê demê, hewl bide ku li dora wî nebe"*. Mercanê paşê çaya Mêvan jê re bir.

Mêvan got: *"Sipas dayê".*

Piştî taştê, Mêvan ji bo xebatê amade bû. Paşê gazî yên din kir: *"Divê em zû herin. Ez ê li pêşiyê li bendê bim".* Mêvan berê xwe da Mercanê û got: *"Dayê, ev çend roj in min tiştek ji bo malê nekiriye. Ji min re bibêje ku me çi hewce ye, ez ê di riya malê de bistînim".* *"Tiştên me hene ji bilî hin dermanên ku bijîşk ji. Narînê re destnîşan kirine".* Mêvan got: *"Baş e, çi hewce dike. Ji Kaniyê re bibêje ku ji telefona min re bişîne".* Û paşê derket pêş.

Berî ku Agirîn ji pey wî derkeve, Narîn hembêz kir û got: *"Ew ê ti carî nehêle ku tu bi tenê bî, îca xemsar nebe.*

Kêfxweş be û miqatî xwe be, ez ê îşev te bibînim". Agirîn bi Ronak û Gelawêjê re derket.

BEŞA 21

Çend hefte derbas bûn. Rojekê derengiya nîvro Agirîn bi Narîn û Mercanê re li salonê rûniştibû. Agirînê got: *"Narîn, îro hewa xweş e. Tu tu hez dikî em herin meşê?"*

Narînê got: *"Sipas, ez jî hema hez dikim"*.

Agirîn rabû ser xwe. *"Dayê... em ê biçin parkê ji bo meşê"*.

Mercanê got: *"Erê keça min, ji kerema xwe Narînê bibe derve ji bo hewaya paqij û bila hinekê bimeşe. Du roj in derneketiye derve. Ji bo wê û zarokê ne baş e"*.

"Erê, ew ê pir baş bibees didxwazim derkevim". Narînê wiha got û dema ku xwe amade dikir berdewam kir : *"Min nexwest bipirsim ji ber ku ez fikirîm ku ne rast e ez ji te bixwazim piştî rojeke dirêj li ser kar bi min re bimeşî"*.

Di rê de ferq kirin ku erebeyek ber bi wan ve tê. *"Agirîn, gelo ew erebeya Mêvan e ku tê aliyê me?"*

"Bihêle ez bibînim ... Oh, erê, ew e. Ez bawer im wî dîtiye ku em bi vî awayî tên".

Mêvan li kêleka wan erebe rawestand, pencer daxist û got: *"Hûn diçin ku?"*

Agirînê bersiv da: *"Em diçin parkê"*.

Mêvan pirsî: *"Tu dixwazî ez we bibim wir?"*

Agirînê got: "Na, sipas. Divê Narîn her roj bimeşe".

Mêvan got: "Baş e, ez ê herim malê, dereng nemînin. Eger ji we re rêwîtiyek hewce bike, wê hingê telefon bikin ez ê werim".

Agirîn û Narîn sipasiya wî kirin, paşê Mêvan çû rêya xwe.

Narînê ji Agirînê re got: "Ew ê li min jî nenêre".

Agirîn bi destê Narînê girt û got: "Hewl bide fêm bikî ku ew çiqas bi hêrsa xwe re şer dike. Ew ji we hez dike û dê ji pitika we jî hez bike. Ew tenê dem hewce dike".

"Ez dizanim, lê ez pir bîriya hembêza wî dikim. Dema ku ew min hembêz dike, bavê min tê bîra min û ez hest dikim ku ez li cîhê herî ewle me. Bibînim ku ew li min jî nanêre ewqas dijwar e".

"Ew roj ne ewqas dûr e. Îro jî, piştî serdana doktorê we, wî pirsî ka halê te û pitika te baş e".

Narîn bişirî û got: "Tu rast dibêjî? Wî halê pitika min pirsî?"

"Erê, û ez ê alîkariya wî bikim ku vê yekê derbas bike".

"Tu dizanî Agirîn? Ez ji bo wî pir kêfxweş im ku tu ji wî re heyî. Ez dibînim ku ew çiqas ji te hez dike".

Agirîn keniya: "Narîn, ez dikarim pirsekê ji te bikim?"

"Erê, ew çi ye?"

"Soza ku Mêvan daye te çi bû? Dema ku min behsa wê kir, bersiva wî ecêb bû".

"Tu dizanî, ji bo Mêvan, ez di zaroktiya xwe de ji yên din pir cuda bûm. Mêvan ji xwe zilamekî zewicî bû. Ew birayê me yê herî mezin e, lê zarokên wan çênedibûn, ji ber wê jî ez pir caran bal wî û Henanê dimam. Wan mîna zaroka xwe ya ku dixwestin ji min hez dikir û ji min xwedî derdiketin. Dem ji bo min bi kêfxweşî û hezkirina tevahiya malbata min derbas bû, ji ber ku ez herî biçûk bûm. Heta ku ez bûm hevdeh salî, min evîndariya xortekî bi nave Jiwan kir. Em evîndarên delal û romantîk bûn heya ku malbatê zanî. Wê dem wan zanîn ku Jiwan ji oleke cida ye. Ji min re qedexe kirin ku têkiliya xwe bidomînim û ji min xwestin ku ez bi dawî bikim. Ew ji dîtina min û Jiwan ewqasî ditirsiyan ku nahêlin ez bi tenê bim. Min gelek rê ceribandin ku pê re têkiliyê dayînim, lê min nekarî. Cend mehan şûnda, ez depres û nexweş ketim, çimkî min digot qey wî ez ji bîr kirime. Heta rojekê Mêvanê ku di xema tendirustiya min de bû, ez birim cem doktor. Dema ku em li klînîkê li bendê bûn, Jiwan hat hindur û rûnişt. Diyar bû ku hevalekî wî dîtiye ku ez diçim klînîkê û Jiwan agahdar kiriye. Zehmet bû, lê me rêyek dît ku em çend deqeyan biaxivin. Min gelek bîriya wî kiribû. Me hevdu hembêz kir, dû re bazineke xweşik da min û got vê weke nîşana evîna min bigire. Ez bi Xwedê sond dixwim, ez ti carî dev ji te bernadim." Û ji min xwest ku ez jî heman sozê bidim wî. Ji wê rojê û pê de, her çend min dizanibû ku dibe ku ez careke din Jiwan nebînim, ez kêfxweş bûm ku ew hîn jî evîndarê min bû û evîna me hîn jî zindî bû. Min dest bi kenîn û axaftinê kir, carek din, jiyanê wateya xwe ya rastî dîtibû.

Agirîn pirsî: "We qet ew dîsa hevdu dît?"

"Cend meh derbas bûn". Narînê axîn da û wî karî peyamekê ji min re bişîne. Em her du jî ji jiyana bê hev bêzar bûn û wî ji min xwest ku pê re birevim. Di destpêkê de, ez tirsiyam û ev fikir red kir, ji min re pir tirsnak bû. Min hewl da ku li wî nefikirim û bi demê re hezkirina min û diltengiya min bêyî wî mezin bû".

Agirîn pirsî: "Gelo ew dawiya pêwendiyê bû?"

"Ji bo demekê min wisa fikir dikir, lê di dawiyê de min hest kir ku jiyana min bêwate û pûç e. Ez rojekê ji malê derketim, bêyî ku ji kesî re bibêjim, da ku Jiwan bibînim. Lêbelê, Mêvan ez dîtim û pirsî ez diçim ku derê. Min derew kir û çîrokek çêkir da ku ew guman neke, lê ez ne bawer bûm ku wî ji min bawer kir, ji ber vê yekê min xetera ku ez biçim Jiwan bibînim nekir. Di şûna wê de, ez li bendê bûm ku me bibîne. Min ji Jiwan re peyamek şand û razî bû ku şevekê bi min re hevdîtinê bike. *Dema ku her kes di xew de bû, ez ji pencereyê derketim û çûm cihê ku divê em hev bibînin. Lê gava ez nêzîk bûm, min dît ku Mêvan li nîvê rê rawestiyaye.* Ez ewqasî bi şok bûm û tirsiyam ku min nikaribû bilivim. *Min digot qey ev dawiya jiyana min e û ew ê min bikuje. Lê li şûna ku şer bike û min ceza bike, milê min girt û got: "Em herin malê.*" Min got *"Bira, ji kerema xwe tûre nebe.*" *li min vegeriya. Tiştekî nebêje. Berî ku ez kontrola xwe wenda bikim bimeşe. Haydê."*

Agirîn pirsî: *"Ji ber vê yekê evîna di navbera we û Jiwan de qediya?"*

"Ez bawer bûm ku ez ê ti carî Jiwan nebînim. Ji ber vê yekê, gava ku Mêvan wê şevê ez ber bi malê ve dibirim, min dest pê kir ku ji bo şanseke dawîn jê lava bikim. Min bi hemû canê xwe ji Mêvan lava kir û got bira, ji bo xatirê Xwedê, ez pir jê hez dikim. Ez êdî nikarim vê cefayê hegirim, yan min bikuje, yan jî bihêle ez pê re herim. Mêvan sekinî û got Narîn, bawer bike, ev hestên te dê derbas bibin. Guh bide min, eger tu bi wî re herî, wê demê qediya, tu yê qet me nebînî, tu yê her û her ji hêla malbata me ve werî redkirin. Xwîşîka min, tu çand û ola me nas dikî, tu ji min çêtir gelê me nas dikî, eger tu biçî, ti rê tine ku tu vegerî, tu yê her û her me wenda bikî. Ez giriyam û wî jî dest bi rijandina hêsiran kir. Cara yekem bû ku min didît ew digirî. Wî got: 'Ew ne tenê em in, tu dizanî malbata Jiwan jî we naxwaze ji ber ku baweriyên wan ji yên me pir cida ne. Ew jî vê ziwacê razî nînin. Tu yê çawa bi zehmetiyên jiyanê re bêyî ku em li cem we nebin, bijiyî? Ti dijmintiya bi Jiwan re tine, ew xurtekî pir baş e, ew jî divê li hember gel û malbata xwe raweste. Wê pir dijwar bibe nazdarê, tu nikarî. Hûn hîn jî zarok in, nizanin. Ji kerema xwe, ji bo birayê xwe, ji vê yekê derbas be û em herin malê".

Agirînê got: *"Tiştek ji min re dibêje ku te dîsa jî dev ji Jiwan bernedaye".*

"Erê, ez hîn jî bibiryar bûm ku Jiwan bibînim. Piştî demekê min dengê

erebeya Jiwan bihîst ku li pişt me hat û sekinî. Em zivirîn ber darekê. Du kes di erebeyê de bûn. Dilê min dikuta. Mêvan ez girtim û çeka xwe derxist. Ez pir tirsiyam, min nizanibû ew çi difikire. Destê min girt û got 'tu dizanî ez çiqas ji te hez dikim û ti carî nikarim te biêşînim, lê ez bi Xwedê sond dixwim, eger tu bi wan re biçî, yan ez ê wî bikujim yan jî xwe. Eger tu li min guhdarî bikî û bimînî, ez soz didim ku tu çi bibêjî ez ê bikim, û ez soz didim te ku ez ê ti carî nehêlim tiştek û kesek te aciz bike.' Min di dilê xwe de dizanibû ku Mêvan dê ti carî guleyan li Jiwan nede, lê min nezanî ew kesê bi Jiwan re kî bû û dixwaze çi bike û çi bê pêş. Ji ber vê yekê her çend min bi dil û can dixwest biçim, lê neçûm. Paşê me dest bi çûna ser girekî kir. Piştî çend deqeyan, min ji Mêvan ricayeke dawî xwest".

Agirînê pirsî: "Te çi xwest?"

"Min got ez ê bi Jiwan re neçim, lê min ji Mêvan lava kir ku ez cara dawî wî bibînim. Mêvan bi dilxwazî razî bû. Heya wê demê, em li ser rêyeke bilind sekinîbûn û ji ber vê yekê em meşiyan qeraxa zinarekî da ku li rê binêre. Min dît ku Jiwan li ber otomobîla xwe rawestiyaye. Ew hîn jî li benda min bû, li şevê dinêrî. Hevalê wî xwe berda pencereya erebeyê û min bihîst ku wî got 'em herin, ew ê niha neyê. Divê em derkevin, xeter e, eger tiştek bibe û malbeta me bizanin wê aciz bibin ew nerazîn e.'' Cara dawî bû ku min Jiwan dît. Dîtina çûna wî gelekî biêş bû . Ez pir giriyam, lê Mêvan hêsirên min paqij kirin û ez hembêz kirim û got 'min dît ku te ji bo birayê xwe çi kir û bi demê re, tu yê bizanî ku ji bo qenciya te û Jiwan bû. Ji ber vê yekê, ez soz didim te, ji niha û pê de, ez deyndarê te me, xwîşka min a delal. Tu çi bixwazî jî ez ê ti carî nebêjim na û ez ê her dem li kêleka te bim.'' Ji wê şevê û pê ve ew her tim li kêleka min bû, mîna milyaketekî li min xwedî derdiket. Ez ji wî re pir sipasdar im. Ez niha baş dizanim ku Mêvan çi digot, jiyana min û Jiwan wê pir zehmet bûya, lê eger em li vir bûna wê ferq bikira. Jiwan ji min re digot evîna me ji aliyê Xwedê ye, baweriya me her duyan çend jî cida bin em ê hurmeta her duyan jî bigirîn. Digot dînê we çanda bav û kalê me ye, ez bi can jê re hurmetê digrim. Bes li wir me ew şans nebû û malbetên me wisa nedifkirîn".

Piştî ku Narînê çîroka xwe qedand, Agirînê bi wê re li ser kursiyeke li parkê rûnişt. Wan li gola parkê ya spehî nihêrî ku du qazqulingên delal tevî pitikên xwe avjeniyê dikin.

Narînê got: *"Agirîn, tiştekî ku min pir ditirsîne heye".* Agirînê got: *"çi ye? Ji min re bibêje".*

"Ez ê çawa zaroka xwe mezin bikim? Ew nikare bibe endameke me ji ber ku ola me zarokeke ku dê û bavê wî xwedî baweriyên cida bin qebûl nake. Ez nizanim jê re çi bêjim û bi kîjan olê de mezin bikim".

"Dema ku em hatin vir, cara yekem bû ku min fêm kir ku cîhan çiqasî mezin e û jiyana min çiqasî sînordar bûye. Dibe ku ew ne endameke me be, lê ew ê bibe keçeke kurd a bedew û beşeke vê dunyayê ya hêja. Ew ê di nava van hemû rengan de bibe rengekî xweşik".

Narînê got: *"Hêvîdar im tu rast dibêjî".*

"Li hemû kesên ku hatin alîkariya me, bifikirin. Ew ji çar aliyên cîhanê bûn, ew hemû xwedî bawerî û çandên cihê bûn, lê dîsa jî wan li vir alîkariya me kir. Ew nizanin ku em ji ku derê tên an cûdahiyên me çi ne. Ew pir rêzdarî û bextewar in. Dibe ku li welatê me zehmetiyeke wê hebe, lê li vir tu pirsgirêk tine".

Narînê got: *"Erê, ez texmîn dikim ku rast e. Lê ola wê çi ye? Ew nikare bê bawerî bijî".*

Agirînê destê wê girt û got: *"Tu çi dixwazî? Tu dixwazî zaroka te ji çi bawer bike û dixwazî ku ew bi kîjan rêbazan bijî?*

Narînê destê xwe da zikê xwe û wiha got: *"Belê, ne zêde, ez ji tiştên tevlihev hez nakim. Ez dixwazim ku zaroka min azad û dilovan be û her kesî wekî xwe bibîne û rêzê li her kesî bigire û zirarê nede xwe û ti kesî. Ez dixwazim ku ew her dem bikene, bextewar be, qîmetê bide xwe û nehêle ti kes, yek jê ez jî, paşeroja wê hilbijêrim. Û hê çiqas bêtir...* ". Narîn keniya.

"*Xwîşka min a Şirîn, heke tu tiştên ku te nû gotin fêrî wê bikî û baş mezin bikî, wê hingê ev ê bibe ola herî xweşik ji bo wê*". Agirîn keniya û dû re wiha li axaftina xwe zêde kir: "*Tu yê bibî dayikeke baş*".

Narînê bi bişirîneke xweş li golê nihêrî. "*Bi Xwedê, ev der pir aram e*".

Li pişt textê wan hin gavên bilez hebûn. Mêvan ber bi wan ve dihat. Gazî kir: "*Agirîn, tarî dibe. Min ji we re got dereng nemînin*".

Agirînê got: "*Bibore, em ewqas bi axaftinê re mijûl bûbûn ku me wext ji bîr kir*".

Mêvan got: "*Baş e, lê em herin malê. Dayê nîgeranî we ye*".

Narîn û Agirîn bi Mêvan re çûn û wî ew bi erebeyê birin malê. Roja din piştî nîvro Mêvan, Agirîn, Ronak û Gelawêj piştî kar hatin malê. Mercanê bi xêrhatina wan kir, paşê ji Mêvan re ku li ser masê rûniştibû, got: "*Tu bi xêr hatî kurê min, were rûne. Ez ê çayekê ji te re bînim heta ku keçik xwarinê dayînin ser masê. De werin keçno, êdî bilezînin, lawê min birçî ye*".

Mêvan got: "*Sipas dayê*".

Dema Narînê xwarin danî ser sifrê, got: "*Dayê tu jî mîna diya me, ji Mêvan pir hez dikî, wê pir ji Mêvan hez dikir*".

Marcanê serê xwe hejand: "*Mêvan heq dike keça min. Eger ne ji Mêvan bûya, bêyî ku ji kurê xwe û bavê wî bibihîzim, min nikaribû ewqas dirêj bijiya. Dema ku Mêvan gazî min dike dayê, ez dengê kurê xwe dibihîzim, îca jî Mêvan weke kurê xwe dibînim û ez weke zarokên xwe ji we hemûyan hez dikim*".

Ronak bişirî û got: "*Erê, rast e. Lê dema dor tê ser birayê me Mêvan, bala te bi tevahî li ser wî ye*".

Marcanê got: "Niha, keçên nazdar. Ji awayê ku ez pê re tevdigerim çavnebariyê nekin. Ew zilamê mala me ye, serê malbatê ye. Keçên min, divê em hemû li wî xwedî derkevin". Û serê Mêvan maç kir. Mêvan keniya û bi rêzdarî destê wê maç kir. Dema ku hemû li dora maseyê rûniştibûn, Kaniyê got: "Mamo, di demeke nêz de ji bo civaka kurd şahiyeke mezin tê lidarxistin û her kes wê were. Mamosteyê min ê dibistanê ji me re got:"

Agirînê got: "Belê, min jî bihîst. Hevalê min got ku ji bo me pilankirî ye".

Kaniyê pirsî: "Em dikarin herin?"

Mêvan pirsî: "Kîjan roj e?"

Kaniyê bersiv da: "Ew du rojan e".

Mêvan got: "Du roj! Bihêle ez lê binêrim, paşê ez ê we agahdar bikim".

Nalanê got: "Em dikarin herin, ji kerema xwe me bibe, mamê? Ez dixwazim biçim".

Mêvan got: "Ax cana mamê xwe, hemû lê binêrin, keça min a bedew Nalan dixwaze biçe şahiyê! Baş e, baş e, ez ê çend pirsan ji te bikim û eger tu rast bersiva wan bidî, em ê herin. Tu çi dibêjî baba?"

Nalan keniya: "Temam".

"Gelo tu yê kincekî xwe yê xweşik li xwe bikî?"

"Erê, ya spî".

"Her bijî, bersiva herî rast bû".

"Ma tu yê dansê bikî?"

Nalan keniya. "Erê".

Mêvan got: "Belê, di vê rewşê de, çareya me tine, divê em hemû biçin ku keça min govendê bigire".

Nalanê xwe avêt himbêza wî û ew maç kir. "Sipas mamo!"

BEŞA 22

Rojekê beriya şahiyê, Agirîn bi çenteyekî mezin di destê xwe de, li deriyê oda Mêvan xist; *"Ez im, Agirîn. Ez dikarim werim hindur?"*

Mêvan got *"Belê,"* û derî vekir.

Agrîn li kêleka doşelka Mêvan rûnişt

Mêvan got: *"Bi xêr hatî gula min, û sipas ji bo paqijkirina odeya min û ji bo van kulîlkên bedew".* Li kêleka nivînan îşare bi kulîlkan kir.

Agirînê got: *"Narînê ji min re got ku tu ji van gulan û bêhna wan re pir hez dikî, ji ber vê yekê, min hinek di vê çolê de çinîn û bi vî rengî tu dikarî her dem wan bibînî û bêhna wan ji te re hebe. Li kêleka nivîna te xweş xuya dikin".*

Mêvan got: *"Erê, ez ji van kulîlkan hez dikim".* Bêhn kir, paşê li Agirînê nihêrî. *"Te dixwest tiştekî ji min re bibêjî?"* Û li kêleka wê rûnişt.

Agirînê got: *"Belê. Tu her gav her tiştê ku em hewce dikin ji bo dikirî, lê te heya niha tiştek ji xwe re nekiriye".*

"Li min xem neke. Ez baş im".

"Em hemû ji te re pir sipasdar in Mêvan ".

"Ez ji we hemûyan re gelekî sipasdar im. Ez nikarim têra xwe sipasdar bim ku li dora min malbateke xweş û mezin mîna we heye. Û ez ji te re gelekî sipasdar im Agirîn, ku tu di jiyana min de heyî, evîna min a bedew".

Mêvan çend çirkeyan sekinî, li Agirînê nihêrî û got: *"Niha gotinên xwe biqedîne"*.

"Te cil û bergên ji bo şahiya sibê tinene, ji ber vê yekê min ji te re çend cil anîn". Destê xwe da çenteyê ku bi xwe re anîbû û du dest kincên kurdî derxistin. *"Ev cilên Dilovan in. Dê û bavê min ev yên qehweyî ji bo daweta me dane wî. Ev şîna tarî, dema keça me ji dayik bû diyariya dê û bavê wî bû ku bû bav. Bilindahî û mezinahiya te hema hema wekî wî ye, lê tu li xwe bike eger ji te re nebûn, ez ê çêkim.*

Mêvan got: *"Lê ev ji bo te pir taybetî ne"*.

"Erê, ji ber vê yekê ez dixwazim bidim te".

"Sipas Agirîn, ew ji bo min pir watedar e".

"Her wiha li vir du kirasên ku Ronakê ji te re kirîne hene. Her wiha cotek sol heye ku dayîka Mercan û Gelawêjê ji min xwestine ku bidim te". Cotek sol ji çente derxist û danî ser nivînan. *"Destpêkê cilên qehweyî bi ew kirasê biceribîne. Ez ê li derve bimînim. Dema ku tu qediyayî gazî min bike"*.

Mêvan cil li xwe kir û gazî Agirînê kir. Agirîn vegeriya odê. Dema Mêvan di kincên Dilovan de dît, ket bîra mêrê xwe û çavên wê tijî hêsir bûn. Wê kincên wî eyar kirin û got: *"Ji te re temam e Mêvan, pîroz û bi şahî be"*.

"Sipas Agirîn, ew diyariyeke pir watedar e û ez sipasiya te dikim".

"Ricayê dikim".

Mêvan destên wê girtin û li çavên wê nerî. *"Agirîn, ez dikarim te hembêz bikim?"*

Agirînê serê xwe hejand. *"Erê"*.

Mêvan keniya û ew hembêz kir. Bi nermî destê xwe da porê Agirînê û biskê wê da pişt guhê wê. *"Eger tenê ez bikarim rêyekê bibînim û nîşanî te bidim ku ez çiqasî ji te hez dikim..."*.Wî di guhê Agirînê de got paşê rûyê wê maç kir.

Agirînê serê xwe rakir, destê xwe da ser dilê Mêvan û got: *"Ez ji xwe dizanim. Her gava ku ez li çavên te dinêrim ez dikarim hest bikim. Ez jineke bextewar im bi hebûna te lawê min"*. Serê xwe dîsa danî ser sîngê wî û bêhneke dirêj û aram kişand û bişirîneke xweşik û aştiyane anî ser rûyê xwe yê Şirîn.

Mêvan dîsa ew hembêz kir û got: *"Ez ji te pir hez dikim evînê"*.

Agirînê serê xwe rakir û bi dilxweşî kenî û got: *"Divê ez biçim, ji ber ku şeva borî Narînê ji dayîka Mercan re behsa nanekê kir ku tu jê hez dikî, lewma ew plan dike ku wî nanî bipêje û hewcedariya wê bi alîkariya min heye"*. Agirîn xwest bi nermî ji hembêza Mêvan derkeve.

"Baş e, evîna min". Mêvan çavên wê yên binaz maç kirin û ew berda.

Dotira rojê Mêvan û Mercan li hewşa pêşiyê li bendê bûn ku biçin şahiyê. Agirînê keçik ji ber derî derdixist ku bi wan re bibe.

Mercan li wan zivirî û got: *"Hûn hemû pir xweşik xuya dikin"*.

Dema Mêvan dît ku Agirîn bi cilê xwe yê kesk ê spehî ber bi wî ve tê, bi bişirîneke bedew li ser rûyê xwe û çavên reş ên tijî hêvî, nikarîbû kefxweşiya xwe veşêre, bi dildarî li Agirînê meze dikir. Lê ew zû hat ser hişê xwe dema ku wî fêm kir ku yên din lê temaşe dikin.

Bi lez got: *"Temam, em herin. Hin ji we dikarin bi erebeya min werin û hin jî dikarin bi erebeya hevalê min ku li ser rê li benda me ye biçin"*.

Li salona civatê, bi gelek malbatên din re hatibûn. Piştî sohbeteke xweş bi yên nasyar û nû re, hemû li ser kursiyên ku li ber sehneyê hatibûn danîn, rûniştin. Gelek rayedaran dema ku malbat li cihê xwe rûniştin pêşwaziya wan kirin. Dû re rayedarek derket ser sehnê, mîkrofon vekir û bi çend peyvên kurdî yên ku hîn bûbû, silav da wan.

Rayedar bi îngilîzî dest bi axaftina xwe kir, lê bi rêkûpêk sekinî ku wergêrek bikare gotinên wî bi kurdî bîne ziman: *"Gelê hêja, bi rastî jî cîhan rastî karesateke mezin hatiye. DAÎŞ`ê bi rijandina xwîna* *mirovên bêguneh hewl da rihê wê wêran bike. Bi hezaran kes li ser navê ola DAÎŞ`ê hatin qetilkirin. Gelek xanî û malên dewlemend wêran bûn. Gelek kes koçber bûn û bêmal man. Gelek kes bûn kole û bê nîşan hatin firotin. Ev trajedî dê her û her di bîranînên me û dîroka cîhanê de bimîne. Em dizanin ku gelê êzidî herî zêde qurbanî dane. Gelek kesan ji we ji min re got ku we di komkujiyên hovane de ku armanca wan tinekirina gelê êzidî bû, çi dîtiye. Li vî welatî, em bi we re radiwestin, em dixwazin ji we re bibin alîkar ku hûn bi êşên ku we kişandiye re rû bi rû bimînin, em dixwazin ji we re bibin alîkar ku hûn dest bi jiyaneke nû bikin û hêviya pêşerojeke geş ava bikin, û em dixwazin ji we re bibin alîkar ku hûn vê kultûra xweşik û bedew pîroz bikin. Merasîm û rêûresmên giranbiha yên ku di dîroka bi hezaran salan de têne şopandin. Ez ji we daxwaz dikim ku hûn rûpeleke nû di dîroka xwe de vekin û bi hev re jiyaneke bextewar û xweş li Awustralya çêkin".*

Li ser vê yekê malbatên li ser sifreyên çepik lêdan.

Dema ku çepik kêm bûn, rayedar wiha domand: *"Iro em li bendê ne ku em çanda we ya dewlemend bi we re bibînîn û biceribînin".*

Em fêm dikin ku reqsa kevneşopiya kurdî sembola bedewî, yekîtî û hêviyê ye ku bi wê re ji nû ve destpêkirin û ji nû ve peywendigirêdana bi jiyanê re ye. Bi gotina hevaleke nû ya ku ev nivîsandiye; em destên hev digirin û li sînga dayîka erdê dixin, da ku ew ji xewê hişyar bikin û bizane ku zarokên wê dîsa rabûne û wê jiyana xwe ji berê geştir bikin".

Careke din çepik bilind bûn. Rayedar bi rêzdarî serê xwe hejand û keniya. *"Sipas ji we re. Ji bo qedandinê, ez tenê dixwazim bi bîr bînim ku hûn ne bi tenê ne. Em hemû gelên cîhanê bi we re û li kêleka we ne. Em hemû bi hev re di nava vê yekê de ne û em ê hewl bidin ku careke din trajediyeke wiha neqewime".*

Dîsa çepikan her der tijî kir, paşê rayedar sipasiya hatina her kesî kir û rûnişt. Dema ku komeke kurdî dest bi lêdana straneke kevneşopî ya kêfxweş kir perdeyên li ser dikê vebûn. Stranbêja kurd a navdar li ber mîkrofonê li ber komê cihê xwe girt û piştre bi awazeke xweş derket.

Mirovan li dora maseyan li hev dinêrîn û digotin dê kî destpêkê dîlanê bike. Kesî nedixwest dest pê bike.

Ji ber vê yekê, çend kesên ku karmend bûn, tevî ku ji govendên kevneşopî nizanin, derketin ser qada dansê ya li ber dikê, û dest bi dansê kirin da ku kesên din jî teşwîq bikin ku tevlê bibin.

Mêvan li dora xwe li gelê xwe nihêrî û bi vî rengî şahidiya wan kir, dilê wî şikest. Di demên berê de, ew ê hemû bê dudilî beşdarî dansê bibûna. Lê belê, travmaya ku wan hemûyan kişandibû, wan nehişt ku çanda xwe îfade bikin. Mêvan nefeseke kûr kişand û ber bi qada govendê ve meşiya û dest bi govenda kevneşopî kir.

Piştî ku wî dest pê kir, çend hevalên wî tevlê bûn. Paşê Ronak, Gelawêj û Kanî. Komê dest bi straneke din kir û hêdî hêdî mirovan destên hev girtin. Mêvan çavê Narînê girt. Li kêleka Mercanê rawestiyabû û lê dinêrî. Mêvan berê xwe da Narînê û destê wê girt û paşê ew bir ser qada govendê.

Mercanê berê xwe da Agirînê ku hîn li cihê xwe bû. *"Agirîn, keça min, tu jî here delala nazdar".*

Agirînê li her kesî dinêrî ku direqisîn, li lingên wan ku li erdê diketin. Wê li destên wan mêze kir ku niha bi hev ve girêdayî bûn. Wê li rûyên wan ên ku di bîranînên xeyalan de kur çûbûn mêze kir, hinekan li erdê dinêrî, renge rojên pêş û bextewar bifikirîn ku bi hezkiriyên ku qet venagerin re dans dikirin. Li çavên wan mêze kir, ku mîna baranê dibarîn, belkî di nebaweriyê de ku ew dîsa jî dikarin ji dansê kêfê bikin. Wê mêze kir ku ew çiqas sipasdar xuya bûn ku careke din bi hev re bûn û destên hev girtin. Li Mêvan nihêrî, Mêvanê ku ew vedixwende govendê.

Agirîn ber bi çembera li qada govendê ve meşiya. Li ser rêya Mêvan şala xwe hilda û di destê xwe de girt. Porê wê yê bêdew ketibû ser milên wê.

Mêvan dît ku Agirîn ber bi wî ve tê û gerdena wî li stûyê wê ye. Keniya, çû pêş ku silavê bide wê.

Agirînê destê wî girt û govend bi rê ve bir, şala xwe li hewa hejand, hêsir di çavên wê de, bişirînek li ser rûyê wê û di dilê xwe de hêviyeke nû hebû.

Mirovan di xeleka mezin a dilgeşiyê de dîlan girtinû. Li dora wan zarokên wan hebûn. Destên hev girtibûn û bi tevliheviya heyecan, kenê xweş û carinan şermokî ji dê û bavên xwe fêrî dansên kevneşopî dibûn.

Di wê şevê de bedewî li ser wî parçeyî xuyabû, dema ku giyanên rengîn ên dayika erdê careke din bi hêvî serê xwe bilind kirin.

Ya Xwedê tu gele me her û her piparêzî
Humeyra Sofî
22/02/2021 Bi tevahî hat nivîsandin

XWENDEVANÊN DELAL,

Spas ji bo xwendina *Rondikên Çiyayê Şengalê*. Em hêvî dikin ku ev çîrok ji we re bibe alîkar ku hûn bêtir fêm bikin û hîs bikin ku di wan rojên xedar de di Tebaxa 2014-an de çi qewimî.

Em bi kêfxweşî parve dikin ku ev pirtûk bi Îngilîzî jî heye! Ger heval an malbata we hene ku bi Îngilîzî diaxivin, bifikirin ku kopiyek diyarî wan bikin. Bi parvekirina vê pirtûkê, hûn dikarin di derbarê çîroka me û serpêhatiyên gelê me de agahdarî belav bikin.

Piştgiriya we ya ji bo parvekirina *Rondikên Çiyayê Şengalê* bi kesên din re bo me pir bi binirx e. Bi hev re, em dikarin têgihiştin û girêdana di navbera çandan de pêşve bibin. Spas dikim ku hûn di vê rêwîtiyê de bi min re bûn.!

Silavên germ,
Humeyra Sofî

Hesabên medya civakî yên nivîskar.

TikTok: @homeirasoufikurdistani
Instagram: @homeirasoufi
Facebook: @homeirasoufi
YouTube: @homeirasoufi
Website: www.homeirasoufi.com

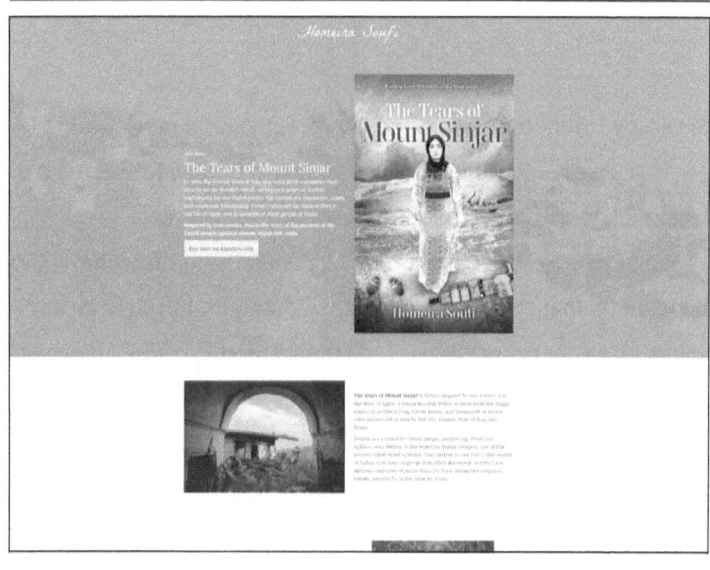